主　编　胡建淼

副主编　杨伟东　韩春晖　王　勇　刘　锐

撰稿人（以姓氏笔画为序）

王　勇　王　静　刘　锐　杨伟东

张效羽　周　婧　胡建淼　骆梅英

曹　鎏　韩春晖　戴建华

法治政府建设

全面依法治国的重点任务和主体工程

胡建淼◎主编

人民出版社

前　言

2021 年 8 月,中共中央、国务院印发了《法治政府建设实施纲要(2021—2025 年)》。我国法治政府建设进入到全面提速期和全面突破期。

2021 年 1 月,中共中央印发了《法治中国建设规划(2020—2025 年)》。该规划是党中央总结我国自党的十八大以来法治建设实践和成就,站在全面建设社会主义现代化的新起点,对新时代法治中国建设作出全局性、战略性、基础性、保障性安排的纲领性文件。《法治政府建设实施纲要(2021—2025 年)》以《法治中国建设规划(2020—2025 年)》为依据,是《法治中国建设规划(2020—2025 年)》在依法行政、建设法治政府领域具体落实的表现形式。此外,中共中央于 2020 年 12 月还印发了《法治社会建设实施纲要(2020—2025 年)》,为构建"全民守法"的法治社会确定了目标和措施。《法治政府建设实施纲要(2021—2025 年)》既以《法治中国建设规划(2020—2025 年)》为依据,又和《法治社会建设实施纲要(2020—2025 年)》相衔接,形成了我国"十四五"时期符合中国特色的社会主义法治建设的"一规划两纲要"的系统架构。

法治政府建设是全面依法治国的重点任务和主体工程。《法治政府建设实施纲要(2021—2025 年)》围绕"十四五"时期努力实现法治政府建设全面突破,确立了这一时期法治政府建设工作的指导思想、主要原则和总体目标,并对具体措施作了全面布置。它是我国"十四五"时期全面推进法治政府建设的路线图和施工图。

为了认真学习理解贯彻《法治政府建设实施纲要(2021—2025 年)》,

中央党校（国家行政学院）专家工作室及时组织有关专家学者编写了《法治政府建设：全面依法治国的重点任务和主体工程》一书，以便学习理解贯彻《法治政府建设实施纲要（2021—2025 年）》。

本书编写坚持以习近平法治思想为指导，紧扣《法治政府建设实施纲要（2021—2025 年）》的具体内容，全面阐发《纲要》的指导思想、主要原则、总体目标和具体措施。全书结构和《纲要》基本一致，具有很强的对应性和可读性。

胡建淼

2021 年 9 月 12 日

于中共中央党校（国家行政学院）专家工作室

目　录
ONTENTS

绪　论

法治政府建设是全面依法治国的
重点任务和主体工程

习近平总书记指出,法治政府建设是全面依法治国的重点任务和主体工程,应当在法治中国建设中率先突破。为了落实习近平总书记关于全面推进法治政府建设的要求,正当我国全面实现小康社会,开启全面建设社会主义现代化国家新征程之际,2021 年 8 月,中共中央、国务院印发了《法治政府建设实施纲要(2021—2025 年)》。《纲要》以习近平法治思想为指导,以《法治中国建设规划(2020—2025 年)》为依据,围绕"十四五"时期努力实现法治政府建设全面突破,确立了这一时期法治政府建设工作的指导思想、主要原则和总体目标,并对具体措施作了全面布置。它是我国"十四五"时期全面推进法治政府建设的新纲要新蓝图。

一、法治政府建设新纲要新蓝图

在"十三五"时期,中共中央、国务院于 2015 年 12 月印发了《法治政府建设实施纲要(2015—2020 年)》。该纲要对 2015—2020 年这五年间的法治政府建设工作作出全面布置,确立了到 2020 年建设法治政府的宏伟蓝图和行动纲领。这五年来,在党中央、国务院领导下,各地区各部门以 2015 年《纲要》为指南,切实努力推进法治政府建设,各项工作取得重大进展,实现了 2015 年《纲要》所确立的法治目标,完成了相关的工作任务。

我国已进入国民经济和社会发展的第十四个五年规划。在"十四五"时期，为了在"十三五"时期经济发展和法治建设的基础上，进一步把法治政府建设向纵深推进，梯次构建法治政府建设顶层设计，中共中央、国务院印发了《法治政府建设实施纲要（2021—2025年）》。《纲要》共设十个部分：明确了新发展阶段法治政府建设的指导思想、主要原则和总体目标；围绕政府机构职能体系、依法行政制度体系、行政决策制度体系、行政执法工作体系、突发事件应对体系、社会矛盾纠纷行政预防调处化解体系、行政权力制约和监督体系、法治政府建设科技保障体系提出改革发展举措；最后突出和强调了加强党的领导，提出完善法治政府建设推进机制的新举措。《纲要》对于在新发展阶段不断推进法治政府建设，更好发挥法治政府建设在保障高质量发展、推动全面深化改革、维护社会大局稳定等方面的重要作用，更好发挥法治政府建设在法治国家、法治社会建设中的示范带动作用，具有重大意义。

《法治政府建设实施纲要（2021—2025年）》和《法治政府建设实施纲要（2015—2020年）》相比较，我们不难发现：一方面，《法治政府建设实施纲要（2021—2025年）》是继《法治政府建设实施纲要（2015—2020年）》之后，中共中央、国务院出台的新的法治政府建设纲领性文件。2021年《纲要》以2015年《纲要》为基础，它们之间具有传承性，不可分割。另一方面，2021年《纲要》贯彻新精神、立足新起点、明确新方位、树立新目标以及提出新举措，在新发展阶段不断推进法治政府建设，努力实现法治政府建设全面突破，有了更新、更广、更深的内容，从而使2021年《纲要》更具新的特点。这些新特点转化为诸多新亮点：一是在结构主线上，紧紧围绕推进国家治理体系和治理能力现代化，牢牢抓住深入推进依法行政，全面建设法治政府，加快构建职责明确、依法行政的政府治理体系这一主线；二是在目标设定上，明确提出"全面建设职能科学、权责法定、执法严明、公开公正、智能高效、廉洁诚信、人民满意的法治政府"；三是在框架体系上，从健全八个方面体系、强化八个方面能力谋篇布局，提出改革发展举措；四是在任务举措上，对2015年《纲要》已经完成的不再部署，需要持续推进的进一步强化，试点成效突出的全面推广,并提出新任务新举措。

《法治政府建设实施纲要(2021—2025 年)》的公布和实施,确保了"十四五"时期"一规划两纲要"的有机统一。2021 年 1 月,中共中央印发了《法治中国建设规划(2020—2025 年)》。该规划是党中央总结我国自党的十八大以来法治建设实践和成就,站在全面建设社会主义现代化的新起点,对新时代法治中国建设作出全局性、战略性、基础性、保障性安排的纲领性文件。它是习近平法治思想在我国法治理论和实践中的转化和体现,是我国"十四五"期间统筹推进法治中国建设的行动纲领。法治中国是集依法治国、依法执政、依法行政于一身,汇法治国家、法治政府、法治社会于一体的综合法治建设工程和法治建设目标。法治中国建设规划是覆盖依法治国、依法执政、依法行政法治工作和法治国家、法治政府、法治社会法治目标的综合规划。《法治政府建设实施纲要(2021—2025 年)》以《法治中国建设规划(2020—2025 年)》为依据,是《法治中国建设规划(2020—2025 年)》在依法行政、建设法治政府领域具体落实的表现形式。此外,中共中央于 2020 年 12 月还印发了《法治社会建设实施纲要(2020—2025 年)》,为构建"全民守法"的法治社会确定了目标和措施。《法治政府建设实施纲要(2021—2025 年)》既以《法治中国建设规划(2020—2025 年)》为依据,又和《法治社会建设实施纲要(2020—2025 年)》相衔接,形成了我国"十四五"时期符合中国特色的社会主义法治建设的"一规划两纲要"的系统架构。

二、法治政府建设新成就

《法治政府建设实施纲要(2021—2025 年)》是在总结《法治政府建设实施纲要(2015—2020 年)》实施期间,所取得的依法行政、建设法治政府的工作经验和工作成就的基础上,根据新时期新阶段的新特点所制定的新的行动纲领。

党的十八大以来,特别是《法治政府建设实施纲要(2015—2020 年)》

贯彻落实 5 年来,各地区各部门多措并举、改革创新,推进依法行政、建设法治政府工作取得重大进展。

一是党对法治政府建设的领导不断加强,责任督察和示范创建活动深入实施,法治政府建设推进机制基本形成。

二是"放管服"改革纵深推进,多证合一,多服务窗口合一,便民效果取得实效。增强人民群众和经营者的获得感、幸福感和安全感,营商环境大幅优化。

三是依法行政制度体系日益健全,重大行政决策程序制度初步建立,行政决策的科学性、民主性和公信力持续提升。

四是行政执法体制机制改革大力推进,严格规范公正文明执法水平普遍提高,违法执法、不当执法、机械执法、随意执法、粗放执法、变通执法、人情执法、过激执法、野蛮执法等现象明显减少。

五是行政权力制约和监督全面加强,违法行政行为能够被及时纠正查处。职权法定,"法无授权不可为"、"法定职责必须为"等法治理念得到确立。

六是社会矛盾纠纷依法及时有效化解,行政争议预防化解机制更加完善,行政调解、行政裁决、行政复议和行政诉讼解决行政争议的功能进一步得到发挥。

七是各级公务员法治意识显著增强,尊法、守法、学法、用法的氛围逐步形成,运用法治思维和法治方式深化改革、推动发展、化解矛盾、维护稳定的能力明显提高。

当前,我国已经开启全面建设社会主义现代化国家、向第二个百年奋斗目标进军的新征程,统筹中华民族伟大复兴战略全局和世界百年未有之大变局,推进国家治理体系和治理能力现代化,适应人民日益增长的美好生活需要,都对法治政府建设提出了新的更高要求。我们要学习和贯彻好《法治政府建设实施纲要（2021—2025 年）》,立足全局、着眼长远、开拓进取,补短板强弱项,推动新时代法治政府建设再上新台阶。

三、法治政府建设与法治中国建设

中国共产党自新中国成立以来,特别是党的十八大以来,高度重视法治建设,社会主义法治理论和实践不断丰富和发展,有序形成和确立了"依法治国—依法执政—依法行政"和"法治国家—法治政府—法治社会"等法治概念,坚持"法治行为"和"法治目标"两条主线并行有机推进法治建设。

1997 年党的十五大第一次提出"依法治国,建设社会主义法治国家",在我们党的文件上首次确立"依法治国"与"法治国家"这对法治范畴。1999 年现行《宪法》作第三次修改时,将"中华人民共和国实行依法治国,建设社会主义法治国家",作为第五条第一款写进宪法,称为"法治入宪"。2014 年党的十八届四中全会通过的《中共中央关于全面推进依法治国若干重大问题的决定》明确规定:"全面推进依法治国,总目标是建设中国特色社会主义法治体系,建设社会主义法治国家"。"依法治国"和"法治国家"被提高到国家战略布局的发展高度。

依法执政是依法治国的保障。继"依法治国"之后,2002 年党的十六大报告首次正式提出"依法执政"概念。2004 年党的十六届四中全会通过了《中共中央关于加强党的执政能力建设的决定》,把加强依法执政的能力作为加强党的执政能力建设的总体目标之一,并就依法执政的内涵作出了科学规定。

依法行政是依法治国的具体化。2002 年党的十六大报告为落实十五大"依法治国"方略,提出"依法行政"的要求。依法行政是依法治国在行政领域落实的结果。2004 年,国务院为了落实党的十六大提出的"依法行政"要求,印发了《全面推进依法行政实施纲要》,为全面推进依法行政作出具体部署。

我国自 1997 年党的十五大提出"法治国家"这一法治目标之后,2004年国务院首次提出了"法治政府"这一概念。2004 年国务院印发的《全面推进依法行政实施纲要》提出,"经过十年左右坚持不懈的努力,基本实现建设法治政府的目标"。2012 年党的十八大报告明确了"法治政府"建设的时间表。2015 年和 2021 年,中共中央、国务院先后印发了两个《法治政府建设实施纲要》,对新时代全面加快建设法治政府作出了重大部署。

继法治国家、法治政府之后,习近平总书记早在 2006 年提出了"法治社会"这一新概念,明确指出:"和谐社会本质上是法治社会。"①2012 年,习近平总书记在首都各界纪念现行宪法公布施行 30 周年大会上的讲话,再次提到"法治社会"这一新的法治目标。2014 年,中央将"法治社会"写进党的十八届四中全会《决定》。2020 年,中共中央印发了《法治社会建设实施纲要（2020—2025 年）》。

至此,我党关于社会主义法治建设的双线路径清晰可见:作为法治行为的"依法治国—依法执政—依法行政"和作为法治目标的"法治国家—法治政府—法治社会"。2012 年,习近平总书记在首都各界纪念现行宪法公布施行 30 周年大会上的讲话中首次提出,"坚持依法治国、依法执政、依法行政共同推进,坚持法治国家、法治政府、法治社会一体建设",这一"共同推进、一体建设"理论,2014 年写进党的十八届四中全会《决定》,2017 年写进党的十九大报告,2020 年成为习近平法治思想的重要组成部分。

2013 年,习近平总书记就在新形势下如何做好政法工作问题作出重要批示,提出全力推进"法治中国"建设。2014 年,中央将"法治中国"写入了党的十八届四中全会《决定》。2021 年,中共中央印发了《法治中国建设规划（2020—2025 年）》。

法治中国,是党的领导、人民当家作主、依法治国三者统一的有机体,是法治国家、法治政府、法治社会的综合体,是科学立法、严格执法、公正司法、全民守法的良法善治状态。建设法治中国是我国新时代总任务的重要目标,是社会主义现代化建设的重要组成部分。

在法治中国的建设体系中,法治国家、法治政府、法治社会相辅相成,法治国家是法治建设的目标,法治政府是建设法治国家的重点,法治社会是构

---

① 习近平:《之江新语》,浙江人民出版社 2007 年版,第 204 页。

筑法治国家的基础。

四、法治政府建设是全面依法治国的重点任务和主体工程

习近平总书记多次强调,推进全面依法治国,法治政府建设是重点任务和主体工程,对法治国家、法治社会建设具有示范带动作用,要率先突破。

2017年党的十九大报告和2021年《法治中国建设规划(2020—2025年)》中,确立了到2035年法治国家、法治政府、法治社会基本建成的宏伟法治目标。但在法治国家建设、法治政府建设和法治社会建设中,法治政府建设是推进全面依法治国的"重点任务和主体工程",因而要"率先突破"。这是由政府工作的使命和工作特点所决定的。

政府是我国国家机构中的一个重要工作部门。根据《宪法》规定,我国的国家机构包括权力机关、行政机关、监察机关、司法机关、军事机关等。政府是指从国务院到乡镇人民政府的各级人民政府及其工作部门,也称国家行政机关。

国家行政机关是国家权力机关的执行机关,它的最大使命和功能就是执行国家的法律。我国的法治建设体系包括"立法—执法—司法—守法",而国家行政机关乃是执法中的最大主体。它的执法行为贯穿了将国家法律应用于社会实际的通道,是国家法律规范与社会实际相结合的中间环节。行政机关做不到依法行政,政府机关就成不了法治政府,我国的法治建设环节也不可能畅通,法治中国根本无从谈起。

政府机关的管理范围非常广泛。国务院作为最高国家行政机关,领导和管理社会经济工作和城乡建设、生态文明建设,领导和管理教育、科学、文化、卫生、体育工作,领导和管理民政、公安、司法行政等工作,管理对外事务,领导和管理国防建设事业,领导和管理民族事务,保障少数民族的平等权利和民族自治地方的自治权利,保护华侨的正当的权利和利益,保护归侨和侨眷的合法的权利和利益,等等。

县级以上地方各级人民政府依照法律规定的权限,管理本行政区域内

的经济、教育、科学、文化、卫生、体育事业、城乡建设事业和财政、民政、公安、民族事务、司法行政、计划生育等行政工作，发布决定和命令，任免、培训、考核和奖惩行政工作人员。乡、民族乡、镇的人民政府执行本级人民代表大会的决议和上级国家行政机关的决定和命令，管理本行政区域内的行政工作。

政府机关体量大、任务重、范围广、应急性强，由此决定了政府工作的广泛性、直接性、应急性。政府工作和人民群众息息相关。任何一位公民或企业，它或许一辈子可以不和立法机关、监察机关、司法机关和军事机关打交道，但它做不到不和政府机关相联系。政府机关做到依法行政，获益最大的是人民群众；政府部门不依法办事，受损害最大的也是人民群众。只有政府成为法治政府，国家才可能成为法治国家，社会才可能成为法治社会。

我们要牢记习近平总书记的嘱托，认真学习和贯彻《法治政府建设实施纲要（2021—2025年）》，努力实现法治政府建设全面突破，起好法治政府建设的示范带动作用，率先基本建成法治政府。

第 一 章

法治政府建设的总体要求

　　法治政府建设是一项复杂的工程,不仅需要依要求完成法治政府建设的各项工作和任务,更需要从整体上把握法治政府建设的总体要求。这些总体要求确立了法治政府建设的未来方向、基本思路和基本遵循,从宏观上为各地区、各部门推进法治政府建设提供指引和指导。精准把握法治政府建设的总体要求,不仅有助于充分把握《法治政府建设实施纲要(2021—2025年)》的精神和要旨,而且有助于深入理解法治政府建设的各项任务和举措。根据《纲要》的安排,总体要求规定在第一部分之中,集中体现在法治政府建设的指导思想、主要原则和总体目标三个方面。本章主要围绕这三个方面展开分析。

一、指导思想

　　指导思想是法治政府建设的行动指南,发挥着管方向的重要作用。《纲要》对法治政府建设的指导思想提出了明确要求,可以从以下三方面加以理解和把握。

(一)坚持以科学的指导思想为引领

　　马克思列宁主义、毛泽东思想、邓小平理论、"三个代表"重要思想、科学发展观、习近平新时代中国特色社会主义思想,是我们党和国家必须长期坚持的指导思想,法治政府建设也不例外。党的十八大以来,以习近平同志为核心的党中央坚持解放思想、实事求是、与时俱进、求真务实,坚持辩证唯物主义和历史唯物主义,紧密结合新时代的条件和实践要求,以全新的视野深化对共产党执政规律、社会主义建设规律、人类社会发展规律的认识,取得重大理论创新成果,形成了习近平新时代中国特色社会主义思想。

习近平新时代中国特色社会主义思想深刻、系统地回答了新时代坚持和发展什么样的中国特色社会主义、怎样坚持和发展中国特色社会主义这一重大时代课题,是马克思主义中国化的最新成果,是中国特色社会主义理论体系的重要组成部分,开辟了马克思主义新境界,开辟了中国特色社会主义新境界,开辟了治国理政新境界。法治政府建设只有始终坚持以习近平新时代中国特色社会主义思想为指导,坚定不移走中国特色社会主义道路,才能使我国法治建设始终沿着正确的方向前进。

(二)全面贯彻习近平法治思想

2020 年 11 月 16—17 日召开的中央全面依法治国工作会议,明确提出习近平法治思想,正式确立习近平法治思想在全面依法治国中的指导地位。这是继习近平强军思想、习近平新时代中国特色社会主义经济思想、习近平生态文明思想和习近平外交思想之后又一重要思想,具有里程碑意义。习近平法治思想涵盖了全面依法治国的各个方面,既科学回答了新时代为什么实行全面依法治国,也深刻回答了怎样实行全面依法治国等一系列重大问题,内涵丰富,逻辑严密,体系完整,是全面依法治国的根本遵循和行动指南,是引领新时代法治建设的思想旗帜。

习近平总书记在党的十八大以来对严格依法行政、建设法治政府作出了一系列重要论述,构成了习近平法治思想的重要内容。习近平总书记明确提出,要"坚持依法治国、依法执政、依法行政共同推进,坚持法治国家、法治政府、法治社会一体建设"①。同时,又指出法治国家、法治政府、法治

---

① 习近平:《在首都各界纪念现行宪法公布施行 30 周年大会上的讲话》,人民出版社 2012 年版,第 12—13 页。

社会三者各有侧重、相辅相成,而"法治政府建设是重点任务和主体工程,对法治国家、法治社会建设具有示范带动作用,要率先突破"①。这意味着依法行政和法治政府建设在法治建设总布局中居于特殊地位,具有特殊意义。

习近平总书记指出,"全面依法治国最广泛、最深厚的基础是人民,必须坚持为了人民、依靠人民。要把体现人民利益、反映人民愿望、维护人民权益、增进人民福祉落实到全面依法治国各领域全过程"②。行政机关行使行政权力,与人民群众联系直接、密切,其依法行政水平直接影响着人民群众合法权益的保护。习近平总书记指出:"行政执法同基层和百姓联系最紧密,直接体现我们的执政水平。"③依法保障人民合法权益,是法治政府建设的价值追求。

针对法治政府建设的重点任务,习近平总书记亦提出了许多重要要求。对政府职能转变,要求"各级政府必须依法全面履行职能,坚持法定职责必须为、法无授权不可为"④。"各级政府一定要严格依法行政,切实履行职责,该管的事一定要管好、管到位,该放的权一定要放足、放到位,坚决克服政府职能错位、越位、缺位现象。"⑤对于提高行政决策的质量和水平,他多次强调要"完善决策制度,规范决策程序。要加大决策合法性审查力度,法律顾问和公职律师参与决策过程、提出法律意见应当成为依法决策的重要程序"⑥。就行政执法问题,他指出"全面推进依法治国,必须坚持严格执法","现在,我们社会生活中发生的许多问题,有的是因为立法不够、规范无据,但更多是因为有法不依、失于规制乃至以权谋私、徇私枉法、破坏法

---

① 习近平:《坚定不移走中国特色社会主义法治道路　为全面建设社会主义现代化国家提供有力法治保障》,《求是》2021年第5期。
② 习近平:《坚定不移走中国特色社会主义法治道路　为全面建设社会主义现代化国家提供有力法治保障》,《求是》2021年第5期。
③ 习近平:《论坚持全面依法治国》,中央文献出版社2020年版,第221页。
④ 习近平:《加快建设社会主义法治国家》,《求是》2015年第1期。
⑤ 《习近平关于全面依法治国论述摘编》,中央文献出版社2015年版,第60页。
⑥ 习近平:《论坚持全面依法治国》,中央文献出版社2020年版,第233页。

治"。① 针对行政权力的制约和监督,习近平总书记强调要通过"全面推进政务公开","强化对行政权力的制约和监督","加强党内监督、人大监督、民主监督、行政监督、司法监督、审计监督、社会监督、舆论监督,努力形成科学有效的权力运行和监督体系,增强监督合力和实效"。② 针对党政一把手在法治政府建设中的职责,习近平总书记要求"完善党政主要负责人履行推进法治建设第一责任人职责的约束机制,督促各级领导干部在法治之下而不是法治之上或法治之外想问题、作决策、办事情"③。

习近平法治思想既对我国法治建设提出了宏观和战略要求,也专门对法治政府建设提出有针对性的要求,是我国法治政府建设和法治建设的行动指南。《纲要》正是以习近平法治思想为指导制定的,全面体现了这一思想的精神和要求,是贯彻落实习近平法治思想的重要成果。推进我国法治政府建设,必须全面贯彻习近平法治思想,把这一思想落实到法治政府建设的各方面和全过程。

(三)把法治政府建设放在党和国家事业发展全局中统筹谋划

法治建设既是党和国家事业的重要组成部分和重要内容,也是党和国家事业发展的重要保障。《中共中央关于制定国民经济和社会发展第十四个五年规划和二〇三五年远景目标的建议》明确提出,要"有效发挥法治固根本、稳预期、利长远的保障作用"④。因此,依法行政工作和法治政府建设虽有相对独立性,但决不能把法治建设和法治政府建设仅作为一项单一甚至孤立的事务或工作来推进,而必须纳入党和国家事业发展全局中进行统筹谋划,与党和国家事业发展保持内在的一致,只有如此才能真正推动法治政府建设,也才能真正发挥法治固根本、稳预期、利长远的重要保障作用。

---

① 《习近平关于全面依法治国论述摘编》,中央文献出版社 2015 年版,第 57 页。
② 习近平:《加快建设社会主义法治国家》,《求是》2015 年第 1 期。
③ 习近平:《论坚持全面依法治国》,中央文献出版社 2020 年版,第 233 页。
④ 《中共中央关于制定国民经济和社会发展第十四个五年规划和二〇三五年远景目标的建议》,人民出版社 2020 年版,第 42 页。

这就要求各级政府各部门在推进法治政府建设时,必须适应世界百年未有之大变局和国内的新发展新变化,立足于开启全面建设社会主义现代化国家、向第二个百年奋斗目标进军的全局,在党的领导下与经济社会发展同部署、同推进、同督促、同考核、同奖惩,开拓创新,采用有针对性、创新性举措,推动新时代法治政府建设再上新台阶,为全面建设社会主义现代化国家、实现中华民族伟大复兴的中国梦提供有力法治保障。

二、主要原则

主要原则是法治政府建设应遵循的主要准则和基本要求。《纲要》确立了未来五年法治政府建设应遵循的五项原则,即"五个坚持",分别为坚持党的全面领导,坚持以人民为中心,坚持问题导向,坚持改革创新,坚持统筹推进。

(一)坚持党的全面领导,确保法治政府建设正确方向

方向涉及根本、关系全局、决定长远,正确的方向是法治政府建设的统帅。《纲要》把坚持党的全面领导作为法治政府建设的首要原则,这是法治政府建设沿着正确方向推进的根本保证。

党的领导是中国特色社会主义制度的最大优势,是社会主义法治最根本的保证,是我国社会主义法治同西方资本主义国家法治最大的区别。始终坚持党的领导,是社会主义法治的根本要求,是党和国家的根本所在、命脉所在,是全国各族人民的利益所系、幸福所系,是全面推进依法治国的题中应有之义。

改革开放以来,特别是党的十八大以来我国法治政府建设和法治建设的快速发展,充分证明坚持党的领导是我国法治政府建设和法治建设的优势之所在,是我国社会主义法治建设的一条基本经验。只有坚持在党的全面领导下依法治国、依法行政,厉行法治,才能统筹依法行政和依法治国各领域工作,才能有效推动法治政府建设和法治建设向纵深发展,国家和社会

生活法治化才能有序推进。

(二)坚持以人民为中心,一切行政机关必须为人民服务、对人民
负责、受人民监督

法治为了谁、法治政府建设为了谁,决定着法治和法治政府建设的宗旨
和性质。《纲要》明确提出,要"坚持以人民为中心,一切行政机关必须为人
民服务、对人民负责、受人民监督"。这是我们党和国家的根本宗旨、经济
社会发展的根本目的和人民在我们国家的主体地位决定的。

全心全意为人民服务是我们党始终坚持的根本宗旨,我们国家是人民
民主专政的社会主义国家。人民立场是党的根本政治立场,以人民为中心
是我们党和国家在经济社会发展中长期坚持的根本原则,是确保经济社会
发展朝着正确方向前进的准绳。因此,法治政府建设必须为了人民、造福人
民、保护人民。失去人民拥护和支持,法治政府就会失去根基,法治政府建
设就会失去方向。行政机关和公务员必须牢固树立以民为本的理念,以保
障人民根本权益为出发点和落脚点,保证人民依法享有广泛的权利和自由、
承担应尽的义务,倾听人民呼声、回应人民期待,依法保障人民平等参与、平
等发展权利,维护社会公平正义。

满足人民日益增长的美好生活需要是我国经济社会发展和法治建设的
根本目的。在新时代,我国社会主要矛盾发生变化,人民的需要已不再是单
一的物质需要,人民群众对美好生活的向往更多向民主、法治、公平、正义、
安全、环境等方面延伸,因此法治政府建设必须积极回应人民群众新要求新
期待,以保障和促进社会公平正义为价值追求,保护人民权益,增进人民福
祉。习近平总书记高度重视公平正义,指出公正是法治的生命线,公平正义
是我们党追求的一个非常崇高的价值。他振聋发聩地告诫,"一个错案的
负面影响足以摧毁九十九个公正裁判积累起来的良好形象。执法司法中万
分之一的失误,对当事人就是百分之百的伤害"①。

---

① 《习近平关于全面依法治国论述摘编》,中央文献出版社 2015 年版,第 96 页。

人民是历史的创造者和依法治国的主体。行政权力来源于人民,必须服务于人民,依靠人民。全面依法治国和依法行政最广泛、最深厚的基础是人民,必须坚持为了人民、依靠人民,人民权益要靠法治保障,法律权威要靠人民维护。法治政府建设要依法保障人民通过各种途径和形式管理国家事务、管理经济和文化事业、管理社会事务,要激发全体人民参与法治政府建设的积极性和能动性,要把人民满意作为检验依法行政和法治政府建设成效的根本和试金石。

(三)坚持问题导向,用法治给行政权力定规矩、划界限,切实解决制约法治政府建设的突出问题

问题是时代的声音,问题是进步的脉动。只有树立强烈的问题意识,只有坚持清晰的问题导向,才能实事求是地对待问题,才能找到进步的路标。《纲要》强调指出,法治政府建设要坚持问题导向,用法治给行政权力定规矩、划界限,切实解决制约法治政府建设的突出问题。

依法行政和法治政府建设是需要不断进步和不断创新的事业,它既是发展的过程和进程本身,也是进步的成果和成就的体现。改革开放以来,我国行政法建设不断推进并取得了巨大进展。40 年来,各级政府和行政机关依法行政水平和能力日益提高,法治政府建设不断取得新进展。《纲要》明确指出:"党的十八大以来,特别是《法治政府建设实施纲要(2015 — 2020年)》贯彻落实 5 年来,各地区各部门多措并举、改革创新,法治政府建设取得重大进展。"但是,整体来看,我国法治政府建设水平与我国经济社会的快速发展、国家治理体系和治理能力现代化与人民需要之间仍存在差距,也与全面依法治国和法治建设整体要求存在差距。不同地区、部门之间的依法行政和法治政府建设仍然存在不充分、不平衡问题,有的地方、部门的依法行政和法治政府建设遇到一定的问题,甚至进入瓶颈期,表现为推进动力和后劲不足,推进办法不多,推进效果不彰。

法治政府建设必须坚持以问题为导向,在充分总结推进依法行政和法治政府建设的经验的基础上,立足于攻坚克难,敢于直面问题、正视问题,善于发现问题,查找本地区、本系统、本部门影响法治政府建设推进的深层问题和障碍。针对这些问题和障碍,用法治给行政权力定规矩、划界限,研究和寻找解决问题的思路和方案,努力消除影响法治建设的障碍,切实解决制约法治政府建设的突出问题。

(四)坚持改革创新,积极探索具有中国特色的法治政府建设模式和路径

当前,我国正处于实现中华民族伟大复兴关键期,法治建设进入攻坚期。法治政府建设进程在很大程度上决定着法治建设进程,法治政府建设程度关乎法治建设目标的实现程度。法治建设要取得重大进展,法治政府建设必须率先取得突破。法治政府建设的思路和路径,从根本上决定着能否取得突破和突破的程度。

事实上,随着法治政府建设不断推进,越向前发展难度就越大,法治政府建设要求越高就越需要有突破。这一时期法治政府建设推进有成效,整个国家治理的效能就能得到极大提升,国家治理体系和治理能力的现代化水平就可以实现飞跃;反之,国家治理体系和治理能力的现代化目标就无法实现,将对法治中国乃至中华民族伟大复兴形成障碍。法治政府建设迫切需要转换思路、深挖潜力、抓住重点、重点攻关、全面提速。

因此,法治政府建设必须坚持解放思想,打破原有思维定势,在已有经验、做法和制度基础上坚持改革创新,在法治框架下积极探索推进依法行政的新理念、新路子、新办法,在遵循法治规律前提下针对法治政府建设中的难点、重点问题创造性开展工作,务求取得突破、取得成效,把法治政府建设举措转化为治理效能。

值得特别注意的是,《纲要》不仅要求法治政府建设的改革创新,而且在此基础上首次提出了"具有中国特色的法治政府建设模式和路径"的要求。这表明我国法治政府建设不仅要关注某一领域、某一方面或者某一环节的改革创新,而且要上升到法治政府建设模式和路径的高度来思考创新,形成"具有中国特色"的法治政府建设方案。

(五)坚持统筹推进,强化法治政府建设的整体推动、协同发展

法治建设和法治政府的推进方式,直接影响法治建设和法治政府建设的成效。《纲要》提出法治政府建设要坚持统筹推进,强化法治政府建设的整体性和协同性。

法治建设和法治政府建设是复杂的系统工程,要推动法治发展和法治政府建设需要考虑不同因素的作用及其关系。在推进依法治国和依法行政初期,通过对法治建设和法治政府建设的重点环节、关键因素的重视和推进,可以实现法治建设和法治政府建设的快速发展。不过,随着依法治国和依法行政进入全面推进阶段,法治建设和法治政府建设的复杂性突出,整体性和协调性凸显,已无法通过靠单兵突进、局部安排和某一方面、领域的工作加以实现,需要整体推进和协调发展。

正源于此,党的十八大之后,习近平总书记指出,"全面依法治国是一个系统工程,必须统筹兼顾、把握重点、整体谋划,更加注重系统性、整体性、协同性"[1],并提出了坚持依法治国、依法执政、依法行政共同推进,法治国家、法治政府、法治社会一体建设的法治建设工作布局。法治建设布局正是通过对法治建设各种力量、各要素、各环节的全面规划和安排,形成我国法治建设的新格局、新途径和新机制,形成法治建设的合力。事实上,这一要求同样适用于法治政府建设。

聚焦于法治政府建设,统筹推进至少包括两个维度:一个维度是法治政府建设与法治国家、法治社会建设的统筹协调。要把法治政府建设放在全面依法治国布局中加以谋划,统筹兼顾法治政府建设与法治国家、法治社会建设,保证法治建设的协同性。另一个维度是法治政府系统内的统筹协调。它包括多个方面、多种形式的统筹协调,包括法治政府建设八大子体系之间的统筹,即在"职责明确、依法行政的政府治理体系"这一总体系、总抓手之下,实现八大子体系的统合、协调,即政府机构职能体系、依法行政制度体

---

[1]　习近平:《加强党对全面依法治国的领导》,《求是》2019 年第 4 期。

系、行政决策制度体系、行政执法工作体系、突发事件应对体系、社会矛盾纠纷行政预防调处化解体系、行政权力制约和监督体系、科技保障体系；还包括不同层级行政机关及其工作人员的统筹，形成共同推进的合力，增强不同层级行政机关之间的协同性和整体性；也包括同一层级政府的不同行政机关之间的统筹，在一级党委和政府的领导下共同推进法治政府建设。

三、总体目标

总体目标确立了法治政府建设的努力方向。自 2004 年国务院印发的《全面推进依法行政实施纲要》明确提出我国推进依法行政的目标之后，运用明确、清晰的目标导向推进法治政府建设成为基本思路和方式。《纲要》继承并发展了这一基本方式，围绕着法治政府这一长远目标，确立标准，对中期目标特别是近期目标进行明确规定，推进法治政府建设工作。

（一）长远目标：法治政府及其标准

我国依法行政的最终目标或长远目标，是建设法治政府。这既是自 1993 年国务院在政府工作报告中第一次明确提出依法行政要求以来逐步确立的目标追求，也是贯穿《纲要》始终的一条主线，从而将各项任务、各项要求、各项举措统合、汇聚于共同努力方向的要求，即建设法治政府。《纲要》不仅重申和强调了依法行政和法治政府建设这一目标导向，而且发展和完善了法治政府的标准。

2014 年，党的十八届四中全会通过的《中共中央关于全面推进依法治国若干重大问题的决定》首次确立了法治政府的标准，即"建设职能科学、权责法定、执法严明、公开公正、廉洁高效、守法诚信的法治政府"[①]。可以称为包括六个方面"24 字"的法治政府目标。《纲要》以此为基础，根据我

---

① 《中共中央关于全面推进依法治国若干重大问题的决定》，人民出版社 2014 年版，第 15 页。

国经济社会发展新形势新要求,提出了新标准,即"全面建设职能科学、权责法定、执法严明、公开公正、智能高效、廉洁诚信、人民满意的法治政府"。新标准提高了法治政府目标要求,形成了七个方面"28字"的法治政府目标。比较可以发现,有两个新变化和新发展:一是增加了"人民满意"要求。"人民满意"是法治政府建设的出发点和落脚点,始终是我国法治政府建设的要求,此次专门增加这一要求,是将过去隐含的要求变成明示的要求,突出了法治政府的人民性。二是增加了"智能性"要求。这是适应科技发展对法治政府的新要求,相应地,《纲要》首次确立了"法治政府建设科技保障体系"的重点任务。

从法治政府标准可以看出,法治政府不是用单一标准来衡量的,而是多维的、立体的综合性标准。法治政府应当是有限政府,即在职权科学配置的基础上权责法定的政府;法治政府应当是公正政府,即执法严明、依法用权、秉持公正的政府;法治政府应当是透明政府,即应当是除法定例外情况行政过程、处理结果和政府信息皆公开的政府;法治政府应当是智能化的服务政府,即能为公民、法人或者其他组织提供智能、高效、便民的政府;法治政府应当是廉洁政府,即用权为公、干净行权、风清气正的政府;法治政府应当是诚信政府,即守信践诺、具有公信力的政府;法治政府应当是人民满意的政府,即有担当、敢负责、执政为民的政府。

(二)中期目标:到2035年基本建成法治政府

在确立法治政府建设长远目标及其标准的基础上,《纲要》强调了法治政府建设的中期目标,即到2035年基本建成法治政府。

党的十九大明确提出中国特色社会主义进入了新时代的重要论断。新时代是中华民族迈向强起来的时代,是全面建设社会主义现代化强国的时代,新时代需要法治的强盛。因此,《决胜全面建成小康社会　夺取新时代中国特色社会主义伟大胜利——在中国共产党第十九次全国代表大会上的报告》内在地体现于在构筑新时代的目标蓝图中清晰地嵌入法治指标和要素,建立起与全面建设社会主义现代化强国的时间表、路线图相对接的法治发展路线图。第一个阶段,即到 2035 年法治国家、法治政府、法治社会基本建成。按照新征程的安排,在 2020 年全面建成小康社会的基础上,再奋斗 15 年,基本实现社会主义现代化。十九大报告清晰无误地列出了基本实现社会主义现代化的指标,涵盖了经济、政治、法治、文化、社会、生态等方面的要求。法治发展是其中的重要指标,其要求是法治国家、法治政府、法治社会基本建成。第二个阶段,从 2035 年到本世纪中叶,在基本实现现代化的基础上,再奋斗 15 年,把我国建成富强民主文明和谐美丽的社会主义现代化强国。十九大报告虽列出了社会主义现代化强国的指标,但未直接列明对法治目标的具体要求。不过,根据全国依法治国的总目标,以及十九大报告对社会主义现代化强国指标中的"政治文明"全面提升和"实现国家治理体系和治理能力现代化"的要求分析,到本世纪中叶法治国家、法治政府、法治社会应当建成。

《中共中央关于制定国民经济和社会发展第十四个五年规划和二〇三五年远景目标的建议》,在确定"到二〇三五年基本实现社会主义现代化远景目标"时,明确提出要"基本实现国家治理体系和治理能力现代化,人民平等参与、平等发展权利得到充分保障,基本建成法治国家、法治政府、法治社会"。①

《纲要》虽然主要着眼于确定未来五年我国法治政府建设的总体部署和安排,但并未局限于五年这一周期,而立足于中长远期目标的实现,立足于把五年的部署和安排纳入我国法治政府的中长远期建设体系之中,力图让未来五年的法治政府建设能"为到 2035 年基本建成法治国家、法治政府、法治社会奠定坚实基础"。

(三)未来五年目标

《纲要》在明确了法治政府建设的中长期目标的基础上,重点对未来五

① 《中共中央关于制定国民经济和社会发展第十四个五年规划和二〇三五年远景目标的建议》,人民出版社 2020 年版,第 4、5 页。

年我国法治政府建设的目标作出了设定。"到 2025 年，政府行为全面纳入法治轨道，职责明确、依法行政的政府治理体系日益健全，行政执法体制机制基本完善，行政执法质量和效能大幅提升，突发事件应对能力显著增强，各地区各层级法治政府建设协调并进，更多地区实现率先突破，为到 2035 年基本建成法治国家、法治政府、法治社会奠定坚实基础。"对法治政府建设未来五年的目标，可以着重从下列三方面理解和把握：

一是未来五年的目标实现要为 2035 年中期目标实现奠定基础。《纲要》确立的这一要求，是与《中共中央关于制定国民经济和社会发展第十四个五年规划和二〇三五年远景目标的建议》的部署安排相一致，"将'十四五'规划与 2035 年远景目标统筹考虑，对动员和激励全党全国各族人民，战胜前进道路上各种风险挑战，为全面建设社会主义现代化国家开好局、起好步，具有十分重要的意义"①。

二是未来五年的总体目标是政府行为全面纳入法治轨道。《纲要》对未来五年法治政府建设的目标设定，包括两个方面：一方面是确立总体目标，另一方面是针对重点方面设置目标。其中，总体目标是"到 2025 年，政府行为全面纳入法治轨道"。经过 40 多年的发展，我国法治政府建设到了将所有政府行为均纳入法治轨道，要求政府行为必须全部在法治轨道运行的时候，而要实现法治政府建设全面突破、全面提速，也必将要求将政府行为全面纳入法治轨道。

三是未来五年法治政府建设的重点目标。这主要是针对法治政府建设的重点任务而确立的目标要求。主要包括四项：职责明确、依法行政的政府治理体系日益健全，这是对法治政府建设的总抓手提出的目标要求；行政执法体制机制基本完善，行政执法质量和效能大幅提升，这是针对行政执法工作提出的目标要求，两项重点目标与行政执法相关，足见未来五年行政执法工作在我国法治政府建设中的地位；突发事件应对能力显著增强，这是针对

---

① 《中共中央关于制定国民经济和社会发展第十四个五年规划和二〇三五年远景目标的建议》，人民出版社 2020 年版，第 46 页。

现代社会是风险社会和新冠疫情对依法行政提出的更高要求；各地区各层级法治政府建设协调并进，更多地区实现率先突破，这是对法治政府建设统筹推进提出的目标要求。

第 二 章

健全政府机构职能体系

　　健全政府机构职能体系,是构建职责明确、依法行政的政府治理体系的首要任务,更是全面建设法治政府、推进国家治理体系和治理能力现代化的必然要求。职能是行政权行使的源点,法治政府建设首先要落在政府职能是否科学、是否法定的基础之上。"秉纲而目自张,执本而末自从"。党的十八大以来,以习近平同志为核心的党中央对行政体制改革高度重视,以转变政府职能为抓手推进政府机构改革,并强调"要发挥法治对转变政府职能的引导和规范作用"①。党的十九大要求深化机构和行政体制改革,建设人民满意的服务型政府。党的十九届三中全会专题研究部署党和国家机构改革,把优化政府机构设置和职能配置放在深化党和国家机构改革全局中统筹推进,提出形成"职责明确、依法行政的政府治理体系"的重大任务。党的十九届四中全会以推进国家治理体系和治理能力现代化为目标,对完善国家行政体制、优化政府职责体系、优化政府组织结构、健全充分发挥中央和地方两个积极性体制机制作出了一系列新要求新部署。《法治中国建设规划(2020—2025 年)》则从全局和战略高度将"构建职责明确、依法行政的政府治理体系"纳入全面依法治国系统谋划,提出"着力厘清政府和市场、政府和社会的关系"、"深入推进简政放权"、"大力推行清单制度并实行动态管理"。

---

① 《习近平关于社会主义政治建设论述摘编》,中央文献出版社 2017 年版,第 113 页。

为进一步贯彻落实党中央、国务院关于深化机构和行政体制改革，构建职责明确、依法行政的政府治理体系的决策部署，《法治政府建设实施纲要（2021—2025年）》第二部分将健全政府机构职能体系作为法治政府架构八个方面之首，明确未来五年优化政府机构设置和职能配置以更好发挥政府作用的主要目标和具体措施，要求"坚持法定职责必须为、法无授权不可为，着力实现政府职能深刻转变，把该管的事务管好、管到位，基本形成边界清晰、分工合理、权责一致、运行高效、法治保障的政府机构职能体系"，为今后一段时期各级政府深化行政体制改革、健全机构职能体系指明了方向和路线。

一、推进政府机构职能优化协同高效

现代行政之开展、治理目标之达成，均依赖于行政组织，政府机构职能体系是行政组织体系的主体。作为公权力的主要承载者、行政管理活动的具体实施者，政府机构自身组织结构是否科学、分工是否合理、运行是否高效、职能配置是否合法正当等，不仅直接关系政府的治理能力和水平，也直接关系行政决策、行政执法、行政监督等法治政府系列制度要求的落实成效。政府机构职能怎么定，定什么，必须与不同阶段政府治理的目标和任务相适应、与依法行政的理念和要求相适应。2018年2月，习近平总书记在中共中央举行的党外人士座谈会和民主协商会上的讲话中曾指出党和国家机构属于上层建筑，必须适应经济基础的要求。经济不断发展，社会不断进步，人民生活不断改善，上层建筑就要适应新的要求不断进行改革。这是人类社会发展的一条普遍规律。机构改革是一个过程，不会一蹴而就，也不会一劳永逸，需要不断进行调整。

进入新时代，我国经济社会发展发生了深刻的变化，行政任务日益复杂多元，跨部门、复合型行政事务急剧增加，信息技术革命更促进了万物互联互通，由此，克服部门分割造成的碎片化治理，增强政府一体协同的整体性治理，成为公共行政改革的主流。党的十九届三中全会、四中全会均对此作出部署。十九届三中全会《中共中央关于深化党和国家机构改革的决定》

把"优化协同高效"确立为深化党和国家机构改革的原则之一,并指出:优化就是"科学合理、权责一致";协同就是"有统有分、有主有次";高效就是"履职到位、流程顺畅";目标是构建"系统完备、科学规范、运行高效的党和国家机构职能体系"。十九届四中全会《中共中央关于坚持和完善中国特色社会主义制度　推进国家治理体系和治理能力现代化若干重大问题的决定》再次强调"以推进国家机构职能优化协同高效为着力点,优化行政决策、行政执行、行政组织、行政监督体制"、"健全部门协调配合机制,防止政出多门、政策效应相互抵消"。

为落实中央改革要求,结合地方改革实践,《纲要》就进一步推进政府机构职能优化协同高效部署了三个方面的任务,主要是理顺三对关系:一是政府内部不同机构之间的职责关系;二是横向政府与市场的关系;三是纵向不同层级政府的关系,落脚点是基层管理体制。同时,将"权力清单"作为巩固改革的载体和抓手,全面实行政府权责清单、市场准入负面清单制度。

（一）深化机构和行政体制改革

改革开放以来,我国先后进行了七次集中的行政体制和政府机构改革,不断优化职能配置,取得明显成效。尤其是党的十八大以来,坚持问题导向,突出重点领域,以转变政府职能为中心深化政府机构改革,取得重大进展,基本形成了适应社会主义市场经济体制的政府职能和机构体系。然而,面对新时代提出的新任务新要求,我国政府机构设置和职能配置与统筹推进"五位一体"总体布局和协调推进"四个全面"战略布局的需要、与推进国家治理体系和治理能力现代化的需要仍不相适应,需要进一步深化改革。主要表现在:一些领域党政机构重叠、职责交叉、权责脱节问题比较突出;一些政府机构设置和职责划分不够科学;基层机构设置和权力配置有待完善;等等。概括来讲,主要是机构设置不够优化、职能配置不够协同、机制运行不够高效。为此,2018 年 2 月,党的十九届三中全会专题研究部署党和国家机构改革,审议通过《中共中央关于深化党和国家机构改革的决定》和《深化党和国家机构改革方案》,开启了新一轮机构改革的大幕。与以往历次改革不同的是,本轮机构改革更加注重系统性、整体性、协同性,强调统筹推进党政军群四大体系,把政府治理体系与党的领导体系、武装力量体系、群团工作体系一起部署安排,优化了国务院和地方政府机构设置和职能配置,在不到一年的时间内实现从中央到地方、涵盖各类公共机构的重构性调整,取得了前所未有的进展。习近平总书记指出:"完成组织架构重建、实现机构职能调整,只是解决了'面'上的问题,真正要发生'化学反应',还有大量工作要做。"①下一步如何用好机构改革创造的有利条件,把机构职责调整同健全制度机制、提高依法行政水平有机统一起来,成为今后一段时间内法治政府建设的主要任务。

为继续巩固机构改革成果,《纲要》对未来五年持续深化机构改革和行政体制改革进一步提出要求,指出要"坚持优化政府组织结构与促进政府职能转变、理顺部门职责关系统筹结合,使机构设置更加科学、职能更加优化、权责更加协同"。

一是要做好机构改革后半篇文章。机构改革的目的不是将不同的机构简单地叠加或组合,而是在于通过改革,真正实现职能的优化整合和运行的顺畅高效。因此,机构改革完成后要着力推动机构的内在融合,缩短磨合期,推进各部门机构职能、业务和人员从"物理整合"向"化学融合"转变。改革部门要适时开展调研评估,跟踪了解职责调整、机构运行、"三定"执行等方面的情况,并及时解决出现的问题。

二是要加快机构运行的制度建设。机构调整必然带来规则制度的新变化新需求,因此,要尽快研究并建立健全新机构运行的制度、规范体系,填补空档期。对于机构内部,要在原有制度基础上依据新的组织架构和职能定位重新制定或修订制度规范体系;特别是要规范"三定"制定程序,提升"三定"制定质量;对于机构之间,要全面实行权责清单制度,厘清职责边界,并探索建立部门职责分工协商协调的原则、程序和监督检查规定,通过部门间有序协商协调,减少职责缺位、越位、错位。

----

① 《习近平谈治国理政》第三卷,外文出版社 2020 年版,第 106 页。

三是要着力推进机构组织和编制法定化。2019年8月,中共中央印发了《中国共产党机构编制工作条例》,作为统领机构编制领域各项法规制度的基础主干党内法规,为机构编制工作纳入法治化轨道提供了基本遵循。2020年12月,中央编委印发了《关于推进机构编制法规制度体系建设的意见》,作为《条例》的重要配套制度,明确了推进机构编制法规制度体系建设的总体要求和主要任务。下一步应围绕《条例》明确的各项制度,系统制定配套法规制度体系,加强从制度到监督的全链条建设,同时,结合"三定"规定的制定和修改、机构编制事项审核等工作,推进机构职责调整同提高依法行政水平有机统一。

(二)推动有效市场和有为政府更好结合

政府和市场的关系是我国经济体制改革的核心问题。改革开放以来,我国经济发展取得了举世瞩目的成绩,其中一个关键因素,就是发挥了市场经济的长处和社会主义制度的优越性两方面的优势,既要"有效的市场",又要"有为的政府"。习近平总书记曾指出:"市场作用和政府作用是相辅相成、相互促进、互为补充的。要坚持使市场在资源配置中起决定性作用,完善市场机制,打破行业垄断、进入壁垒、地方保护,增强企业对市场需求变化的反应和调整能力,提高企业资源要素配置效率和竞争力。发挥政府作用,不是简单下达行政命令,要在尊重市场规律的基础上,用改革激发市场活力,用政策引导市场预期,用规划明确投资方向,用法治规范市场行为。"[1]更好地发挥两方面的优势,需要政府在尊重市场规律、保障市场决定性作用的基础上科学界定职能、依法履行职责。对此,党的十九届四中全会《决定》在全面深化改革的基础上对我国政府职能的范围作了新的概括,要求"完善政府经济调节、市场监管、社会管理、公共服务、生态环境保护等职能"。据此,《纲要》提出,以优化协同高效为目标,"完善经济调节、市场监管、社会管理、公共服务、生态环境保护等职能,厘清政府和市场、政府和社

---

[1]　《习近平关于社会主义政治建设论述摘编》,中央文献出版社2017年版,第120页。

会关系，推动有效市场和有为政府更好结合"。具体来讲，一是要用法治思维和法治方式转变政府职能履行的方式，用好"发展战略、规划、政策、标准"等现代规制工具，更加注重运用法律和制度遏制不当干预微观经济活动的行为；二是要严格执行市场准入负面清单，普遍落实"非禁即入"。

发展战略、规划、政策、标准等，是政府规制领域有效的规制工具，为经济宏观调控提供了多样化手段。重大战略和发展规划是对国民经济和社会发展在时间和空间上的战略谋划与总体部署。我国自 1953 年实施"一五"计划至今，通过不断探索和实践，规划体系不断完善，目前已形成"四类多级"规划体系，"四类"即总体规划、专项规划、区域规划、空间规划，"多级"即国家级、省级、市州级、县级等，在经济社会发展中发挥了引领性作用，已成为中国共产党治国理政的重要方式。特别是，党的十九届五中全会擘画了我国"十四五"以及更长时期全面建设社会主义现代化国家的宏伟蓝图，进一步强调了以健全国家发展规划为战略导向完善经济调节、社会管理、公共服务等。政策和标准则是服务于特定时期特定领域经济社会发展目标和任务而采取的系列行动准则和统一技术要求，是对重大战略和规划的细化和具体化。

构建战略、规划、政策、标准等有机统一、法治化运行的体系，对于理顺政府、市场、社会关系具有重要意义。所谓构建法治化运行体系，一是要加快完善战略规划、政策标准的立法体系。如 2018 年 11 月，中共中央、国务院印发的《关于统一规划体系更好发挥国家发展规划战略导向作用的意见》提出，"完善法律法规，加快出台发展规划法，将行之有效的经验和做法以法律形式固定下来"。要通过立法使各类调控方式实现制度化、规范化、程序化，减少政策出台的随意性，增强调控手段运用的体系性、科学性。二是要增强战略规划、政策标准的刚性约束、强化统领功能。如 2018 年 1 月 1 日，新修订的《标准化法》正式施行，该法在标准的供给、实施机制等方面进一步厘清了政府与市场的界限，加强了政府的事中事后监管。特别是，将强制性标准由过去的三级整合为一级，并对其范围作了严格的限定，以更好地实现"一个市场、一条底线、一个标准"。三是要运用法律和制度遏制不当干预微观经济活动的行为。要通过法律规则和程序约束政府这只"看得见的手"，使其职能行使更加规范、透明、公平、高效。如在市场准入阶段，要严格执行负面清单制度，清单之外不得随意设置或变相提高准入门槛。再如，在退出阶段，要完善规范市场主体退出的条件、标准和具体程序。2019年6月，国家发展改革委等13部委联合印发了《加快完善市场主体退出制度改革方案》，提出"因公共安全、产业调控、区域发展、技术标准、环境保护等公共利益需要"依法强制或引导市场主体从特定领域退出的，应当"在相关法规和政策中进一步明确特定领域退出的触发条件、补偿机制"。

《纲要》还提出，要"严格执行市场准入负面清单，普遍落实'非禁即入'"。市场准入负面清单制度，是指国务院以清单方式明确列出在国境内禁止和限制投资经营的行业、领域、业务等，各级政府依法采取相应管理措施的一系列制度安排。"负面清单"是一个对外投资协定谈判中的概念，较早运用于我国自贸区改革实践。党的十八届三中全会《中共中央关于全面深化改革若干重大问题的决定》提出，"实行统一的市场准入制度，在制定负面清单基础上，各类市场主体可依法平等进入清单之外领域"。2015年10月，《国务院关于实行市场准入负面清单制度的意见》，对推行负面清单的功能定位、制定程序、适用类型和条件等作了全面规定，同时确立"两步走"方案，先在部分地区试行，积累经验、逐步完善，自2018年起正式实行全国统一的市场准入负面清单制度。据此，国家发展改革委、商务部先后印发了《市场准入负面清单（2018年版）》、《市场准入负面清单（2019年版）》、《市场准入负面清单（2020年版）》，将负面清单提升为全国性的改革措施。另外，在外商投资准入领域，2019年《外商投资法》也正式确立了"准入前国民待遇＋负面清单"的新型监管框架。

市场准入负面清单包括禁止准入类和限制准入类两个类别，确立了市场主体进入市场的三种路径。一是"禁止进入"。对禁止准入的事项，市场主体不得进入，行政机关不予审批、核准，不得办理有关手续。二是"许可进入"。对限制准入的事项，包括有关资格的要求和程序、技术标准和许可要求等，由市场主体提出申请，行政机关依法依规作出是否予以准入的决定。三是"平等进入"。对市场准入负面清单以外的行业、领域、业务等，各类市场主体皆可依法平等进入。《纲要》要求"严格执行市场准入负面清单"，对于厘清政府与市场关系具有重要意义。一方面，通过"非禁即入"赋予市场主体更多的主动权，为发挥市场在资源配置中的决定性作用提供更大空间。例如，根据《外商投资准入特别管理措施（负面清单）（2020年版）》和《自由贸易试验区外商投资准入特别管理措施（负面清单）（2020年版）》，特别管理措施已从改革之初的190余项缩减为现今全国33项、自贸区30项。限制准入范围的缩小，是简政放权改革成果的集中体现。另一方面，明确政府发挥作用的职责边界，有利于促进政府运用法治思维和法治方式加强市场监管，推进市场监管制度化、规范化、程序化，从根本上促进政府职能转变。例如，2020年版《市场准入负面清单》共列入事项123项，相比2018年版减少了28项，缩减比例为18%。同时，及时纳入新设立的准入措施，持续巩固"放管服"改革成果。

（三）构建简约高效的基层管理体制

习近平总书记一再强调，基层工作很重要，基础不牢，地动山摇。基层是党的执政根基之所在，是国家治理的最末端，也是法治建设的"最后一公里"。党的十八届四中全会《决定》就明确强调："全面推进依法治国，基础在基层，工作重点在基层。"依据我国《宪法》规定，我国基层政府组织在农村指的是乡镇，在城市指的是街道。从我国政府管理体制改革与发展的历史演进来看，乡镇、街道体制机制改革与人民群众切身利益、基层治理客观状况紧密相关。因此，全面推进基层法治政府建设和基层管理体制改革具有全局性、基础性的意义。

《纲要》对基层管理体制改革设定了两个原则，即简约原则和高效原则。我国《宪法》第二十七条规定，一切国家机关实行精简的原则。而行政效率原则是现代行政法的基本价值之一。早在2016年12月，中共中央办公厅、国务院办公厅印发的《关于深入推进经济发达镇行政管理体制改革的指导意见》就指出，"完善基层政府功能为重点，以探索建立简约精干的组织架构"。为了全面推广经济发达镇行政管理体制改革的成功经验，党的十九届三中全会《决定》提出："中央加强宏观事务管理,地方在保证党中央令行禁止前提下管理好本地区事务,赋予省级及以下机构更多自主权,合理设置和配置各层级机构及其职能,增强地方治理能力,加强基层政权建设,构建简约高效的基层管理体制。"

党的十八大以来,我国乡镇、街道政府服务能力已经得到了全面的提升,城乡公共服务一体化已经进入快车道,基本形成了基层党组织领导、基层政府主导、多方参与共同治理的城乡基层治理体系。不过,在条条关系中,基层政府仍然存在着下发的文件多、会议多、责任状多、考核多等形式主义问题。习近平总书记在重庆考察并主持召开解决"两不愁三保障"突出问题座谈会时强调,要坚决整治形式主义、官僚主义,让基层干部从繁文缛节、文山会海、迎来送往中解脱出来。此外,全面深化改革中如何处理好基层政府与上级机关在职能机构设置上的"一对多"与"多对一"仍然处于探索之中。在块块关系中,基层政府普遍地存在着职能交叉的情形,乡镇街道各条线上的工作经常是一起开展,职能无法明确和精细分工。上述条块关系造成了乡镇街道过多应付上级任务、内部权力配置和编制设置不合理、下放的事权承接能力有待提升等问题。结合十九届三中全会精神以及基层管理体制的现实问题,《纲要》所指的简约与高效主要是指赋予乡镇、街道更多的自主权和主动权,而基层管理体制改革的方向也是为了如何在拥有更多自主权的背景下探索更加简约和高效的体制,在全面推进"放管服"改革中,更快地打通服务人民群众的"最后一公里",提升社会治理的实效性,向人民群众提供多层次、多样化的公共服务。

《纲要》在具体举措上要求实行扁平化和网格化的管理模式。扁平化管理是针对传统金字塔式多层次管理的弊端而提出,主要运用高度发达的网络信息技术,削减那些只负责情况汇总、上传下达的中间层,使职能和人员尽可能向下沉,扩大终端层辐射面,不断提高效率和实效性。这一理论最先应用于企业之中,减少了企业运营成本且提高了管理效率,而后又逐渐被政府管理所采纳,成为政府管理体制改革中的新趋势。扁平化管理具有灵活、敏捷、快速、高效的特点,它减少了指挥链条,有利于信息的全面和及时收集,提高了指挥的灵活度,是克服官僚主义和形式主义,解决机构臃肿和虚置,提高行政效率的一个重要途径。《关于深入推进经济发达镇行政管理体制改革的指导意见》就指出:"立足基层工作实际,优化业务流程,减少管理层级,建立扁平高效的基层组织架构。"此次《纲要》对扁平化管理模式的重新明确提出,意味着将在全国范围内予以推广和探索。扁平化管理在宏观上意味着探索市管镇的体制改革;就微观层面而言,意味着乡镇、街道机关内部精简管理流程、整合内设机构、削减管理层次,以适应社会经济转型发展,以及城乡一体化进程对基层政府治理所提出的要求。

所谓网格化管理是指依托统一的数字化平台,将辖区管理按照一定的标准划分成单元网格,通过对单元网格的巡查,建立一种监督和处置既分离又合作的监管模式。网格化管理通过信息平台,打通各部门之间的对接渠道,各个服务主体也都以网格为入口,通过资源整合、信息共享、协同办公,把过去被动应对问题转变为主动发现问题并解决问题。2019 年 1 月,中共中央办公厅、国务院办公厅印发的《关于推进基层整合审批服务执法力量的实施意见》指出:"将上级部门在基层设置的多个网格整合为一个综合网格,依托村(社区)合理划分基本网格单元,统筹网格内党的建设、社会保障、综合治理、应急管理、社会救助等工作,实现'多网合一'。"网格化管理在突如其来的新冠肺炎疫情防治中发挥了重要的作用,有效解决了原先各部门各自为政、相互推诿所造成的管理盲区以及由此给疫情防治所带来的困难。网格化管理能及时收集群众的信息并及时给予回应,从而有利于把矛盾化解在萌芽状态,防止矛盾扩大化和复杂化。网格化管理能使基层管理体制改革朝向简约和高效的方向推进,充分体现了以人民为中心的思想和便民的原则。目前,网格化管理模式主要通过强化党建引领,将党支部或党小组建在网格上。在此基础上,合理确定网格监管任务和事项,科学配置网格员力量,实行定人、定岗、定责,以推进网格化服务管理标准化建设,提高网格管理规范化精细化水平。

《纲要》还要求"推进编制资源向基层倾斜,鼓励、支持从上往下跨层级调剂使用行政和事业编制"。长期以来,我国编制改革的目标是通过减编控编,以达政府机构精简化。但基层政府在减编、控编后出现了工作人员工作量增大、工作压力加大、工作效率降低的普遍现象。党的十九届四中全会《决定》指出:"推动社会治理和服务重心向基层下移,把更多资源下沉到基层,更好提供精准化、精细化服务"。同时,随着"放管服"改革的全面铺开,政府权力下沉已经进入从选择试点到全面推开、扩大下放事权范围的新阶段。这些都对编制改革提出了新要求。在基层机构简约的前提下,如何实现政府体制机制的高效有序运行,考验着基层政府编制管理和改革的能力。对此,《纲要》所提出的编制资源向基层倾斜,不仅意味着数量的下沉,更重要的是质量和结构的优化。只有这样才能为基层人民群众提供高效的服务。编制改革就是要积极探索岗编适度分离的机制,探索弹性的可动态调整的编制管理,也即盘活现有的编制,鼓励、支持上级机关编制人员向基层流动,积极探索基层干部能引得进、留得住、用得好的机制,实现"瘦身"和"健身"的双赢。

概括来讲,基层管理体制改革就是要以法治原则为主导,以简约和高效为原则,赋予基层地方政府更多的自主权和主动权,运用扁平化和网格化的管理模式把条块管理协同起来,盘活现有编制并推进编制资源向基层倾斜,建立依法保障、职责边界清晰、分工合理、权责一致的管理体制。

（四）全面实行政府权责清单制度

"全面实行政府权责清单制度"是党中央、国务院部署的重要改革任务,是巩固和拓展"放管服"改革成果的有效手段,同时也是加快转变政府职能、深化国家治理体系和治理能力现代化的重要基础性制度,对于深化行政体制改革、建设法治政府具有重要的意义。

政府权责清单,分为政府权力清单与政府责任清单。政府权力清单是指政府依照"清权、减权、制权、晒权"的要求,将工作部门行使的各项行政职权及其依据、行使主体、运行流程、对应的责任等以清单形式明确列示出来。政府责任清单是指在权力清单的基础上,按照权力与责任相对应的原则,进一步梳理、明晰、界定与行政职权事项相对应的责任事项,包含责任主体、问责依据、追责情形及免责情形等内容的清单。

全面实行权责清单制度将权责清单贯穿到政府管理运行的各个环节、各个方面，将权责清单逐步打造成政府部门履职清单。政府工作部门在清单规定的权限范围内，依照清单规定的流程行使职权，承担清单规定的职责，这对推动政府部门高效履职尽责发挥着积极的作用。

《纲要》要求，2022年上半年编制完成国务院部门权责清单，建立公开、动态调整、考核评估、衔接规范等配套机制和办法。2015年12月，国务院办公厅印发了《国务院部门权力和责任清单编制试点方案》，通过开展权责清单的试点，为全面推进国务院部门权力和责任清单编制工作探索经验。2017年3月，李克强总理在国务院第五次廉政工作会议上强调，要通过全面实行清单管理建立规范政府权力和责任的"总台账"。要抓紧制定国务院部门权力和责任清单，减权过程中能减就减。同时，依照"清权、减权、制权、晒权"的要求，建立公开、动态调整、考核评估、衔接规范等配套机制和办法。公开机制是权责清单制度运行的重要前提。权责清单所列举的内容，除保密事项外，应及时在门户网站、本地区法制监督网站和办事大厅、服务窗口等场所向社会公开。动态调整机制则是提升权责清单权威性、实效性和准确性的关键举措。政府工作部门依据法律法规的立改废释情况，以及经济社会和全面深化机构改革与职能调整的需要，应及时提交修改补充完善申请，按照程序审核要求确认后进行调整并予以公布。一并辅之以实时调整与定期调整相结合的举措，以实现权责清单的动态调整。考核评估机制是检测权责清单合法性、合理性的重要环节。对行政职权运行的评估，可清理、削减不合时宜的行政职权。对虽有法定依据但已不符合新时代发展要求的行政职权，要及时提出取消或调整建议，按程序报请修改有关法律法规。另外，针对权责清单内职权事项，可就其执行情况和实施效果提出相应的绩效考核和责任追究办法，并定期开展专项检查和考核评估，也可探索开展第三方评估，以实现对权责清单执行情况的监督问责。衔接规范是推动权责清单与"三定"规定有机结合的有力保障。党的十九届三中全会《决定》作出以权责清单推进机构编制法定化的战略部署，具体要求"全面推行政府部门权责清单制度,实现权责清单同'三定'规定有机衔接,规范和约束履职行为,让权力在阳光下运行"。在制定权责清单的过程中,详细梳理和细化不同部门、不同层级间政府部门的职责边界,能够推动"三定"规定的改造升级。把权责清单作为设置机构、配备编制和划分部门间职责的重要依据,能够推进政府职能精细化管理,使权责清单成为各级机构编制部门管理和改革工作的重要抓手,进一步推动政府科学履职、实现机构编制管理的科学化规范化。

《纲要》还要求,调整完善地方各级政府部门权责清单,加强权责清单标准化建设,实现同一事项的规范统一。2018 年 1 月,中央编办、国务院法制办印发《关于深入推进和完善地方各级政府工作部门权责清单制度的指导意见》,从推进权责清单标准化规范化建设、实现权责清单两单融合、完善权责清单动态管理机制、发挥权责清单制度的基础性制度效用、强化权责清单制度的便民性、推动权责清单与"三定"规定有机结合等六个角度为完善地方权责清单制度,确保制度落地生效、提质增效提出建议。标准化建设是地方各级政府部门权责清单调整的重点。在省(区、市)范围内推进权责清单规范化标准化建设,要做到实现同一行政职权事项在省市县三级的名称、类型、依据、编码等要素基本一致,同层级政府同一工作部门的行政职权数量基本相近,实现横向可比对、纵向可衔接,权责清单的梳理要严格依照现行法律、法规和规章规定,做到行政职权的行使主体、事项、依据、流程、岗位、责任明确。各省(区、市)要组织研究制定权责清单标准化编制规范,编制权责事项通用参考目录,统一清单内容格式。将权责事项分解为颗粒化的最小运行单元,为推进清单标准化建设和网上办理提供基础支撑。探索条块结合的清单编制方式,可先由省(区、市)政府各部门分别牵头梳理本系统省市县事项的标准清单,再纳入各级政府部门权责清单体系运行。

二、深入推进"放管服"改革

"简政放权、放管结合、优化服务",是党的十八大、十九大以来贯穿我国行政体制领域全面深化改革全局和始终的一条主线。党的十八大报告提出，"深化行政审批制度改革，继续简政放权"，以此为中心推动政府职能"向创造良好发展环境、提供优质公共服务、维护社会公平正义"转变。《2014年政府工作报告》将此作为"本届政府开门第一件大事"，大幅取消和下放行政审批事项。同时，推动权力清单、商事登记、投资准入等全面改革，推进行政审批标准化，推广"双随机一公开"等事中事后监管，逐步形成系统的"简政放权、放管结合、优化服务"改革部署。党的十九大报告进一步将其提炼为："深化简政放权，创新监管方式，增强政府公信力和执行力，建设人民满意的服务型政府"，并以此为中心，继续深化机构和行政体制改革。《2018年政府工作报告》将此作为"优化营商环境"、"解放生产力"的关键一环。至2021年，已建成全国一体化在线政务服务平台，不断推进政务服务事项线上"一网通办"、"跨省通办"。同时，优化政务服务大厅"一站式"功能，大力"减环节、减材料、减费用、减时限"，实现线下办理"只进一扇门"、"最多跑一次"，并持续深入推进"证照分离"、"告知承诺制"、"互联网+监管"等重要领域改革。"放、管、服"三管齐下、互为支撑，培育和激发了市场主体活力，对抗击疫情、促进经济恢复增长发挥了重要作用，更好发挥了政府作用，也是法治政府建设和行政法治理论体系的一场重塑性变革。

为落实党中央、国务院关于持续深化"放管服"改革的部署，《纲要》聚焦关键环节和重点领域，从进一步精简行政审批事项、健全事中事后监管、优化政务服务流程三个方面提出了一系列具体要求和措施。

（一）"放"：继续精简行政审批事项

精简行政审批事项，降低市场准入门槛，是简政放权的首要任务。2013年，新一届政府将审批制度改革作为加快转变政府职能的"牛鼻子"，在更大范围、力度上取消、调整行政审批事项，除普通许可外，范围涉及投资项目核准事项、职业许可事项、非行政许可审批事项、审批中介服务事项等。至2017年，国务院部门行政审批事项削减44%，非行政许可审批彻底终结，中央政府层面核准的企业投资项目减少90%，行政审批中介服务事项压减

74%,职业资格许可和认定大幅减少。取得成绩的同时,也应认识到,改革进入深水区,还有很多"难啃的骨头"。一些政府部门仍然管了很多不该管的事,企业投资经营和群众创业创新仍然深受显性或隐性准入壁垒之苦、行政许可和变相审批之累等;监管不到位和监管乱作为并存,公平竞争、优胜劣汰的市场环境尚未完全形成;公共服务存在不少薄弱环节,一些部门和单位办事手续繁琐、随意性大,群众和企业不满意。因此,需要以更大的决心和力度继续精简不必要的审批事项,进一步优化审批流程。《纲要》从以下几方面提出了任务措施。

1. 防止变相设置行政审批

精简行政审批事项,一方面,要按照《国务院关于严格控制新设行政许可的通知》的要求严格控制新设许可,规范许可设定审查程序,将国务院部门和各级地方政府行政许可纳入目录管理,实行"清单之外无许可";另一方面,要巩固已经取得的改革成果,加强对设定行政许可的监督,对违法设定行政许可、变相设定行政审批的,要坚决予以纠正。近年来,违法设定行政许可的情形通过规范行政立法程序、严格设定标准得到了有效的解决。但从实践来看,一些地方和部门仍存在变相设置行政审批、违规增设审批环节、擅自构筑市场准入壁垒的问题。如,改革中将一些行政许可事项调整为行政备案,目的是以"存案以备查"方式替代事前审批,减少政府对市场的干预。但一些地方以行政备案之名,行行政许可之实,规定不经备案的不得从事相关活动甚至予以处罚等,实际上就是变相设定许可。

为此,《纲要》指出,要"坚决防止以备案、登记、行政确认、征求意见等方式变相设置行政许可事项"。落实这一任务,一方面,要从行政许可的实质认定标准出发,把握是否属于"准予从事相关活动"以及是否因此"承担不利法律后果"两个要件,准确识别是否属于变相设置行政许可,切实防止行政许可事项边减边增、明减暗增;另一方面,要规范行政备案、登记等行为。2021年7月,国务院同意河北省、浙江省、湖北省开展行政备案规范管理改革试点,要求在全面梳理、分类规范基础上依托全国一体化政务服务平台等系统,推进行政备案网上办理、一网通办等。下一步要在改革试点基础上，形成可复制可推广的经验，进一步规范行政权行使，减少政府对微观经济的干预。

2. 推行行政审批、证明事项告知承诺制

行政审批告知承诺制，是优化审批流程的一种方式创新，即针对公民、法人和其他组织提出的行政审批申请，行政审批机关一次性告知其审批条件和需要提交的材料；申请人以书面形式承诺其符合审批条件，行政审批机关根据该承诺作出行政审批决定。告知承诺制度首先在上海、浙江等地开展探索并逐渐成熟，2020 年 1 月 1 日施行的《优化营商环境条例》将其纳入从而上升为国家立法。《条例》第四十条第三款规定："对实行行政许可管理的事项，行政机关应当通过整合实施、下放审批层级等多种方式，优化审批服务，提高审批效率，减轻市场主体负担。符合相关条件和要求的，可以按照有关规定采取告知承诺的方式办理。"告知承诺制减少了审批环节、提高了审批效能，在"放管服"改革中发挥了积极作用。《纲要》对推行行政审批告知承诺制作出要求，下一步应结合改革实践不断完善该项制度，要根据经济社会以及行业发展，适时拓展告知承诺制适用的范围，进一步规范适用的条件，并与《行政许可法》等相衔接，明确违反告知承诺的法律责任。

同理，告知承诺制这一制度创新，对于简化证明事项的办理流程，解决群众"办证多、办事难"问题具有同样的功效。所谓"证明"，是指公民、法人和其他组织在申请办理行政许可等事项时，需提供的由其他单位出具的有关材料，用于反映客观事实，或者表明申请人符合特定条件。实践中，各种"奇葩证明"、循环证明、重复证明的存在，是老百姓到政府办事能否进一步"减材料、减环节、减流程"的痛点和堵点。2018 年 6 月，国务院办公厅印发《关于做好证明事项清理工作的通知》，对在分类基础上推进证明事项清理作出了具体部署。一是对于通过规章、规范性文件设定的证明事项以及无设定依据的证明事项，应当停止执行，直接予以取消，不再要求当事人提供。二是对不能直接取消的证明事项，要探索通过法定证照、书面告知承诺、政府部门内部核查和部门间核查、网络核验、合同凭证等方式逐步替代。

3. 深化商事、投资等领域审批制度改革

进一步精简涉企经营各类审批事项,无疑是新一轮"放管服"改革的核心内容,决定了改革能否进一步激发市场活力,同时也是市场主体对改革成效最直接的感受。最早自 2012 年广东顺德等地开始探索主体资格(营业执照)与经营资格(许可证)相分离的新型商事登记后,中央顶层设计与地方实践探索紧密互动,通过"先照后证"、"多证合一"、注册资本实缴改认缴、"年检"改"年报"、企业登记全程电子化等,不断降低市场准入门槛,优化营业执照的主体资格凭证功能。在已有改革实践基础上,《纲要》进一步对"证照分离"、"一业一证"改革作出部署,要求"有序推进'证照分离'改革全覆盖,将更多涉企经营许可事项纳入改革。积极推进'一业一证'改革,探索实现'一证准营'、跨地互认通用"。

市场准入的实际过程中,获得商事主体资格(办理营业执照)与从事特定行业经营活动(办理许可证)之间存在着"照"与"证"的关系问题,证和照互为前置、衔接不畅、流程繁琐等构成了特殊的"准入不准营"难题。厘清证照关系的第一步,是实行"先照后证"。公布《工商登记前置审批事项目录》并动态调整,严格控制新设或变相设置前置许可事项。改革的第二步是针对办照环节,推行"多证(照)合一",将涉及企业登记、备案环节的有关事项和各类证照进一步整合到营业执照上,进一步优化办照流程。改革的第三步是针对办证环节,实行"证照分离"。在"先照后证"、"多证合一"基础上,有效区分"证"与"照"的各自功能,大力推进"照后减证",尽可能减少审批发证。通过在上海等地先行试点,2018 年 10 月,国务院在全国推开"证照分离"改革。改革的内容,根据许可事项的不同,主要有四种方式:(1)取消审批,旨在发挥市场的调节作用和行业的自律管理,如外资的国际船舶管理业务经营审批等;(2)审批改为备案,旨在通过备案强化对行业的引导并且加强信息公示,如首次进口非特殊用途化妆品许可等;(3)实行告知承诺制,旨在通过告知承诺和事中事后监管对尚不能直接取消审批的事项进行管理,如电影放映单位设立审批等;(4)优化服务,主要针对涉及国家安全、公共安全、金融安全、公众健康等涉及重大公共利益的行政审批事

项,通过公示和精简审批程序,增强经营者办理许可证的可预期性,优化准入服务,如旅行社业务经营许可等。

"一业一证"是"证照分离"基础上的继续深化。所谓"一业一证"改革,是指通过优化审批流程和集中审批程序,将市场主体进入特定行业涉及的多张许可证整合为一张行业综合许可证,即针对办证环节的"多证合一"。《纲要》提出推进"一业一证"改革,是将地方先行试点经验纳入改革创新全局部署。下一步要实行综合许可"单轨制"改革、建立行业综合许可证统一许可期限制度、深化告知承诺制改革以及建立"一业一证"改革清单管理制度等,并在地方试点基础上及时提炼、总结,形成可复制可推广至全国的经验。

除了商事领域以外,《纲要》也对继续精简资格资质类审批事项、投资领域的审批事项等提出了任务要求。如职业许可改革,是推动政府职能转变、形成以市场为导向的技能人才培养使用机制的一场重大改革。2019年12月,国务院常务会议决定分步取消水平评价类技能人员职业资格,推行社会化职业技能等级认定。2020年7月,人力资源社会保障部出台《水平评价类技能人员职业资格退出目录安排》,对2017年《国家职业资格目录》中确定的76项水平评价类职业资格分两批安排退出,与公共安全、人身健康、生命财产安全等密切相关的职业（工种）拟依法调整为准入类职业资格。退出后,技能人员水平评价由政府认定改为实行社会化等级认定,接受市场和社会认可与检验。

(二)"管":不断加强事中事后监管

深化"放管服"改革,必须坚持放管结合、放管并重,转变政府职能,就是要把"放"和"管"两个轮子都要做圆。党的十九大报告提出"深化简政放权,创新监管方式,增强政府公信力和执行力"。党的十九届三中全会《决定》对"强化事中事后监管"作出具体部署,要求"改变重审批轻监管的行政管理方式,把更多行政资源从事前审批转到加强事中事后监管上来",并提出"创新监管方式"、"加快推进政府监管信息共享"、"全面推进'双随机、一公开'和'互联网+监管'"、"健全信用监管"。为进一步加强和规范事中事后监管,2019 年 9 月,国务院印发《关于加强和规范事中事后监管的指导意见》,确立了事中事后监管应遵循的"依法监管、公平公正、公开透明、分级分类、科学高效、寓管于服"六项原则,并从监管规则、监管方式、监管协同、监管公开等方面作出了具体规定。

为落实党中央、国务院部署,《纲要》把加强和规范事中事后监管作为法治政府建设的重要一环纳入,要求"推动政府管理依法进行,把更多行政资源从事前审批转到事中事后监管上来"。同时,从"健全新型监管机制"、"完善包容审慎监管"、"统一监管规则和标准"等方面提出了任务要求和具体措施。

1. 健全新型监管机制

《纲要》指出"新型监管机制",是指以"双随机、一公开"监管和"互联网+监管"为基本手段、以重点监管为补充、以信用监管为基础的一系列监管方式创新和制度安排,这是首次对新型监管机制的内涵作出系统界定。可以说,这一界定来源于我国改革实践的高度提炼。随着"放管服"改革不断深化,如何把"管"的轮子也做圆,构建一个适应我国市场经济发展阶段和特点的政府监管体系,打造一个适合我国国情的监管"工具百宝箱",日益成为改革的关键和核心。因此,准确把握《纲要》提出的新型监管机制的要义,包括其所包含的"双随机、一公开"、"互联网+监管"、"信用监管"等监管工具的具体内容,对于理解我国事中事后监管体系的整体框架和布局,进而推进各项监管改革具有重要意义。

首先,"双随机、一公开"监管和"互联网+监管"是当前中央重点部署的两类基本监管方式,覆盖日常监管。"双随机、一公开"监管是指监管机构在市场主体名录库和执法检查人员名录库中通过摇号等方式,从市场主体名录库中随机抽取检查对象,从执法检查人员名录库中随机选派执法检查人员开展执法监管。2019 年 2 月,国务院印发《关于在市场监管领域全面推行部门联合"双随机、一公开"监管的意见》,联合 16 个部门开展跨部门"双随机"抽查,并对检查对象名录库和执法检查人员名录库、监管工作平台、抽查程序与结果公示等制度建设作出具体规定。"双随机、一公开"监管有利于规范执法检查中的裁量权行使，通过多部门联合检查实现"进一次门、查多项事"，最大限度地减少对企业经营的干扰。同时，与信用分类监管相衔接，根据企业风险信用等级确定抽检比例与频次，节约了监管资源、提高了监管的精准性。"互联网+监管"是指充分运用互联网、大数据、人工智能等手段提升政府监管的针对性、有效性。2015年《国务院办公厅关于运用大数据加强对市场主体服务和监管的若干意见》就明确指出："构建大数据监管模型，进行关联分析，及时掌握市场主体经营行为、规律与特征，主动发现违法违规现象，提高政府科学决策和风险预判能力，加强对市场主体的事中事后监管。""互联网+监管"以市场主体的全景信息数据为基础，有助于缓解传统执法中信息不对称、执法资源匮乏、执法流程繁琐等问题，实现更优的监管效果。数字信息时代下，我国监管机构正在不断适应新技术发展并运用各类信息平台与数据来取代传统的法律规则与技术手段，实现对市场主体的立体化监管。

其次，在日常监管之外，必须加强重点领域和重点行业监管。日常监管与重点领域监管紧密结合、互为补充。对此，《纲要》在"健全行政执法工作体系"中进一步提出了任务措施，要求"加大食品药品、公共卫生、自然资源、生态环境、安全生产、劳动保障、城市管理、交通运输、金融服务、教育培训等关系群众切身利益的重点领域执法力度"。

最后，"信用监管"是我国事中事后监管体系的基础性制度。"信用监管"包括信用分类监管和失信惩戒两大部分，前者主要运用于监管的发起等前端环节，后者则主要运用于事后处理惩罚等后端环节。由此，以信用评价为基础形成差异化监管，从而推进四大诚信体系建设，纵向上贯通监管前后端，横向上与"双随机、一公开"、"互联网+监管"相衔接，构成了我国事中事后监管的基本框架。因而，信用监管在整个监管体系中具有基础性地位。

对于信用风险分类监管，《纲要》还提出要"根据不同领域特点和风险程度确定监管内容、方式和频次，提高监管精准化水平"，就是要求监管机构依据市场主体的信用评价与合规风险而采取差异化的监管和执法措施。

基于信用评价和风险等级的分级分类监管,目标是通过差异化、精准化配置执法资源达到执法效果的最优。面对市场主体数量的迅猛增长和执法资源有限之间的矛盾,当前行政机关在开展事中事后监管的活动中,愈发强调要根据企业主体的信用水平与合规动机差异化地分配执法资源。如2019年《市场监管总局关于全面推进"双随机、一公开"监管工作的通知》就指出:"针对不同风险程度、信用水平的检查对象采取差异化监管措施,合理确定、动态调整抽查比例和检查对象被抽查概率,既保证必要的抽查覆盖面和监管效果,又防止检查过多和执法扰民。"在食品药品安全、安全生产、环境保护等重点执法领域也在积极推进分级分类监管。

2. 完善包容审慎监管

包容审慎监管是与新业态、新技术、新模式相适应的各类监管制度创新。《纲要》提出要"完善与创新创造相适应的包容审慎监管方式"。2018年9月,李克强总理考察市场监管总局并主持召开座谈会时指出,我国近年来新业态、新技术、新模式方兴未艾,不仅推动了经济发展、增加了就业岗位,更大大方便了群众生活,这很大程度上得益于"包容审慎"的监管方式。所谓"包容",就是对那些未知大于已知的新业态采取包容态度,只要它不触碰安全底线。所谓"审慎"有两层含义:一是当新业态刚出现还看不准的时候,不要一上来就"管死",而要给它一个"观察期";二是严守安全底线,对谋财害命、坑蒙拐骗、假冒伪劣、侵犯知识产权等行为,不管是传统业态还是新业态都要采取严厉监管措施,坚决依法打击。

落实和完善包容审慎监管。一是要按照鼓励创新原则,给新技术、新产业、新业态、新模式留足发展空间,同时坚守质量和安全底线,严禁简单封杀或放任不管。二是要加强对新生事物发展规律研究,分类量身定制监管规则和标准。对看得准、有发展前景的,要引导其健康规范发展;对一时看不准的,设置一定的"观察期",对出现的问题及时引导或处置;对潜在风险大、可能造成严重不良后果的,严格监管;对非法经营的,坚决依法予以查处。

3. 统一监管规则和标准

构建统一、简明、可操作的监管规则和监管标准,是加强事中事后监管体系的前提。《国务院关于加强和规范事中事后监管的指导意见》也对健全制度化监管规则和加强标准体系建设作出了具体规定。对此，《纲要》进一步要求"分领域制定全国统一、简明易行的监管规则和标准，做到标准公开、规则公平、预期合理、各负其责"。

一是要健全制度化监管规则。各部门要围绕服务企业发展，分领域抓紧制定监管规则和标准，制定中要充分考虑不同领域和行业的特点，增强透明度和科学性。明确制定与市场主体生产经营活动密切相关的规则和标准，应当充分听取市场主体、行业协会商会的意见，新出台规则和标准应当结合实际为市场主体留出必要的适应调整期，并加强统筹协调、合理把握出台节奏、全面评估政策效果，避免因政策叠加或相互不协调对市场主体正常生产经营活动造成不利影响，同时加大监管规则和标准的宣传解读力度。二是要对边界模糊、执行弹性大的监管规则和标准，抓紧清理规范和修订完善。要结合权责清单编制，全面梳理各级政府和部门职责范围内的监管事项，明确监管主体、监管对象、监管措施、设定依据、处理方式等内容，纳入国家监管信息平台统一管理并动态更新，提升监管规范化、标准化水平。三是要推进监管规则向社会公开，以科学合理的规则标准提升监管有效性，降低遵从和执法成本。

（三）"服"：持续优化政务服务流程

随着"放管服"改革的不断深化，我国"互联网+政务服务"、"数字政府"建设快速推进，取得了令人瞩目的改革成效，全面提升了政务服务规范化、便利化水平。概括来讲，主要是"一网"、"一门"、"一次"改革，其核心内容是：整合构建全国一体化网上政务服务平台，以统一实名身份认证达成"一次认证、全国漫游"目标，上线更多政府服务事项，实现线上"一网通办"、"跨省通办"；优化政务服务大厅"一站式"功能，增加集中办理事项，加快实现"前台综合受理、后台分类审批、综合窗口出件"，实现线下办理"只进一扇门"；通过整合共性材料、优化办事系统、简化办事材料、精简办事环节，建设基层"一站式"综合便民服务平台，实现现场办理"最多跑一次"。

《纲要》在提炼和总结当前从中央到地方深入推进"放管服"改革实践的基础上,对未来五年深化"一网"、"一门"、"一次"改革提出了具体任务和措施。

1."一网":增强全国一体化政务服务平台服务能力

《纲要》提出,依托全国一体化政务服务平台等渠道,全面推行审批服务"马上办、网上办、就近办、一次办、自助办"。2019 年 4 月,国务院出台《关于在线政务服务的若干规定》,这是我国首部规范在线政务服务的行政法规。《规定》在总结吸收近年来我国各地区各部门探索开展在线政务服务建设的实践经验基础上,进一步强化顶层设计,从法律层面确立了全国一体化在线政务服务平台的主体架构和运行机制。2019 年 11 月,全国一体化在线政务服务平台上线试运行,该平台联通 31 个省(区、市)及新疆生产建设兵团、40 余个国务院部门政务服务平台,接入地方部门 300 余万项政务服务事项和一大批高频热点公共服务。首先,依托一体化在线政务服务平台,大量公共服务事项实现网上办理,大幅提升了群众办事创业的便利度。其次,政务服务的一体化,解决了各地事项标准不统一,跨地区、跨部门办事协同难的问题。对此,《纲要》进一步要求,加快推进政务服务"跨省通办",到 2021 年年底前基本实现高频事项"跨省通办"。2020 年 9 月,国务院办公厅印发《关于加快推进政务服务"跨省通办"的指导意见》,提出 140 项全国高频政务服务"跨省通办"事项清单。2020 年年底前,已实现市场主体登记注册、养老保险关系转移接续等第一批 58 项事项"跨省通办";2021 年年底前,将基本实现异地就医结算备案等 74 项高频政务服务事项"跨省通办"。最后,全国一体化平台的建设,有利于加快打破部门、地方"信息孤岛",实现数据"一网共享"。

2."一门":提升各级政务大厅"一站式"功能

各级政务服务大厅是"放管服"改革的空间载体,新一轮审批制度改革启动以来,全国各地行政服务中心的空间布局大致经历了"部门专窗"模式、"主题窗口"模式、"全科综合"模式三个阶段的变化,现已步入深度融合线上线下服务,逐步实现"撤减窗口"、"去中心化"的发展阶段。行政服务中心空间变化的背后不仅有职能职责的重构，也有政务流程的再造。推进各地行政服务中心"一窗受理、集成服务"改革，优化提升政务大厅"一站式"功能，是深化"放管服"改革、增强人民群众改革获得感的重要载体。根据《纲要》的要求，一是要全面提升政务服务水平，完善首问负责、一次告知、一窗受理、自助办理等制度。所谓"一窗受理"，就是将部门分设的办事窗口整合为"投资项目"、"不动产登记"、"商事登记"、"社会事务"等综合窗口，实行前台综合受理、后台分类审批、统一窗口出件，并探索推进"全科无差别受理"，提升事项进驻率、"一证"通办率。二是要全面实现政务服务事项全城通办、就近能办、异地可办。要通过组织再造，解决部门分割带来的政务服务碎片化问题，并推动公共服务向着基层乡镇(街道)、村(社区)下沉。三是要坚持传统服务与智能创新相结合，充分保障老年人基本服务需要。2020年11月，国务院办公厅印发了《关于切实解决老年人运用智能技术困难的实施方案》，要求不断优化"互联网+政务服务"应用，让老年人办事少跑腿；同时，保留老年人熟悉的传统服务方式，设置必要的线下办事渠道。针对老年人运用智能技术困难等问题，各级政务服务大厅要合理布局空间和配置服务，将改善老年人办事体验纳入"一站式"服务。

3."一次"：大力推行"一件事一次办"

所谓"最多跑一次"，是指群众、企业等向行政机关申请办理一件事，申请材料齐全、符合法定形式的，从提出申请到收到办理结果全程只需一次上门或者零上门。所谓"一件事"，是指一个办事事项或者可以一次性提交申请材料的相关联的多个办事事项。改革的目标是不断形成老百姓眼中的"一件事"清单并实现"一次办理"。2017年2月，浙江省政府发布《加快推进"最多跑一次"改革实施方案》，从与群众和企业生产生活关系最紧密的领域和事项做起，重构政务服务流程，创新服务机制，推进群众和企业办理政务服务事项"最多跑一次"。2018年6月，国务院办公厅印发《进一步深化"互联网+政务服务"推进政务服务"一网、一门、一次"改革实施方案》，地方层面的探索迅速在全国推开。《纲要》在总结实践基础上，进一步提出"一件事一次办"，并要求提供更多套餐式、主题式集成服务。深化"一件事一次办"改革,要在公共服务的流程再造领域,以企业和群众办事"少跑腿"为目标,梳理"一件事"目录。例如,以企业开办一件事为例,上海通过企业登记流程再造和"一窗通"的职能集中,将开办流程压缩为申领营业执照、刻章、办税、社保登记四个环节,用时从 22 个工作日提升到 5 个工作日;再以企业办水一件事为例,浙江通过勘察设计阶段简化事前审查(水务公司与政务服务平台信息共享获取用水企业的报装材料)、行政审批阶段(用水接入建设项目审批)推行告知承诺制改革,整合建设、综合行政执法、交通、公安、应急管理 5 个部门的 12 个行政许可为一个综合许可,从而形成全流程闭环运行,实现大幅度减材料、减环节、减时间。同时,要推进"一件事一次办"事项办理标准化。制定发布群众和企业到政府办事"最多跑一次"政务服务标准等,形成各类《办理指南参考目录》,明确办理条件、办理材料、办理流程,取消没有法律法规依据的证明和盖章环节,以标准化促进规范化便捷化,保障改革真正落地。

三、持续优化法治化营商环境

营商环境,泛指涉及企业等市场主体经济活动的体制机制性因素和条件。打造一流营商环境,是顺应经济全球化新形势、国内改革发展新要求的必然选择。2019 年 2 月,习近平总书记在中央全面依法治国委员会第二次会议上强调"法治是最好的营商环境",这一重要论断为持续深化"放管服"改革举旗定向、指引航程。以企业为中心的微观营商环境,本质上就是企业在市场活动中所感知的一整套由规则、程序、责任及其实施机制等构成的法治环境。因此,打造法治化营商环境,就是要改善一个区域的市场主体所面临的法治水平、公共治理等各种要素构成的综合发展环境。为了巩固改革成果,推进国家治理体系和治理能力现代化,2019 年 10 月 22 日,国务院公布《优化营商环境条例》,自 2020 年 1 月 1 日起施行。《条例》从市场主体保护、市场环境、政务服务、监管执法等多方面为优化营商环境提供了法治保障。

为落实党中央、国务院关于优化营商环境的部署，《纲要》提出要以"紧紧围绕贯彻新发展理念、构建新发展格局，打造稳定公平透明、可预期的法治化营商环境"为目标，深入实施《优化营商环境条例》，依法平等保护各种所有制企业产权和自主经营权，推动形成统一开放、竞争有序、制度完备、治理完善的高标准市场体系。

（一）注重顶层设计与地方实践相结合

《优化营商环境条例》以法治化、便利化、国际化为指引，坚持营造公正、透明、公开的市场环境。一是破除市场准入和市场退出障碍。明确了通过深化商事制度改革、推进证照分离改革、压缩企业开办时间、持续放宽市场准入、进一步优化市场主体注销办理流程等措施，为市场主体进入和退出市场、开展经营活动破除障碍。二是落实减税降费政策。明确各地区、各部门应当严格落实国家各项减税降费政策，保障减税降费政策全面、及时惠及市场主体，并对设立涉企收费作出严格限制，切实降低市场主体经营成本。三是解决"融资难、融资贵"，鼓励和支持金融机构加大对民营企业和中小企业的支持力度、降低民营企业和中小企业综合融资成本，不得对民营企业和中小企业设置歧视性要求，等等。各地能否切实贯彻执行《条例》的规定，在优化营商环境体制机制建设、提升政务服务水平、规范监管执法、强化法治保障等方面全面深化，是改革能否成功的关键。为此，《纲要》指出，要及时总结各地优化营商环境可复制可推广的经验做法，适时上升为法律法规制度。例如，"证照分离"、行政审批告知承诺制、政务服务"最多跑一次"等，就是源于地方实践探索，逐渐成熟后再推广复制至全国，并吸收为法律法规的内容。

（二）依法平等保护各类市场主体

依法平等保护各种所有制经济，是我国《宪法》所确立的平等原则的体现。根据《宪法》，国家在社会主义初级阶段，坚持公有制为主体、多种所有制经济共同发展的基本经济制度。多种所有制经济，包括全民所有制经济、集体所有制经济以及个体经济、私营经济等非公有制经济。平等保护,则包括权利平等、机会平等、规则平等三个方面。各种所有制企业,包括国有企业、民营企业、个体工商户等都是市场经济中的平等主体,享受市场公平待遇。落实《纲要》关于"依法平等保护各种所有制企业产权和自主经营权"的要求,一是依法保护各类市场主体在使用要素、享受支持政策、参与招标投标和政府采购等方面的平等待遇,切实防止滥用行政权力排除、限制竞争行为。二是依法保护市场主体经营自主权、财产权和其他合法权益,保护企业经营者人身和财产安全。加大对市场主体知识产权的保护力度,建立知识产权侵权惩罚性赔偿制度。三是推动建立全国统一的市场主体维权服务平台,为市场主体提供高效、便捷的维权服务。

外商投资企业是中国经济的重要组成部分,与国有企业、民营企业一样,都是我们企业的主体。我国政府一贯要求,对内资外资企业一视同仁,公平对待。《纲要》对健全外商投资准入制度也提出了要求。2020 年 1 月 1 日起施行的《外商投资法》在准入监管方面确立了"准入前国民待遇+负面清单"的新型监管框架。准入前国民待遇,是指在投资准入阶段给予外国投资者及其投资不低于本国投资者及其投资的待遇;负面清单,是指国家规定在特定领域对外商投资实施的准入特别管理措施;国家对负面清单之外的外商投资,给予国民待遇。负面清单由国务院发布或者批准发布。这一监管框架充分吸收了我国自贸区改革的经验,也是我国近年来市场准入监管不断接轨国际投资规则的集中体现。过去的"外资三法"对外资准入实施"逐案审批制","一事一批、层层审批"的事前审查模式,增加了不少额外的行政准入环节。根据《外商投资法》所确立的"准入前国民待遇+负面清单"制度,外商投资企业登记注册制度也进行了相应改革,申请材料进一步简化,登记程序进一步优化,对完善外商投资促进机制,营造稳定、透明、可预期和公平竞争的市场环境具有重大意义。

(三)构建公平、有序的市场环境

公平、有序的市场环境是持续优化法治化营商环境的基本前提。2021

年8月，习近平总书记在中央全面深化改革委员会第二十一次会议上讲话强调，要从构建新发展格局、推动高质量发展、促进共同富裕的战略高度出发，促进形成公平竞争的市场环境，为各类市场主体特别是中小企业创造广阔的发展空间，更好保护消费者权益。从法治政府建设的视角看，构建公平、有序的市场环境的实质就是增强规则意识和强化法治思维，以法治为主导原则处理政府与企业、市场的关系，厘清政企"边界线"，加强政府对市场的引导，促进企业公平竞争，以及商品和要素的自由流动。对此，《纲要》提出了以下三点要求：

第一，要求加强政企沟通，在制定修改行政法规、规章、行政规范性文件过程中充分听取企业和行业协会商会意见。市场经济就是法治经济，营造公平、有序的法治化市场环境，对象是企业，主角是政府。企业特别是中小企业是我国居民充分就业的主要渠道。在涉企规范性文件制定过程中，政府不仅要以宪法与法律为依据，保证下位法与上位法的一致，而且更为重要的是要加强政府与企业的沟通，以提高涉企行政立法的质量和实效性。由此，需要政府进一步深化体制机制改革，有效构建"清""亲"政企关系，在规则制定过程中与利益攸关的企业加强信息沟通，实现信息共享，打通政府与企业的"最后一公里"，避免发生损害市场主体利益以及妨碍市场公平竞争等现象的出现。

第二，要求加强和改进反垄断与反不正当竞争执法。反垄断与反不正当竞争是构建公平、有序市场环境的必然要求，加强和改进该领域的执法有利于市场畅通循环，并推进市场提质增效。国家"十四五"规划、《建设高标准市场体系行动方案》都对政府加强和改进反垄断与反不正当竞争执法提出了要求。2021年3月15日，中央财经委员会第九次会议强调，从构筑国家竞争新优势的战略高度出发，更好统筹发展和安全、国内和国际，促进公平竞争，反对垄断，防止资本无序扩张。中央全面深化改革委员会第二十一次会议审议通过了《关于强化反垄断深入推进公平竞争政策实施的意见》。这充分表明了党中央对促进形成公平竞争的市场环境，加强和改进反垄断与反不正当竞争执法的坚定决心。此次《纲要》在实施层面上作出全面部署。行政机关首先需要加强对重点领域的公平竞争监管;其次,需要加快充实执法力量,进一步做好竞争政策理论研究和实践总结、提升法律与经济分析能力,打造政治强、业务精、作风硬的执法队伍;再次,要加强市场监管部门与其他行业主管部门协同合作,形成执法合力,以提升监管的权威性和有效性;最后,要强化政府对企业的合规引导,坚持事后处罚与事前预防相结合,通过行政指导、约谈、合规指南等形式,加强对企业的引导,增强企业守法经营的自觉意识。

第三,要求强化公平竞争审查制度刚性约束,及时清理废除妨碍统一市场和公平竞争的各种规定和做法,推动形成统一开放、竞争有序、制度完备、治理完善的高标准市场体系。

公平是市场环境最基本的条件,法治是维护市场竞争的"公平秤"。党的十八大以来,我国社会主义市场经济发展得到了质的跃升,但不能忽视的是,地方保护、区域封锁、行业壁垒、企业垄断等现象仍有不同程度并以不同形式存在,妨碍着市场的公平、有序竞争。这都需要政府采取进一步法治规制措施维护市场秩序,形成统一且高标准的市场体系。2016 年 4 月,中央全面深化改革领导小组第二十三次会议强调,建立公平竞争审查制度,从源头上防止排除和限制市场竞争。2020 年《中共中央、国务院关于新时代加快完善社会主义市场经济体制的意见》强调,全面落实公平竞争审查制度。完善竞争政策框架,建立健全竞争政策实施机制,建立公平竞争审查抽查、考核、公示制度,逐步清理废除妨碍全国统一市场和公平竞争的存量政策。党的十九届四中全会《决定》也指出,完善公平竞争制度,强化竞争政策基础地位。落实《纲要》提出的任务措施,首先,要求政府在市场中不再充当"司机",而是当好一名"交警",管好"红绿灯",维护好市场秩序;其次,要求政府健全内部决策合法性审查机制,严格执行并强化公平竞争审查制度,强化上级行政机关对下级行政机关规范性文件的合法性审查,纠正滥用行政权力排除、限制竞争行为;最后,要把自我审查和外部监督结合起来,加强社会监督和执法监督,让各种市场主体公平参与市场竞争、平等受到法律保护。

第 三 章

健全依法行政制度体系

　　2014年9月,习近平总书记在庆祝全国人民代表大会成立60周年大会上的讲话中指出:"制度自信不是自视清高、自我满足,更不是裹足不前、固步自封,而是要把坚定制度自信和不断改革创新统一起来,在坚持根本政治制度、基本政治制度的基础上,不断推进制度体系完善和发展。"依法行政是建设法治政府的核心,完备的制度体系是依法行政、营造良好发展环境的前提。改革开放以来,经过各方面长期不懈的共同努力,以宪法为统帅,以推进依法行政基本法律为主干,法律、行政法规、地方性法规、政府规章等多个层次的行政法律规范制度体系已经基本形成,标志着中国特色法治政府制度建设逐步走向成熟。在全面推进依法治国的新的历史起点上,《法治政府建设实施纲要(2021—2025年)》第三部分强调坚持科学立法、民主立法、依法立法,这是对新形势下加强和改进行政立法工作的基本要求,也是健全依法行政制度体系的基础。我们要按照全面深化改革的要求,围绕服务经济社会发展大局,坚持科学立法、民主立法、依法立法,抓住提高立法质量这个关键,推动重点领域的立法工作,填补制度空白、制度盲点,及时修订和废止不合时宜、影响发展、有损公正的制度,增强依法行政制度体系的科学性、合理性和可操作性,提高政府治理的制度化、规范化、程序化水平。

一、加强重点领域立法

现阶段,我国正经历百年未有之大变局,社会主要矛盾发生变化,改革发展稳定任务繁重。2020 年 11 月,习近平总书记在中央全面依法治国工作会议上强调,"推进重要领域立法,深化法治领域改革,推进法治政府建设"①。建设和完善具有中国特色的政府治理体系,必须立法先行,发挥立法的引领、推动作用。但是,立法工作既不可以急躁冒进,又必须分清轻重缓急。在立法工作中突出立法重点,善于抓住主要矛盾的主要方面,加强重点领域立法,才能解决我国现阶段发展动力、发展平衡、发展内外联动以及社会公平正义等方面一系列法律问题,推动我国依法行政立法工作向更高质量、更高水平发展。

（一）健全国家治理急需、人民美好生活需要必备的法律制度

我国自改革开放以来,随着经济社会的高速发展,社会关系和社会结构也发生了巨大变迁。为适应新形势下的发展要求,《纲要》聚焦改革发展大局和人民群众切身利益、社会普遍关注的重大问题,更加突出立法对改革发展的引领和推动作用,力图把立法资源用在最急需通过立法解决的问题上,明确规定:"积极推进国家安全、科技创新、公共卫生、文化教育、民族宗教、生物安全、生态文明、防范风险、反垄断、涉外法治等重要领域立法,健全国家治理急需的法律制度、满足人民日益增长的美好生活需要必备的法律制度。制定修改传染病防治法、突发公共卫生事件应对法、国境卫生检疫法等法律制度。"

客观而言,立法资源和能力在一定时期是有限的,必须聚焦重点领域和关键环节、分清轻重缓急开展立法,及时、精准回应经济、文化、生态、社会等

---

① 习近平:《坚定不移走中国特色社会主义法治道路　为全面建设社会主义现代化国家提供有力法治保障》,《求是》2021 年第 5 期。

各方面对立法的重大需求,才能有效解决政府治理中的主要问题,充分发挥行政立法的功能和作用。当前,我国经济已由高速增长阶段转向高质量发展阶段,经济活动的社会环境、要素配置的体制机制和管理经济的方式方法都在发生着深刻转变。与此同时,国际国内环境日益复杂,改革开放和社会主义现代化建设任务依然繁重,这些都产生着巨大的立法需求。

维护和发展最广大人民群众的根本利益是行政立法工作之本。习近平总书记提出:"坚持以人民为中心。全面依法治国最广泛、最深厚的基础是人民,必须坚持为了人民、依靠人民。要把体现人民利益、反映人民愿望、维护人民权益、增进人民福祉落实到全面依法治国各领域全过程。推进全面依法治国,根本目的是依法保障人民权益。"①进入新时代,我国社会主要矛盾已经转化为人民日益增长的美好生活需要和不平衡不充分的发展之间的矛盾。经济快速增长的同时,民生领域发展不平衡、不充分的问题日趋凸显,教育、就业、医疗卫生、社会保障等领域的短板普遍存在。因此,行政立法要充分体现以人民为中心的发展思想,加快与人民群众切身利益息息相关事项的立法进程,在国家安全、科技创新、公共卫生、文化教育、民族宗教、生物安全、生态文明、防范风险、反垄断、涉外法治等重要领域,在保护权益、明确责任、加大投入、公众参与等环节提供更多的制度供给,依法保障人民群众共享改革发展成果。要从公共安全、防范风险、污染防治、生态保护、全球治理等方面入手,积极探索创制性立法,创新和完善政府治理体系。要围绕培育新的经济动能、提高供给体系质量,推进实体经济、互联网、大数据、人工智能等领域的立法,加快形成实体经济与科技创新、人力资源和现代金融协同发展的现代产业体系。

卫生健康事务是政府治理的重要方面,强化提高人民健康水平的制度保障,让广大人民群众享有公平可及、系统连续的健康服务是政府的重要职责。要通过制定修改传染病防治法、突发公共卫生事件应对法、国境卫生检疫法等法律制度,保障公民健康权益,强化公共卫生防御和重大传染病防

----

① 习近平:《论坚持全面依法治国》,中央文献出版社2020年版,第2页。

控,提升传染病防治能力和公共卫生保障水平,提高突发事件应对法治化水平,增强全社会的避险和救助能力。

(二)以良法善治保障新业态新模式健康发展

随着互联网技术的发展,以数字经济为代表的新业态新模式蓬勃发展,不仅创造出了强大的创业潜力、就业能力和经济价值,也为经济、社会和文化等领域带来深刻改变。与此同时,这些新生事物也带来一些法律规制的盲区,带来风险和挑战。2020年11月,习近平总书记在中央全面依法治国工作会议上强调,要以良法善治保障新业态新模式健康发展。《纲要》明确指出:"及时跟进研究数字经济、互联网金融、人工智能、大数据、云计算等相关法律制度,抓紧补齐短板,以良法善治保障新业态新模式健康发展。"

以良法善治保障新业态新模式健康发展,首先必须要坚持在法治轨道上推进新业态新模式健康发展。习近平总书记强调,法治是国家治理体系和治理能力的重要依托。只有全面依法治国才能有效保障国家治理体系的系统性、规范性、协调性,才能最大限度凝聚社会共识。新业态新模式的产生和发展,不仅难以被既有的法律规制,而且对我国的市场监管提出了挑战。从本质上看,任何新业态新模式在发育和成长阶段,如同脆弱婴儿需要呵护,政府通常扮演"阶段性托管"角色。即便在纯粹意义上的市场失灵面前,政府也应该报以包容规制的态度,因为同样可能存在规制俘获、"旋转门"、规制成本过高等造成的规制失效现象。面对市场失效和规制失效,两害相权取其轻,审慎包容规制成为理性选择。2016年5月,李克强总理在全国推进简政放权放管结合优化服务改革电视电话会议上指出,"烦苛管制必然导致停滞与贫困,简约治理则带来繁荣与富裕"。目前,新业态新模式在世界范围内正在潮涌般兴起,捕捉、发展新业态新模式已成为大势所趋,更是未来经济领域的制高点。由此可以预见,中国在新业态新模式领域战略规划的部署和实施,将会大大加速中国经济的追赶和超越进程。政府的职责在于,在管控社会风险和维护社会资产的情况下给市场最大的自由度,这中间可能需要一些创造性的思路,反映的就是政府的管理水平。在大力发展新业态新模式过程中，代表先进生产力的新业态新模式与相对落后的规制体制之间的矛盾将是未来我国经济发展面临的主要矛盾，政府规制只有主动适应新的运行规律，才能促进新业态新模式的发展。

因此，在保障新业态新模式健康发展的过程中，我们要更加重视法治、厉行法治，更好发挥法治固根本、稳预期、利长远的重要保障作用，坚持依法应对重大挑战、抵御重大风险、克服重大阻力、解决重大矛盾。

监管不是限制发展，而是为了更健康可持续发展。包容与审慎并举，才能明确面向新业态新模式的监管定位。新业态新模式的发展不仅是市场经济活动中的重要构成，而且是市场创新的源头。对于新业态新模式领域的干预，应当以包容审慎监管作为国家规制的主要原则，为新业态新模式发展和市场主体行为自由留足空间。与此同时，为了确保新业态新模式在法治的轨道上发展，也需要对新业态新模式进行审慎监管。

第一，坚持包容审慎监管要恪守实质法治底线。"包容审慎"，正是强调客观正视新业态新模式的不足，加强引导与规范，给新事物发展留足空间，在监管过程中采取既具弹性又有规范的管理措施。一方面，国家安全、公共安全、经济安全和社会稳定是不可逾越的红线，任何可能挑战这条红线的产业模式都必须"管死"；另一方面，包容审慎监管的"管"不是体现在高门槛、严准入上，而是应该体现在强力的事中监管以及周到的事后服务上。因此，坚持包容审慎监管，既强调监管规则明确性、统一性和普遍适用性的刚性要求，又强调监管机关的自由裁量权和解释权，监管机关在解释监管法律时，不能仅仅实行形式解释，还要进行实质解释，服务于经济社会的发展与公共利益的实现。各种不同类型的新业态新模式呈现的问题可能不同，但监管理念却是相同的，应当体现着社会整体的利益要求与价值选择，追求适合于维护人性尊严的社会秩序，强调不同问题区别对待。

第二，坚持包容审慎监管要突破地方利益、行业利益、部门利益的限制。长期以来，政府经济监管重在市场准入审批，强调层级管理、条块分割，这与当前新业态新模式的跨行业、跨区域、网络化等特征明显相抵牾，不少创新在现行法律框架下面临不合理的约束。比如，近年来网约车作为一种新生产业,在市场上获得了长足发展,国家也出台了《关于深化改革推进出租汽车行业健康发展的指导意见》《网络预约出租汽车经营服务管理暂行办法》等法规,赋予其合法地位。然而,在具体细则方面,很多城市政府却纷纷出台过于严苛的管制措施,在驾驶人户籍、车牌轴距排量、车辆年限以及价格等诸多方面,人为设限,壁垒森严。这些举措对于保护乘客利益、维护出租车市场秩序有明显作用。但从现实看,却更像是地方保护,是对传统出租车行业固有利益的抱残守缺,与"使市场在资源配置中起决定性作用和更好发挥政府作用"的改革理念明显不相符合,若听之任之,不仅会扼杀勃兴的网约车,也难以切实提升传统出租车行业的服务水平,无法适应民众对便捷、安全、舒适出行的迫切要求。再比如,共享单车一直以来存在乱停乱放现象,令城管、环卫等部门头疼不已。目前,监管部门通常奉行"谁家的孩子谁抱走"的原则,使得监管机构欠缺主动监管结构复杂、责任重大的新兴业务的意愿,同时,跨市场创新业务监管和综合协调监管的难度日益增大,导致监管割据持续加强,监管部门利益凸显。因此,坚持包容审慎监管,要适应新动能加速成长的需要,审视新业态新模式是不是符合民众的公共利益,是不是符合国家的总体发展规划,不能局限于地方利益、行业利益和部门利益。

第三,坚持包容审慎监管要强调正当法律程序。政府对新业态新模式履行监管职能,也是确保经济运行稳定有序的前提与必要条件。在这个过程中,必然涉及行政权与社会个体权利的关系,必然涉及行政权对公众生活的渗入方式,甚至涉及监管机关对行政相对人公平对待的问题。对此,包容审慎监管不仅要求多一些审慎、多一些弹性和多一些灵活,还要强调正当法律程序,这也是理性行使权力的基本要求。早在2004年国务院印发的《全面推进依法行政实施纲要》就明确要求:"行政机关实施行政管理,除涉及国家秘密和依法受到保护的商业秘密、个人隐私的外,应当公开,注意听取公民、法人和其他组织的意见;要严格遵循法定程序,依法保障行政管理相对人、利害关系人的知情权、参与权和救济权。行政机关工作人员履行职责,与行政管理相对人存在利害关系时,应当回避。"因此,坚持包容审慎监

管,监管公开、听取意见以及保障公民知情权、参与权等正当法律程序制度
不能忽略,这也是彰显对民意的敬畏和防范风险的重要举措。

（三）加强规范共同行政行为立法

2020 年 11 月,习近平总书记在中央全面依法治国工作会议上指出:
"全面依法治国是一个系统工程,要整体谋划,更加注重系统性、整体性、协
同性。"①面对进一步深入推进依法行政,加快建设法治政府,如期实现法治
政府基本建成的奋斗目标,行政立法的碎片化急需体系化探索。对此,《纲
要》明确指出:"加强规范共同行政行为立法"。

我国的行政法制建设,首先是从行政诉讼制度的建立开始。我们一般
都把 1989 年《行政诉讼法》的颁行作为我国推进依法行政的第一块里程
碑。不过,从行政立法总体设计而言,《行政处罚法》是我国第一部规范共
同行政行为的立法,按照当时的中国实际情况,制定《行政处罚法》是对四
个问题作了明确规定:一是处罚种类;二是处罚设定权;三是作出处罚决定
的程序;四是处罚决定的执行。目前,我国已先后出台《行政复议法》、《国
家赔偿法》、《行政许可法》、《行政强制法》、《公务员法》等一系列规范和监
督行政管理活动的基本法律规范;同时,在部门行政法领域也制定和发布了
《教育法》、《环境保护法》、《治安管理处罚法》、《土地管理法》、《证券法》、
《反不正当竞争法》等法律,已经初步形成了一个结构相对合理、层次较为
分明的行政法律规范体系。

加强规范共同行政行为立法是建成法治政府的客观需要。坚持依法行
政、建设法治政府,是实现法治国家的最关键环节。而建立健全完备的行政
法体系制度,是实现法治政府的前提。总体而言,我国现有的行政法律规范
相对分散,对行政行为通用规则缺乏法律的统一、明确规定,在行政执法和
行政诉讼中,只能从合法性、合理性等方面进行分析判断。同时,碎片化的

----

① 习近平:《坚定不移走中国特色社会主义法治道路　为全面建设社会主义现代化国家提
供有力法治保障》,《求是》2021 年第 5 期。

行政立法,是导致行政机关各自为政乱象的主要原因之一。加强规范共同行政行为立法,可以减少法律规范之间的冲突,从源头上防止行政管理中因职权不清、相互推诿或者争权夺利导致的各种行政争议发生,为构建统一、完整、有序的行政法体系提供有效路径,为整合多元利益、容纳不同价值、实现良法善治铺平道路。

加强规范共同行政行为立法,应当修改《国务院组织法》、《地方各级人民代表大会和地方各级人民政府组织法》,明确行政机关和行政机关内部机构之间的关系,明确授权和授权组织行使行政权的条件及责任,明确依法集中行使行政管理权的条件和责任,明确行政机关共同执法、联合执法的条件和责任等;应当对行政调查、行政处理、行政处罚、行政许可、行政强制、行政登记、行政给付、行政征缴、行政收费、行政征收、政府信息公开、行政奖励、行政协议等常见行政行为行使条件、方式、程序等作出规定,完善行政程序法律制度;研究制定行政备案条例、行政执法监督条例,明确对行政机关依法行政实施监督的方式,推进机构、职能、权限、程序、责任法定化。

二、完善立法工作机制

马克思曾经指出:"立法者应该把自己看作一个自然科学家。他不是在创造法律,不是在发明法律,而仅仅是在表述法律……如果一个立法者用自己的臆想来代替事情的本质,那么人们就应该责备他极端任性。"①改革开放以来,行政机关制定了大量的规则和规范性文件,数量远超过立法机关的立法。但是,行政机关供给的制度存在数量多、质量不高的问题,有的规则简单粗疏,不符合实际,有的规则公众不认可。习近平总书记指出,"人民群众对立法的期盼,已经不是有没有,而是好不好、管用不管用、能不能解决实际问题"②。因此,要在行政立法规划、立项、起草、论证、修改、协调、审

---

① 《马克思恩格斯全集》第 1 卷,人民出版社 1995 年版,第 347 页。
② 《习近平关于全面依法治国论述摘编》,中央文献出版社 2015 年版,第 43 页。

议、废止等立法的各个环节落实科学立法、民主立法、依法立法的要求，不断健全立法工作机制。只有完善立法工作机制，提高立法质量，发挥立法的引领和推动作用，才能制定满足人民美好生活需要、推进国家治理体系和治理能力现代化需要的良法。

（一）增强政府立法与人大立法的协同性

立法涉及权利利益关系的调整，立法过程也是不同利益群体间的博弈过程，不同部门、行业、群体都会以不同方式参与和影响立法。因此，必须加强立法协调沟通，理顺各部门、各工作环节之间的关系，及时解决立法中的重大分歧。《纲要》强调："增强政府立法与人大立法的协同性，统筹安排相关联相配套的法律法规规章的立改废释工作。"

从法理上说，人大立法与政府立法是一种支配和从属的关系。前者处于主导、支配和优势地位，后者则处于从属、补充和服从的地位。后者很大程度上是使前者得以更好的贯彻和实施，或是为前者打下探索性、先行性基础。不过，随着社会管理事务的日益复杂和民众需求的多元化，立法的专业性、技术性、科学性要求日渐凸显，政府立法权的扩张与膨胀有其必然性与现实合理性。

我国改革开放以来的立法实践也证明，相较于人大，政府部门具有明显的信息优势和专业优势。政府立法以其特有的专业性、及时性和灵活性迅速填补了国家立法的空白，弥补了人大立法的诸多缺憾，大大调和了立法民主与立法效率的紧张关系，缓解了社会对立法发展的迫切要求与国家立法供给不足之间的矛盾，使得我国立法的规模，基本适应改革开放与社会发展的需要。

政府立法对于推进形成完善的法律规范体系，充分发挥立法之于各项改革事业的引领与推动作用，提升立法的科学性与效率性，曾起着不可或缺的重要作用。但是，我们也应清醒地认识到，政府立法主导可能给整个法治进程带来的负面影响。为此，必须规范政府的各项立法权限，合理界定各部门立法的权限范围和议事程序，引入社会监督力量，做到"开门立法"，防止少数立法精英通过"黑箱立法"滥用立法权,从而防止部门立法的腐败与恣意。同时,还应在一定程度改革现行"归口立法"的做法,加强人大对同级政府立法的制约与监督,使人大立法与政府立法保持内容和形式上的统一。在法律的立项、起草和审议的各环节,起草单位和立法机关要广泛听取并认真研究各方面的意见。对于立法中的重点难点问题和部门间分歧意见较大的重要立法事项,牵头起草单位要在深入研究、充分论证的基础上,加强与有关方面的协商沟通,共同研究解决,努力取得共识;必要时,由决策机关邀请有关专家或者委托社会机构对有关问题进行第三方评估,也可以对一些有重大分歧意见的问题,提出若干解决方案,充分听取各方意见后及时作出决定,不能为部门之间的分歧所掣肘而久拖不决。

随着行政法规、部门规章及地方性规章权限、数量的扩大与增加,行政立法权的法治化、规范化进程加速。通过《立法法》授权立法的法律保留原则及授权规范,对行政立法权进行约束;通过《行政处罚法》、《行政许可法》、《行政强制法》对法规及规章的立法权限作了划分;通过《行政法规制定程序条例》、《规章制定程序条例》加强行政立法的程序性规定。目前,我们不断坚持科学立法、民主立法、依法立法,党委领导、人大主导、政府依托、各方参与的立法工作格局已经形成,立改废释并举,立法质量和效率已明显提高。

(二)提高立法精细化精准化水平

越是强调法治,越是要提高立法质量。毋庸讳言,同党和国家事业发展要求相比,同人民群众期待相比,我们在科学立法、民主立法、依法立法方面还存在一些亟待解决的问题。有些法律法规解决实际问题有效性不足,针对性、实用性、可操作性不强;有些重点领域立法不能及时出台,跟不上形势发展的需要,立法效率需要进一步提高。有些法律没有根据客观形势的变化及时修改;有些重大制度问题,法律上还有缺项;不同位阶的法律之间衔接不够紧密,匹配性和协调性有待提高。有些法律法规未能全面反映客观规律和人民意愿,立法工作中部门化倾向、争权诿责现象较为突出;有的部门把立法当作扩大自身权力、与民争利的手段,人民群众对立法的有序参与有待加强。因此,我们需要不断提高立法质量和效率,把提高立法质量作为完善立法工作机制的关键举措。当然,提高立法质量,需要确立科学的立法质量标准并将其有效贯彻到立法工作中。对此,党中央明确提出"推进立法精细化精准化水平",这是当前提高立法质量的关键。《纲要》强调:"聚焦实践问题和立法需求,提高立法精细化精准化水平。"

我国地域辽阔,地区之间经济社会发展不平衡,国家立法需要着眼全局,有时难以针对各地特殊情况进行明确具体规范。同时,随着需要立法的事项日趋增多,国家立法往往不能及时满足政府管理实践对立法的个性化需求。当前,人民美好生活需要日益广泛,不仅对物质文化生活提出了更高要求,而且在民主、法治、公平、正义、安全、环境等方面的要求日益增长。这就愈益要求,必须切实加强和改进各级政府的社会治理职能和公共服务职能,加强"精细化"的公共服务和"精准化"的社会治理,从而充分发挥中国特色社会主义行政体制和政府治理体系的制度优势和作用,这就意味着立法更加需要立足政府管理实际,做到精细化精准化。

推进立法精细化精准化,需要把握好三个环节。一是问题选择,即立法解决的问题要精准。如果问题意识不强,就可能制定出在实践中没有真实需求也没有实际价值的地方立法。二是方案设计,即解决问题的具体方案有效可行。如果方案简单粗放、内在结构不协调,就会难以操作,不但实际效果欠佳,甚至可能与上位法冲突。三是表达形式,即立法表达明确恰当。如果表达形式求大求全,用词不规范、不严谨,就会出现歧义,难以准确适用。我们必须将精细化精准化的要求贯穿问题选择、方案设计、表达形式三个环节,努力实现精准选题、精良设计、精炼表达。

精准选题,明确哪些问题需要立法。立法的选题应当是需要立法解决且适合立法解决的问题。具体来说,应当符合几个条件:立法需求具有客观性,这一问题在现实生活中客观存在,并且已经或可能影响到改革发展稳定或人民群众切身利益;其他治理手段解决效果不佳,必须且适合用法律手段来规范调整;尚无可以援用的相关立法且在本级政府的立法权限范围内。

精良设计,明确提供什么样的法律解决方案。法律解决方案应是务实的、有效的。这就需要紧扣问题关键,增强方案设计的针对性;明确方案的具体要素和实施方式,增强方案的可操作性;保证具备实施条件,增强落实方案的可能性;保证方案的内外逻辑严密,增强与其他法律法规、其他治理手段的协调性;与上位法不抵触,确保方案的合法性。

精炼表达,明确以什么样的形式来表达立法意图。为确保立法的严肃性和权威性,法律规范在表达上有特定要求,在用词上,务求规范、统一、严谨、简明。

(三)完善立法论证评估制度

完善立法论证评估制度,对于为立法规划提供科学依据、实现立法资源合理配置、从源头上提高立法质量具有重要意义。立法论证评估制度能够将我国的立法重心前移,让人民群众及早地参与立法的过程,广泛集中民智、凝聚社会共识,促进立法更加深入实际,促使立法较早地接受审查,从而有利于推进科学立法、民主立法、依法立法。《纲要》强调:"完善立法论证评估制度,加大立法前评估力度,认真论证评估立法项目必要性、可行性。"

随着立法民主的推进,民主不仅体现在正式立法过程中,而且会在立法准备阶段就展现出来。为了获得更能体现普通民众意志的立法项目,立法项目征集制度已经实现了从定向征集向社会公开征集的转变,由此导致备选立法项目的数量大幅度增加。在众多的立法项目中,哪些项目应当立,哪些法律不应当立,哪些法律需要及时制定,哪些法律可以暂缓制定,所有这些问题应该有一个相应的制度予以规范。立法论证评估在法治发达的国家被称为"影响评估"、"影响性评估报告",在我国又被称为"立法前评估"、"立法前质量评价"。立法论证评估的对象既包括现实社会中需要制定法律、法规和规章的立法事项,也包括有待于废除、修改的立法事项。

一般而言,立法论证评估主要是从立法项目的必要性与可行性、立法项目的合法性、立法项目的公平性、立法项目的协调性、立法项目的成本等方面进行审查和论证。立法项目的必要性与可行性论证,主要是根据立法项目的现实要求和现实条件，从必要性和可能性方面对立法项目进行论证和评估，确保立法项目符合时代的要求和立法的现实条件；合法性主要是对立法项目的立法主体、立法权限、立法依据、立法内容等方面的合法性予以论证和评估；对于公平性论证而言，主要是立法资源与立法需求存在供不应求矛盾，要使有限的立法资源合理利用，实现立法项目的公平性，因此，对于具有及时性、普遍性且符合社会公众预期的立法项目，就应优先考虑；对于协调性论证而言，就是从该立法在整个法律体系中的地位来看，横向和纵向关系是否协调一致，与上位法是否存在冲突，以及配套的具体实施规定是否完备等，要充分地考虑法的统一性和协调性，对法律与法律之间、法规与法规之间、规章与规章之间、不同部门和地区的法规与规章之间、规章和规章之间的协调性论证是健全依法行政制度体系的基本要求；对于立法项目效益和成本论证而言，成本效益分析实质在于确定最佳和最优的成本方案，为投入者决策提供理性依据，以达到资源配置最优。立法项目不仅要考虑立法计划的研究成本和立法的制定成本，还要研究实施后的执行成本和社会成本，并建立和完善立法后的评估制度和定期清理制度。

（四）建立健全立法风险防范机制

立法活动与国家安全、政治安全、社会稳定关系密切。《纲要》强调："建立健全立法风险防范机制，将风险评估贯穿立法全过程。"

法律在一般意义上被认为是控制风险的有效工具，但是，这里存在一个悖论：相对于立法所要规制的风险而言，立法本身也是存在风险的；换言之，法律的介入有可能会对社会秩序和利益平衡机制产生负面的破坏性的影响，从而可能阻碍经济社会的发展。

当前，中国特色社会主义法律体系不断完善，立法不断增多。通过立法，科学调整和规范国家和社会生活的各种关系，处理好改革开放和现代化建设中的各种复杂问题，已成为全社会的共识。但是，法律本身所固有的缺陷，会导致一系列风险的产生，比如，立法者对市场认识的不清晰，可能会导致立法过早介入市场,影响市场自身的发展;再比如,立法者未曾对立法后的法律实施作出全面的评判,尤其是在设定相关利益激励机制和惩罚机制的时候,立法者并没有进行全面考量,可能会导致社会公众对立法结果作出出人意料的反应。倘若如此,立法不仅不符合人们的需要,反而可能会削弱宪法和法律明确赋予人们的权利和自由,抑制经济增长和社会发展的效率以及社会创造力。

立法风险评估是法律的正当性和有效性的重要来源。一般而言,对风险评估的简单理解是:以一些特定的方式方法形成一个特殊的制度去量化各种风险,并对风险的大小及其影响加以分析和评论。简而言之,就是通过一些方法客观地将诸如对国家安全、政治安全、社会稳定等的风险量化地表现出来,并考虑各种立法或者决策所带来的影响,以便人们进行比较和判断,从而作出理性的选择。通过风险评估,充分考量立法之前存在的社会风险以及立法后可能导致的社会风险,从而采取减少或消灭风险的立法措施,以便实现社会风险的立法管理。现阶段,建立健全立法风险防范机制,就是要加强立法战略研究,对立法时机和各环节进行综合考虑和评估论证,充分考量立法之前存在的社会风险以及立法后可能导致的社会风险,从而进一步提高行政立法质量。

（五）完善立法听证、民意调查机制

公众参与是现代行政法治的必然要求,是民主立法的表现形式,也是科学立法、依法立法的重要保障。为此,需要在行政立法过程中充分征集相关信息,完善立法听证、民意调查机制,构建公众参与立法的制度化模式。同时,由于行政立法中公众参与涉及的信息量较大,特别是新媒体新技术的不断发展,为了及时充分地完成相关信息的征集、整理和反馈工作,有必要充分利用信息技术的最新成果,通过信息化建设的方式,为行政立法中公众参与提供必要的技术条件。《纲要》强调:"积极运用新媒体新技术拓宽立法公众参与渠道,完善立法听证、民意调查机制。"

当前,行政立法中公众参与的信息化主要方式是,由作为行政立法主体的政府或相关部门在相应的司法行政机构的门户网站上发布相关立法草案并征询意见的信息，并在具体草案中留下相关意见提交接收的政府电子信箱。行政立法征集意见的信息发布，有效利用了互联网快速高效且覆盖面广等特征，使社会公众能够迅速接触到相关行政立法草案内容，并根据自身偏好选择电子邮件或信函等不同方式向立法机关提交建议，为社会公众通过提交意见参与行政立法提供了良好的网络信息化基础。

从实践来观察，我国行政立法中公众参与的信息化建设已经取得较好效果，并在信息征集领域形成了一定的制度化体系，但整体上仍存在进一步努力的空间。首先，针对社会公众存在信息获取渠道偏好上的差异，应当针对特定主体采用专门的信息化渠道，比如，对以手机为获取信息的主要工具的人群，应当专门设立立法听证、民意调查的微信公众号或微博，并与门户网站信息化渠道同步发布相关行政立法意见征集的公告。其次，为了充分提高社会公众参与行政立法的注意力，对相关行政立法与不同主体之间的利益相关度进行分级，对于存在直接利害相关的主体，采用特别提醒的公告推送方式，而对于利害相关度不高的主体，则采用普通的公告方式，从而有效防止因为过多的行政立法意见征集公告造成社会公众对其注意力的普遍降低，提高社会公众对行政立法的有效参与程度。另外，建立制度化的网络信息整理和反馈系统，通过信息化系统的自动分析和整理，将具体意见最终的处理情况自动发送给每一位特定的意见提供者，使每一个特定的参与行政立法的主体均可以看到自身意见被采纳的情况以及没有被采纳的原因和理由，从而切实感受到自身参与立法的存在感和重要性，进而激发其参与立法听证、民意调查的积极性。

（六）强化省级政府备案审查职责

法规规章备案制度是指依法承担报备义务的单位在法规规章颁布后的一定时间内，按照法定的程序将法规规章及有关材料向法定的国家机关报送备案，接受备案的机关依法对其合法性、适当性和协调性等进行审查与处理的一种事后监督制度。2001 年 12 月 14 日，《法规规章备案条例》在《立法法》的基础上,对法规规章备案的范围、报送备案的机关和具体承办机构,备案的内容、格式,备案审查的内容、程序,备案审查处理的权限和方式作出了具体规定。《法规规章备案规定》实施以后,对规范法规规章的备案工作起到了重要作用。但是,随着社会主义市场经济的发展和社会生活的日趋复杂,各种立法主体的立法权限不断扩张,规范性法律文件日益增多,现行备案审查制度存在的问题也日益突出,立而不备、备而不审、审而不决、决而不刚等现象时有发生,备案主体繁多、备案法律责任缺失等问题亟须解决。《纲要》强调:"修改法规规章备案条例,推进政府规章层级监督,强化省级政府备案审查职责。"

从制度实证分析的角度看,法规规章备案制度包括备案主体、备案职权、备案依据、备案标准、备案程序和备案责任等基本要素。实践中,立而不备、备而不审、审而不决、决而不刚的现象之所以会发生的原因:一是法规规章制定后,由于备案制度缺乏应有的法律强制力和约束力,制定机关有时并不按照规定将制定的法规规章提交有权主体进行备案,同时,现行法律法规也没有将备案与法规规章的生效密切联系起来,即使不备案,法规规章的效力也不受影响。二是对完成备案审查的期限以及不审查所应承担的责任,现行法律法规没有明确规定,导致对备案与审查的关系缺乏正确的认识。实际上,我国法律规定的"备案审查"中的审查,往往应该是实质上的审查。三是《法规规章备案条例》第七条规定,备案机关对报送备案不合格的法规规章,可作出两种决定:不予备案登记和暂缓办理备案登记。但是,这两种决定都没有涵盖对制定机关进行责任追究的内容。对于审查机关,无论是向制定机关提出建议或意见,还是责令制定机关限期说明相关情况,都没有相应的法律措施进行保障。处理权的缺失,必然导致审查机关的意见、建议、决定被制定机关所漠视。此外,《立法法》和《法规规章备案条例》规定了众多的备案审查机关,备案机关繁多,缺乏明确的分工负责机制,容易导致相互推诿、效率低下。正因如此,《纲要》专门强调推进层级监督,并特别强调了省级政府的备案审查职责。值得注意的是,2015 年中共中央办公厅下发的《关于建立法规、规章和规范性文件备案审查衔接联动机制的意见》

提出建立党委、人大、政府备案审查系统联动机制。党中央的要求很明确，即实现备案全覆盖，所有的规范性文件都要纳入相应的审查系统，不能游离系统之外。就人大常委会的监督职责而言，宪法法律都对规范性文件备案审查作出了明确规定和要求，只要规范性文件的制定主体属于人大监督对象，其制定的规范性文件都应当纳入人大的备案审查范围。因此，政府、监察委和"两院"由人大产生，对人大负责，受人大监督，其制定的规范性文件报人大常委会备案审查是题中应有之义。

（七）推进区域协同立法

随着推进区域发展一体化需求的日益增长和区域协调发展战略的不断推进，地方涌现了大量区域协同立法的立法现象。相比法律、法规，区域协同立法成为普遍适用于区域内的具有法律约束力的行为规则，可以发挥规章固有的灵活性、专业性、技术性及应对突发事件的及时性立法功能，能够有效弥补权力机关立法相对滞后、无法满足实践急需的不足，较好地适应行政治理对于效率的需求，可以改变传统地方政府规章"属地主义"现象，消弭地方政府规章之间相互冲突的问题，促进一定区域行政立法资源的优化与整合，为区域内部提供统一和良好的法治环境，从而促进区域协调发展。《纲要》强调："推进区域协同立法，强化计划安排衔接、信息资源共享、联合调研论证、同步制定修改。"

在区域协调发展初期，许多改革都是在试验中摸索前进，没有形成制度经验，相关社会关系也还未定型。因为政策具有指导性和灵活性的特点，所以用政策的方式不仅能够及时协调相关矛盾，还能为立法积累经验。随着全面依法治国的不断推进，仅仅依靠政策难以满足区域协调发展法治化过程中的规范化和稳定性要求，区域发展各方主体的利益需求更需要转化为权利和义务并以法律的形式加以规范化，区域协调发展过程也需要对区域内各发展主体的利益需求以及区域内各主体之间的关系等问题作出稳定的、系统性的有序安排。协同立法宜采取平行协商的方式，即由协同各方立法主体通过座谈会或联席会议的形式，明确各自就该区域立法事项的立法主体、工作步骤、重要时间节点等内容,信息资源共享,联合调研论证,然后进行联合起草,也可以委托同一个或不同第三方起草并进行工作对接。通过反复调研论证形成立法草案,对区域共性问题条款达成共识,再由各自立法主体分别通过地方立法程序出台立法文件。同时,协同各方要加强重要区域、重要领域跨区域立法研究,推动事关区域协调发展的立法工作和法律清理工作,使区域内的相关立法衔接有序。

三、加强行政规范性文件制定监督管理

行政规范性文件的制定和发布,因其对公民、法人或者其他组织具有普遍约束力,属于国家治理体系的重要组成部分。行政规范性文件作为法律、法规和规章等国家法律法规体系的必要且有益的补充,属于广义的治理体系和制度体系的范畴。同时,行政规范性文件的制发,是国家治理社会的重要方式,体现了政府管理社会的能力和水平。在这个意义上,也属于国家治理能力的范畴。因此,行政规范性文件的制发,兼具国家治理体系和治理能力的属性和功能,将其纳入监管范围,是推进国家治理体系和治理能力现代化的应有之义。作为行政机关贯彻执行法律、法规、规章和国家政策,履行行政管理职能的重要依托,行政规范性文件是国家立法活动的延伸,一定程度上具有准立法的性质,建立行政规范性文件规制体系,主要目的就是通过规范的程序,解决行政规范性文件的合法性、合理性、适当性和协调性的问题,维护国家法律体系的协调统一。

（一）依法制定行政规范性文件,建立健全行政规范性文件制定协调机制

一般而言,行政规范性文件制定主体是指有权制定、确认、修改、废止行政规范性文件的行政机关。从实际情况看,现有的行政规范性文件制定主体包括中央层面和地方层面。在中央层面,有国务院及国务院各部、委和直属机关;在地方层面,主要包括省(市、自治区)、州(市)、县(市、区)人民政

府及其所属部门和乡镇人民政府。也就是说，在我国，从国务院到省（市、自治区）、州（市）、县（市、区）和乡镇人民政府都有制发行政规范性文件的权力。实践中，行政规范性文件具有发文主体广泛、数量大、涉及面广、影响大的特点。同时，由于行政管理主体具有多样性、分散性等特点，容易出现对行政规范性文件制定主体的监管缺位、权力无界的问题，实践中出现了一些"乱象"：一是不仅各类行政机关有权制发规范性文件，一些非法定授权机构也在制发规范性文件；二是一些协调议事机构、临时性机构，也在制发规范性文件；三是对有权须担责的行政法原则把握不准，造成"争权"和"推责"同时存在、"滥权"和管理"真空"同时存在的情况。《纲要》强调："依法制定行政规范性文件，严禁越权发文、严控发文数量、严格制发程序。建立健全行政规范性文件制定协调机制，防止政出多门、政策效应相互抵消。"

虽然行政规范性文件具有准立法的性质，但本质上只是国家行政机关依法执行法律、法规、规章和上位文件规定的重要载体，不属于立法范畴，不具有制度设计的创制性和独立性。因此，依法制定行政规范性文件，首先，从内容上看，必须符合宪法、法律、法规、规章和国家政策规定；不得违法设立行政许可、行政处罚等事项；不得出现没有法律、法规依据而作出减损公民、法人和其他组织合法权益或者增加其义务的情形；也不得出现没有法律、法规依据而作出增加本单位权力或者减少本单位法定职责等情形。其次，行政规范性文件必须严格依照法定程序制发，重要的行政规范性文件要严格执行评估论证、公开征求意见、合法性审核、集体审议决定、向社会公开发布等程序，同时对评估论证、广泛征求意见、严格审核把关、坚持集体审议、及时公开发布等制发程序也应该作出明确具体要求，严禁越权发文、严控发文数量、严格制发程序。另外，行政规范性文件制定过程也是不同利益群体间的博弈过程，不同部门、行业、群体都会以不同方式参与和影响文件制定。因此，必须加强行政规范性文件制定的协调沟通，理顺各部门、各工作环节之间的关系，及时解决制定过程中的重大分歧，防止政出多门、政策效应相互抵消。

（二）加强行政规范性文件的监督管理

近年来,各地区、各部门不断加强行政规范性文件制定和监督管理工作,积极采取措施提升行政规范性文件质量,取得了一定成效,但一些地方和部门乱发文、出台"奇葩"文件的现象还不同程度地存在,群众反映比较强烈。行政规范性文件合法与否,直接关系政府是否依法行政,直接关系老百姓的合法权益,还事关政府形象、事关法治政府建设。但是,目前"五级政府、四级监督"的行政规范性文件监管制度体系尚未完全建立,存在地方探索为主、监管方式不一的问题。有的行政规范性文件监管制度于国家层面虽有规定,但从实践效果看,还需进一步完善。对此,《纲要》强调:"健全行政规范性文件动态清理工作机制。加强对行政规范性文件制定和管理工作的指导监督,推动管理制度化规范化。全面落实行政规范性文件合法性审核机制,明确审核范围,统一审核标准。严格落实行政规范性文件备案审查制度。"

行政规范性文件监督分为事前监督和事后监督。事前监督主要是对规范性文件制定的监督,包括制定权限和范围、制定程序、合法性审查、决策权限等制度。事后监督主要包括备案审查、通报制度、公民异议审查制度、清理制度等。行政规范性文件的清理是规范性文件制定的延续和重要组成部分,属于规范性文件"立、改、废"的重要环节和重要动因,实质上属于制度建设的范畴。行政规范性文件清理工作已经成为规范性文件管理中的重要制度。从实践看,按照"谁制定谁管理谁清理"的原则,清理的主体是行政规范性文件的制定机关。清理的目的是保持行政规范性文件合法、有效、协调,使现有行政规范性文件更好服务于社会经济发展和行政管理的现实需要,维护法治统一和政府公信力。

确保行政规范性文件合法是法治政府建设的基本要求,而要实现行政规范性文件合法,则离不开合法性审核制度。全面落实行政规范性文件合法性审核机制,一是提升行政规范性文件合法性审核法律地位。合法性审核工作作为行政规范性文件制定和备案管理制度中的一个必要环节,必须提升合法性审核和行政规范性文件管理工作的法律地位，强化合法性审核与制定备案等程序的刚性约束。二是明确行政规范性文件的认定标准。各级国家行政机关要做好直接涉及公民、法人和其他组织权利义务的行政规范性文件合法性审核工作，对行政规范性文件的认定标准、容易错漏的常见类型以及不纳入行政规范性文件合法性审核的公文作出列举式规定，明确必须审核的清单与无须审核的清单。三是扩大行政规范性文件合法性审核参与范围。除了行政机关内部的合法性审核之外，还要充分发挥政府法律顾问、公职律师和相关专家作用，对专业性强、影响面广、情况复杂、社会关注度高、影响民生的行政规范性文件，应当通过论证、座谈等方式，组织政府法律顾问、公职律师和相关专家参与合法性审核工作。

健全行政规范性文件备案监督制度，必须做到有件必备、有备必审、有错必纠。制定机关要及时按照规定程序和时限报送备案，主动接受监督。省级以下地方各级人民政府制定的行政规范性文件要报上一级人民政府和本级人民代表大会常务委员会备案，地方人民政府部门制定的行政规范性文件要报本级人民政府备案。实践中，对行政规范性文件的备案审查主要采取书面审查为主。对一些专业性强、涉及面广或者分歧意见较大的行政规范性文件，应当采取召开听证会、专家论证会等方式进行审查，有的根据实际需要还可深入实地进行调查研究。对报送备案的行政规范性文件，要以合法性审查为主，同时审查适当性、合理性、规范性，建立全面审查机制。

第 四 章

健全行政决策制度体系

2020 年 11 月,习近平总书记在中央全面依法治国工作会议上的讲话中指出:"现在,法治政府建设还有一些难啃的硬骨头,依法行政观念不牢固、行政决策合法性审查走形式等问题还没有根本解决。要用法治给行政权力定规矩、划界限,规范行政决策程序,健全政府守信践诺机制,提高依法行政水平。"[①]可见,行政决策仍然是新时代法治政府建设中有待解决的"硬骨头"。为此,《法治政府建设实施纲要(2021—2025 年)》第四部分专门规定了"健全行政决策制度体系,不断提升行政决策公信力和执行力"。

该部分包括健全行政决策制度体系的原则目标及三个方面的工作举措。首先,它规定了健全行政决策制度体系应当坚持的基本原则和着力实现的发展目标;其次,它规定了"强化依法决策意识"的工作举措,这是着眼于行政决策主体的制度建设,是一种"事前"的提升;再次,它规定了"严格落实重大行政决策程序"的工作举措,这是着眼于行政决策过程的制度建设,是一种"事中"的规范;最后,它规定了"加强行政决策执行和评估"的工作举措,这是着眼于行政决策成效的制度建设,是一种"事后"的监督。总之,《纲要》该部分遵从"原则—目标—举措"的思维逻辑,按照"事前—事

[①] 习近平:《坚定不移走中国特色社会主义法治道路　为全面建设社会主义现代化国家提供有力法治保障》,《求是》2021 年第 5 期。

中—事后"的发展过程规定了新时代健全行政决策制度体系的发展路径。

一、健全行政决策制度体系的原则和目标

《纲要》规定："坚持科学决策、民主决策、依法决策，着力实现行政决策程序规定严格落实、决策质量和效率显著提高，切实避免因决策失误产生矛盾纠纷、引发社会风险、造成重大损失。"这一规定明确了健全行政决策制度体系的基本原则和发展目标。其中，基本原则是"坚持科学决策、民主决策、依法决策"；发展目标是"着力实现行政决策程序规定严格落实、决策质量和效率显著提高，切实避免因决策失误产生矛盾纠纷、引发社会风险、造成重大损失"。

（一）行政决策的基本原则

"坚持科学决策、民主决策、依法决策"，是我国新时代健全行政决策制度体系，提升行政决策公信力和执行力的基本原则。它本身经历了一个逐步发展完善的过程。早在1999年，国务院颁布的《关于全面推进依法行政的决定》提出了"依法决策"的概念；2010年，国务院颁布的《关于加强法治政府建设的意见》在依法决策的基础上，提出"依法科学民主决策"，第一次提出重大行政决策五大程序，即公众参与、专家论证、风险评估、合法性审查和集体讨论决定。2011年3月发布的《中华人民共和国国民经济和社会发展第十二个五年规划纲要》"推进行政体制改革"部分，明确提出了在"十二五"期间要"完善科学民主决策机制"，要"完善重大事项决策机制，建立健全公众参与、专家咨询、风险评估、合法性审查和集体讨论决定的决策程序，实行科学决策、民主决策和依法决策"。至此，"科学决策、民主决策、依法决策"成为一个比较固定的句式，用以表述行政决策的基本原则。党的十八大报告明确表述了这一原则，即"坚持科学决策、民主决策、依法决策，健全决策机制和程序"。《法治政府建设实施纲要（2015—2020年）》更是以专节规定"推进行政决策科学化、民主化、法治化"，实际上是从动态效果的

角度重申了"科学决策、民主决策、依法决策"的基本原则。在现代国家治理中,科学民主依法决策构成了决策机制和程序的内核。

科学决策,就是要坚持从实际出发,运用科学方法,尊重客观规律,保证决策符合经济社会发展的客观实际和需要。① 决策理论认为集体决策比个人决策更能反映多方面利益要求,并且能够吸收较多智慧。根据一般经验,集体决策确实比个人决策要更为容易形成科学决策。② 因此,专家论证和集体讨论是保证科学决策的重要制度。

民主决策,就是要坚持民主集中制,贯彻群众路线,保障人民群众通过多种途径参与决策,保证决策符合最大多数人的利益。③ 在现代国家治理中,民主决策是一种典型的参与式治理。这种参与式治理坚持并强调公众心理认同的重要性、坚持公众的主观幸福感也是公共利益的重要构成部分,它要求决策者将其与公众的协商和沟通继续下去,直至达成某种关于公共利益的共识。④ 因此,公众参与是保证民主决策的重要制度。

依法决策,就是要坚持各项决策严格遵守宪法和法律规定,保证决策权限合法、程序合法、实体合法。⑤ 决策是行政行为的起点,规范决策行为是规范行政权力的重点,也是法治政府建设的前端。行政机关能否做到依法决策,直接体现着其依法行政水平的高低,直接关系到法治政府建设 2025 年总体目标的实现。

科学决策是目标,民主决策是基础,依法决策是保障。落实科学民主依法决策,更可靠的还是健全依法决策机制,在总结实践经验的基础上建立一整套完善的决策制度,让广大公务员特别是各级党政领导干部在实际工作中学习掌握、正确运用、严格遵循,让科学民主依法决策的理念和要求内固

---

① 参见袁曙宏:《健全依法决策机制》,《行政管理改革》2014 年第 11 期。
② 参见朱海伦:《转型期地方政府行政决策机制研究——以浙江省嘉兴市为例》,苏州大学博士学位论文,2010 年。
③ 参见袁曙宏:《健全依法决策机制》,《行政管理改革》2014 年第 11 期。
④ 参见王锡锌:《当代行政的"民主赤字"及其克服》,《法商研究》2009 年第 1 期。
⑤ 参见袁曙宏:《健全依法决策机制》,《行政管理改革》2014 年第 11 期。

于心、外化于行。①

（二）行政决策的发展目标

"着力实现行政决策程序规定严格落实、决策质量和效率显著提高,切实避免因决策失误产生矛盾纠纷、引发社会风险、造成重大损失。"这是未来五年健全行政决策制度体系所要实现的具体目标。

第一,严格落实行政决策程序规定。2019 年通过并实施的《重大行政决策程序暂行条例》,在国家层面填补了行政决策制度体系的空白,是推动行政决策机制法治变革的制度抓手和实践路径,标志着我国行政决策权向法治化方向迈出了重要一步。然而,行政决策的法制化并不必然意味着行政决策法治化的立即到来。更加重要的是,各级地方政府必须始终以一种敬畏之心来贯彻、实施《条例》,严格落实行政决策程序规定,始终坚持三点不动摇:一是坚持程序步骤完整性不动摇。决策程序的完整性为决策结果提供了社会认同、知识技术、信任妥协,而最为重要的则在于政治自信的获得。当政府有足够的信心坚持决策的正当性时,决策的后续执行就不会成为大问题。二是坚持以人民为中心不动摇。任何决策都离不开公众的支持与接受,从某种意义上而言,片面重视科学性而忽视民主性的决策就不科学,片面重视行政性而忽视民主性的决策更不科学。三是坚持多元共治机制不动摇。在行政决策中,从行政首长到参与集体讨论的其他领导,从决策者到执行者和评估者,从风险评估者到合法性审查者和社会第三方,从政府官员到论证专家和社会公众,他们都只是多元决策主体的一方,没有任何主体具备垄断性的决策资源,决策结果应当是多元主体在程序步骤中逐步形成的最大共识。

第二,提高行政决策质量和效率。法治政府既要求公平决策,又要求高效决策。在行政决策中,如何避免在公平与效率之间失之偏颇,不枉不过地保持平衡,是提高行政决策质量和效率的关键所在。比如,出于紧急需要且

---

① 参见袁曙宏:《健全依法决策机制》,《行政管理改革》2014 年第 11 期。

专业性、技术性不强的行政决策可以不经过专家论证、风险评估程序,但是应当履行公众参与、合法性审查和集体讨论决定的程序。也就是说,决策机关应当对专家论证、风险评估两个基本环节有选择性适用权。① 这种高度弹性的制度规定就可以保证行政效率,避免行政资源的浪费。

第三,提高行政决策公信力。在当前实践中,一些符合公共利益且合法作出的重大决策却往往因为群众的反对导致"流产",甚至酿成群体性事件,形成"决而难行"、"未决先反"。究其根本,在于政府决策缺乏公信力。② 所以,提高行政决策的公信力是未来五年科学民主依法决策的重要目标。有鉴于此,《纲要》明确规定:"切实避免因决策失误产生矛盾纠纷、引发社会风险、造成重大损失。"

二、强化依法决策意识

《纲要》规定:"各级行政机关负责人要牢固树立依法决策意识,严格遵循法定权限和程序作出决策,确保决策内容符合法律法规规定。行政机关主要负责人作出重大决策前,应当听取合法性审查机构的意见,注重听取法律顾问、公职律师或者有关专家的意见。把是否遵守决策程序制度、做到依法决策作为对政府部门党组(党委)开展巡视巡察和对行政机关主要负责人开展考核督察、经济责任审计的重要内容,防止个人专断、搞'一言堂'。"这一条规定的举措是以国家治理能力的现代化为导向,旨在提升行政决策主体的依法决策的意识和能力。因为,一个地区党委、政府能否做到依法决策,关键在各级党政领导干部。只有切实提高领导干部依法决策的意识和能力,使其能自觉并善于运用法治思维和法治方式谋划和决策各项工作,才

---

① 《重大行政决策程序暂行条例》第十九条第一款规定:"对专业性、技术性较强的决策事项,决策承办单位应当组织专家、专业机构论证其必要性、可行性、科学性等,并提供必要保障。"第二十二条第一款规定:"重大行政决策的实施可能对社会稳定、公共安全等方面造成不利影响的,决策承办单位或者负责风险评估工作的其他单位应当组织评估决策草案的风险可控性。"

② 参见韩春晖:《行政决策的多元困局及其立法应对》,《政法论坛》2016 年第 3 期。

能更好地发挥法治在国家治理和社会管理中的重要作用。

该条规定具体包含三个方面的要求：一是各级领导干部要把依法决策贯彻到决策全过程；二是要发挥合法性审查机构、法律顾问、公职律师或者有关专家的作用；三是要把依法决策作为巡视巡察和考核督察的重要内容，防止个人专断。

（一）把依法决策贯彻到决策全过程

行政决策特别是重大行政决策，事关改革发展稳定大局。毋庸讳言，在实践中还有一些领导干部把依法决策与改革发展稳定对立起来，信奉"经济要上，法治要让"，认为依法决策会束缚手脚、干不成事。事实证明，通过违反法律规定、突破法律禁区作决策取得一时的政绩是不可靠的，也是守不住的，终究要通过纠正失误、治理环境、维护稳定，甚至严惩腐败等高昂代价来加倍偿还。违法决策给国家和人民造成的重大损失，对党和政府公信力造成的严重损害，往往用很久的时间功夫也难以挽回。[1] 因此，依法决策，不能说起来漂亮、重要，干起来敷衍、不要，也不能光在合法性审查程序上"贴标签"，而要在确定议题、研拟方案、协商协调、听取意见、论证评估、审议决定、贯彻执行、调整纠错等各个环节都要坚持，以切实提高决策质量，保证决策公信力和执行力。[2] 这就要求我们各级领导干部一定要认真学习、真正尊崇、带头遵守宪法和法律，自觉在宪法和法律的范围内活动，努力做到越是工作重要、越是事情紧急、越是矛盾突出，越要自觉坚持依法决策。[3]

（二）发挥合法性审查机构、法律顾问、公职律师或者有关专家的作用

积极推行法律顾问、公职律师制度，对于坚持依法治国、依法执政、依法行政共同推进，坚持法治国家、法治政府、法治社会一体建设，推进国家治理

---

[1] 参见袁曙宏：《健全依法决策机制》，《行政管理改革》2014年第11期。

[2] 参见袁曙宏：《健全依法决策机制》，《行政管理改革》2014年第11期。

[3] 参见袁曙宏：《健全依法决策机制》，《行政管理改革》2014年第11期。

体系和治理能力现代化,具有十分重要的现实意义。党的十八届四中全会《决定》指出:"积极推行政府法律顾问制度,建立政府法制机构人员为主体、吸收专家和律师参加的法律顾问队伍,保证法律顾问在制定重大行政决策、推进依法行政中发挥积极作用。"合法性审查机构是政府依法行政的参谋、助手和顾问,他们熟悉政府工作、精通法律知识,理应成为保证依法决策的中坚力量。行政决策涉及的法律问题广泛、复杂,有时还需要引入外脑,由政府法制机构组织专家学者、专业律师等法律顾问提供更加专业的法律咨询论证服务。① 健全行政决策制度体系,必须着力解决法律顾问"聘而不用"、"顾而不问"的问题,建立法律顾问的选拔聘用、联络协调、工作管理、绩效考评、奖励追责制度。要解决"只压任务、不给条件"问题,保障政府法制机构和法律顾问参与决策过程相关工作,列席审议决策的相关会议,有充分的时间精力对决策涉及的法律问题进行深入研究论证。

为此,中共中央办公厅、国务院办公厅于 2016 年印发了《关于推行法律顾问制度和公职律师公司律师制度的意见》。该意见从加强组织领导,为法律顾问开展工作提供必要保障的角度,对如何充分发挥法律顾问和公职律师的作用,提出了具体要求。② 其一,明确了政府法律顾问应当履行的职责。该意见规定了法律顾问为重大决策、重大行政行为提供法律意见;参与法律法规规章草案、规范性文件送审稿的起草、论证;参与合作项目的洽谈,协助起草、修改重要的法律文书或者以行政机关为一方当事人的重大合同;为处置涉法涉诉案件、信访案件和重大突发事件等提供法律服务;参与处理行政复议、诉讼、仲裁等法律事务等五项主要职责。其二,明确了行政机关要按照规定充分发挥法律顾问的作用。该意见提出,在讨论、决定重大事项之前应当听取法律顾问、公职律师意见;起草、论证法律法规规章草案和规范性文件送审稿时应当邀请法律顾问、公职律师参加或者听取其法律意见;依照有关规定应当听取法律顾问、公职律师意见而未听取,或者法律顾问、

---

① 参见袁曙宏:《健全依法决策机制》,《行政管理改革》2014 年第 11 期。

② 参见韩春晖:《法律顾问为行政机关依法行政助力》,《法制日报》2016 年 6 月 17 日。

公职律师认为不合法的事项,不得提交讨论、作出决定。同时,还规定了因违反上述规定造成重大损失或者严重不良影响的,要依法追究行政机关主要负责人、负有责任的其他领导人员和相关责任人员的责任。其三,明确提出各级行政机关要将法律顾问工作纳入目标责任制考核,将所需经费列入财政预算,为法律顾问、公职律师开展工作提供必要保障。其四,明确了政府法制机构承担本单位法律顾问办公室职责,负责本单位法律顾问、公职律师的日常业务管理,协助组织人事部门对法律顾问、公职律师进行遴选、聘任、培训、考核、奖惩等内容。

(三)把依法决策作为巡视巡察和考核督察的重要内容

在实践中,有些领导干部在决策中不注重发挥专家作用,不充分听取公众意见,不尊重客观规律,不坚守法治底线,以个人的"一支笔"替代集体讨论,从政绩出发而非从民生出发来作决策,往往导致一些劳民伤财的"政绩工程"和脱离实际的"形象工程"。① 为此,中共中央办公厅、国务院办公厅于2019年印发的《法治政府建设与责任落实督察工作规定》把依法决策作为对政府部门党组和行政机关主要负责人督察的重要内容,进行了系统完整的规定。《规定》第八条第(四)项规定,对地方各级政府应该督察"严格执行重大行政决策法定程序,认真落实政府法律顾问制度、公职律师制度,加强对重大行政决策的合法性审查,切实推进政务公开"情况。第九条第(四)项规定,对县级以上政府部门也应当督察"严格执行重大行政决策法定程序,认真落实政府法律顾问制度、公职律师制度,加强对重大行政决策的合法性审查,依法依规履行信息发布和政策解读责任,切实推进政务公开"情况。第十条第(三)项规定,对国务院部门和地方各级党政机关工作人员"注重提高法治思维和依法行政能力,想问题、作决策、办事情必须守法律、重程序、受监督,不得以言代法、以权压法、逐利违法、徇私枉法"情

---

① 参见韩春晖:《国家治理体系现代化的制度样本——评析〈重大行政决策程序暂行条例〉》,《行政管理改革》2020年第1期。

况。而且,《规定》第二十九条还规定,对"违纪违法决策或者依法应当作出决策而久拖不决,造成重大损失或者恶劣影响的"被督察单位及其工作人员,要依法依纪追究相关责任。

此外,为了防止行政机关负责人在行政决策中"一言堂",必须建立重大决策终身责任追究制度及责任倒查机制。党的十八届四中全会《决定》指出:"建立重大决策终身责任追究制度及责任倒查机制,对决策严重失误或者依法应该及时作出决策但久拖不决造成重大损失、恶劣影响的,严格追究行政首长、负有责任的其他领导人员和相关责任人员的法律责任。"责任是法律的生命。责任追究制度不完善、落实不到位,科学民主依法决策制度就是一纸空文。实践表明,决策失误是最大的失误。要坚持有错必究、有责必问,不论事发时责任人是在岗在任,还是已经升迁、调转或者离退休,都要一查到底、严格追究。要完善责任追究配套制度,实行决策绩效评估机制,科学判断决策失误;建立决策案卷制度,准确识别责任归属;完善决策过错认定标准和责任追究启动机制,提高责任追究制度的可操作性。要做到重大决策严重失误原因不查清不放过,责任人不处理不放过,整改措施不落实不放过。①

健全行政决策制度体系,必须完善行政决策终身责任追究制度的基本规则。行政决策的责任是一种综合责任,它包括政治责任、党纪责任、行政责任、刑事责任和国家赔偿的追偿责任等。依据党的十八届四中全会《决定》的表述,行政决策终身追责制强调的是追究行政首长及其他责任人员的个人责任,是一种自身责任,应当明确规定并且遵守如下六个基本追责规则。② 其一,政治责任优先追究规则。在我国,尽管问责制已经通过党内法规予以法制化,但仍然是一种政治责任,其制度功能也是为了适当权衡民意,回应社会压力。因此,有必要明确规定,在行政决策中要优先追究领导

---

① 参见袁曙宏:《健全依法决策机制》,《行政管理改革》2014 年第 11 期。
② 参见韩春晖:《行政决策终身责任追究制的法律难题及其解决》,《中国法学》2015 年第 6 期。

干部的政治责任。① 其二,党纪责任与行政责任、刑事责任不可替代规则。在行政决策中,大多数情形下决策者具有中共党员、行政机关工作人员、普通公民三重身份,三重身份必然意味着三重责任,从而使得其党纪责任与行政责任、刑事责任三者叠加。为了避免出现以党纪责任替代行政责任、刑事责任,以行政责任替代党纪责任、刑事责任,或者以刑事责任替代党纪责任、行政责任三类问题,我们应当严格遵守党纪责任与行政责任、刑事责任之间不可替代规则。其三,国家赔偿责任先于个人追偿责任规则。从法律逻辑上来看,假如某一行政决策是具体行政行为,决策机关被起诉败诉后又被请求给予行政赔偿,此时的法律责任是一种国家责任,赔偿义务机关是行政决策机关。只有在决策机关向公民已经履行了行政赔偿责任之后,它才具备了向行政首长个人追偿的资格和正当性。其四,行政首长责任先于其他人责任规则。在行政决策中,决策者一般为领导干部,决策责任机制为行政首长负责制。依据权责一致原则,行政首长应当为违法或者重大失误的决策承担一种主要责任,并且应当优先于其他责任人员进行追责。对此,我国现行法律体系中尚无具体体现,需要予以明确。对于行政首长之外同样被认定应当承担责任的领导干部,应当根据行政职务与行政决策事项之间的相关程度,来决定责任的内容、大小以及是否应当终身追究。其五,名义机关领导干部责任优先于上级机关的规则。对于单一制下的中国行政体制,上下级行政机关之间的领导关系难免让人产生决策责任"可上可下"的困惑。对于"应追究下级还是追究上级"以及"应追究到哪一级为止"的疑问,可以采取名义机关领导干部优先追责的策略。其六,行政机关的追责阻断党委责任的规则。从"权力—责任"的一致性角度而言,行政决策责任的确定乃至终身追究不应当超越行政机关的"行政疆界"。这种追责方式的落实可有效解决"以党委决策来掩盖政府责任"的现实问题,削弱行政机关领导干部在决策中逃避责任的动机。②

---

① 参见林鸿潮:《公共危机管理问责制中的归责原则》,《中国法学》2014年第4期。

② 参见韩春晖:《行政决策终身责任追究制的法律难题及其解决》,《中国法学》2015年第6期。

三、严格落实重大行政决策程序

《纲要》规定:"严格落实重大行政决策程序。严格执行《重大行政决策程序暂行条例》,增强公众参与实效,提高专家论证质量,充分发挥风险评估功能,确保所有重大行政决策都严格履行合法性审查和集体讨论决定程序。推行重大行政决策事项年度目录公开制度。涉及社会公众切身利益的重要规划、重大公共政策和措施、重大公共建设项目等,应当通过举办听证会等形式加大公众参与力度,深入开展风险评估,认真听取和反映利益相关群体的意见建议。建立健全决策过程记录和材料归档制度。"这一条规定的举措是从行政过程的角度对行政决策权的行使进行规范和约束,特别要求严格执行《重大行政决策程序暂行条例》。

行政决策权是一种涵括事项繁多、涉及领域广泛、社会影响重大的行政权力,是现代国家治理的重要手段。世界各国法治经验已经表明,促进行政决策机制的根本性变革,必须以程序立法来推动行政决策的法治化,别无他途。此前,在行政执法领域,我们已经制定了《行政处罚法》、《行政许可法》和《行政强制法》等一系列法律,基本建成了行政执行法的基本体系;在行政救济领域,我们也早已制定了《行政复议法》、《行政诉讼法》和《国家赔偿法》等一系列法律,基本建成了行政救济法的基本体系。但是,在行政决策领域,我们非但没有一部基础性的法律,也没有一部基础性的行政法规,与其他行政领域相比非常滞后,严重制约了我国行政决策机制的变革。2019年颁布的《重大行政决策程序暂行条例》着眼于全面依法治国的总体大局,通过对行政决策这一源头性行政权的治理对法治政府建设发挥"以点带面"的杠杆功能和牵引作用,具有非常重大的法治意义,必须得到严格执行。[①]

[①]　参见韩春晖:《国家治理体系现代化的制度样本——评析〈重大行政决策程序暂行条例〉》,《行政管理改革》2020 年第 1 期。

《纲要》该规定包括四个方面的具体要求。一是要大力提升公众参与、专家论证、风险评估、合法性审查和集体讨论决定五大程序的功能与实效；二是要推行重大行政决策事项年度目录公开制度；三是要对重大决策事项加大公众参与力度，深入开展风险评估；四是要建立健全决策过程记录和材料归档制度。

（一）大力提升五大程序的功能与实效

《重大行政决策程序暂行条例》把公众参与、专家论证、风险评估、合法性审查、集体讨论决定确定为重大行政决策的法定程序。从制度规范来看，该条例对五大程序的规定比较先进，但实践中的程序效果并不明显，需要通过各种途径和方法来提升。

1. 公众参与

公众参与是民主决策的重要体现。在实践中，不少行政机关对组织公众参与活动不积极、不主动，社会舆论对公众参与政府决策的总体评价也不高。而且，传统的听证会和座谈会等往往流于形式，难以发挥公正参与的实效性。特别是在拆迁补偿领域，听证会有时沦为有关部门和拆迁户之间的"对抗会"。[①] 为此，《条例》大力创新和拓展了公众参与的形式和渠道，建构了一种最高程序的"公众参与"模式。其中，公众参与的"广度"包括"座谈会、听证会、实地走访、书面征求意见、向社会公开征求意见、问卷调查、民意调查等多种方式"和"政府网站、政务新媒体以及报刊、广播、电视等便于社会公众知晓的途径"；公众参与的"密度"包括"利害关系人、相关人民团体、社会组织以及群众代表"。公众参与的"深度"包括公众参与行政决策的集体讨论阶段和行政决策执行阶段。[②]

严格执行《重大行政决策程序暂行条例》，要求我们坚持"有限事项、多

[①] 参见韩春晖：《国家治理体系现代化的制度样本——评析〈重大行政决策程序暂行条例〉》，《行政管理改革》2020 年第 1 期。

[②] 参见《重大行政决策程序暂行条例》第十四条、第十五条、第十六条和第三十五条。

种方式、有据采纳、积极推进"的基本方针来推进公众参与。① "有限事项",就是对《条例》规定的重大决策事项,采取多种方式广泛听取社会公众特别是利害关系人的意见。"多种方式",就是可以采取座谈会、公开征求意见、听证会、问卷调查、实地走访等多种方式方法,深入基层、走近群众,全面了解切身利益受到影响的各方面群体特别是弱势群体对决策的意见建议。"有据采纳",就是要把公众意见作为决策的重要参考,认真研究公众意见并做好后续处理,合理意见要充分采纳,合法诉求要切实解决,对有重大分歧的问题要加强研究论证、反复协商协调,对公众意见的采纳情况、理由以及政府的取舍意见和考虑要及时公开反馈。"稳步推进",就是首先要把《条例》要求的"规定动作"做实做到位,决不"走过场",同时积极创造条件,大胆尝试运用微博、微信等各种创新方式推动公众参与。②

2. 专家论证

专家论证是科学决策的重要保障。在实践中,有的领导干部不善于组织专家论证,不尊重专家意见,凭感觉拍脑袋决策,或者局限于一时一地一事的个人经验决策。为此,《条例》专节规定了专家论证的方式、专家选取和专家库建设管理。

严格执行《重大行政决策程序暂行条例》,搞好专家论证,要求我们必须"选好专家、用好专家、待好专家"。"选好专家",就是要健全专家遴选机制,打破只选听话专家的"潜规则",真正把专业能力、资质、经验和诚信作为主要遴选标准。遴选时应当注重专业性,兼顾代表性和均衡性,不得选择有直接利害关系或者可能影响客观公正论证的专家、专业机构。"用好专家",就是要为论证提供必要支持,使专家在充分了解政策背景、决策目标等信息的基础上开展论证工作;建立专家论证公开制度,通过公开机制促使其客观、独立、科学、负责地提出论证意见。推动普遍建立决策咨询论证专家库,健全专家库运行管理、诚信考核和退出机制。"待好专家",就是要提

---

① 参见袁曙宏:《健全依法决策机制》,《行政管理改革》2014 年第 11 期。

② 参见袁曙宏:《健全依法决策机制》,《行政管理改革》2014 年第 11 期。

供适当礼遇和合理报酬,给予适度激励;认真对待论证意见并反馈采纳情况,以示充分尊重。①

3. 风险评估

风险评估是减少决策失误的重要举措。我国的决策风险评估尚处于起步阶段,存在评估机构不够专业、中立,评估机制不够完善,评估过程不够透明等问题。为此,《条例》专节规定了风险评估机构、评估方式和评估结果的运用。

严格执行《重大行政决策程序暂行条例》,开展决策风险评估,要求我们做到"应评尽评、综合评估、风险可控"。"应评尽评",就是对重大决策事项要组织排查主要风险源、风险点,经排查认为存在社会稳定、环境、经济等风险的,应当按照规定进行风险评估,评估决策实施可能造成的不利影响,以及决策方案的合理性、可行性和可控性。"综合评估",就是要多方权衡、综合评判,通过舆情跟踪、抽样调查、重点走访、会商分析等方式,全面查找风险源、风险点,对决策可能引发的风险进行科学预测、综合研判,实事求是地确定风险等级,有针对性地提出风险防范措施和化解处置预案。"风险可控",就是要把风险评估结论作为决策的重要依据,把风险是否可控作为作出决策的重要标准,保证在统筹兼顾的基础上审慎决策,既不能无视风险乱决策,也不能患得患失不敢决策。②

4. 合法性审查

合法性审查是依法决策的重要保障。在实践中,合法性审查部门的审查力量和能力还比较薄弱,承担不了更多审查任务;实质性审查把关还不严,很多情况下只能"开路条",不让"设关卡"。为此,《条例》专节规定了合法性审查的方式、要求、内容和法律效果。特别是《条例》第二十五条第二款规定:"决策草案未经合法性审查或者经审查不合法的,不得提交决策机关讨论。"该规定赋予了合法性审查意见一种严格法律效力,是对当前实

---

① 参见袁曙宏:《健全依法决策机制》,《行政管理改革》2014 年第 11 期。
② 参见袁曙宏:《健全依法决策机制》,《行政管理改革》2014 年第 11 期。

践中合法性审查往往流于形式的法律纠正,应当在行政决策中得到严格遵守。

5. 集体讨论决定

集体讨论决定既是民主决策的重要体现,又是科学决策的重要保障。[1]在实践中,有些领导干部在决策中不重视专家作用,不充分听取公众意见,不尊重客观规律,以个人意见替代集体讨论。为此,《条例》专节规定了集体讨论决定的形式和程序。

严格执行《重大行政决策程序暂行条例》,坚持集体讨论决定,要求行政机关必须做到两点:一是审议形式符合法律规定。重大行政决策应当由政府常务会议、全体会议或者部门领导班子会议讨论决定。二是审议过程充分发扬民主。审议过程不能成为会议组成人员的"点头会"和行政首长的"一言堂"。行政首长和其他会议组成人员的意见、会议讨论情况和决定应当如实记录。[2]

（二）推行重大行政决策事项年度目录公开制度

《重大行政决策程序暂行条例》第三条第三款规定:"决策机关可以根据本条第一款的规定,结合职责权限和本地实际,确定决策事项目录、标准,经同级党委同意后向社会公布,并根据实际情况调整。"该条规定的"目录制度"实际上赋予了地方政府对于确定重大决策事项非常大的自主权,是为了处理地方自主权与上级监督权之间关系的重要制度创新。但是,地方政府通过"目录"确定重大行政决策事项范围的自主权可能存在被滥用的风险。因为,地方政府完全可能通过确定一个范围非常狭小的"目录",将大量原本属于重大决策的事项排除在《条例》的适用范围之外,从而规避《条例》的约束。因此,必须推行重大行政决策事项年度目录公开制度,让地方政府这一权力接受社会的监督。

---

[1]　参见韩春晖:《行政决策的多元困局及其立法应对》,《政法论坛》2016 年第 3 期。
[2]　参见袁曙宏:《健全依法决策机制》,《行政管理改革》2014 年第 11 期。

（三）对重大决策事项加大公众参与力度，深入开展风险评估

《纲要》规定："涉及社会公众切身利益的重要规划、重大公共政策和措施、重大公共建设项目等，应当通过举办听证会等形式加大公众参与力度，深入开展风险评估，认真听取和反映利益相关群体的意见建议。"这一规定本身就是落实《重大行政决策程序暂行条例》的相关要求。《条例》第十四条第三款规定："决策事项涉及特定群体利益的，决策承办单位应当与相关人民团体、社会组织以及群众代表进行沟通协商，充分听取相关群体的意见建议。"第十六条规定："决策事项直接涉及公民、法人、其他组织切身利益或者存在较大分歧的，可以召开听证会。法律、法规、规章对召开听证会另有规定的，依照其规定。"第二十二条规定："重大行政决策的实施可能对社会稳定、公共安全等方面造成不利影响的，决策承办单位或者负责风险评估工作的其他单位应当组织评估决策草案的风险可控性。"《纲要》是对《条例》这些要求的综合归纳和凝练表述，充分体现了在行政决策中坚持以人民为中心的基本理念。

（四）建立健全决策过程记录和材料归档制度

《重大行政决策程序暂行条例》第三十三条规定："决策机关应当建立重大行政决策过程记录和材料归档制度，由有关单位将履行决策程序形成的记录、材料及时完整归档。"这一制度是服务于行政决策终身责任追究制度的配套性制度。党的十八届四中全会《决定》明确提出建立重大决策终身责任追究制度及责任倒查机制。从权责统一的角度出发，在追责机制启动时，参与集体决策的人员均需要承担责任，但参与决策人员若能证明自己在会议的讨论或表决中提出不同意见、反对最终决策的，则构成减轻责任或免责的事由。在实践中，很少有行政首长或者其他领导人员因行政决策失误被追究责任的事例发生，更遑论对他们实行终身责任追究。① 从技术上

---

① 参见韩春晖：《行政决策终身责任追究制的法律难题及其解决》，《中国法学》2015 年第6 期。

来讲,只要重大行政决策的每一道程序、每一个环节都详细地记录在案,每个决策参与者在整个过程中的影响和作用也都被完整记录在案,那么对行政决策失误进行责任追究就不会是一个难题。[①] 这要求必须建立决策过程记录和材料归档制度,对会议中的相关信息进行准确的记录并保存。此类案卷材料保存于政府内部档案中,不宜对社会公开。但当决策出现不良后果需要追究责任时,可以由相关办案机关调查相关案卷档案,并在必要时决定是否向社会公开。[②] 总之,要让行政决策终身责任追究制度成为一种"活"的制度,就必须建立健全决策过程记录和材料归档制度,这是对决策失误责任人进行终身追责的技术性前提。

四、加强行政决策执行和评估

《纲要》规定:"加强行政决策执行和评估。完善行政决策执行机制,决策机关应当在决策中明确执行主体、执行时限、执行反馈等内容。建立健全重大行政决策跟踪反馈制度。依法推进决策后评估工作,将决策后评估结果作为调整重大行政决策的重要依据。重大行政决策一经作出,未经法定程序不得随意变更或者停止执行。严格落实重大行政决策终身责任追究制度和责任倒查机制。"该规定是遵循结果导向对行政决策质量进行事后评判的配套制度。"徒法不足以自行"。在实践中,程序性规则容易被行政官员运用各种手段加以规避,造成执行落空。在单纯的程序性约束效果有限的背景下,以事后监督和责任追究对决策进行反向约束,迫使决策者更审慎、更规范地决策,以保障重大行政决策的科学性和合法性,有着独特的监督和激励作用。[③]

[①] 参见常武:《重大决策终身追责如何成为"活"的制度》,《北京青年报》2014年10月25日。

[②] 参见孔祥稳:《重大行政决策终身问责制度的困境与出路——以地方立法样本为素材的分析》,《行政论坛》2018年第1期。

[③] 参见孔祥稳:《重大行政决策终身问责制度的困境与出路——以地方立法样本为素材的分析》,《行政论坛》2018年第1期。

《纲要》该条规定包括四个方面的具体要求。一是完善行政决策执行机制；二是建立健全重大行政决策跟踪反馈机制；三是依法推进决策后评估工作；四是严格落实重大行政决策终身责任追究制度和责任倒查机制。

（一）完善行政决策执行机制

《纲要》的这一要求是对《重大行政决策程序暂行条例》的贯彻落实和发展完善。《条例》第三十四条和第三十七条规定了行政决策执行机制。其中，第三十四条规定："决策机关应当明确负责重大行政决策执行工作的单位，并对决策执行情况进行督促检查。决策执行单位应当依法全面、及时、正确执行重大行政决策，并向决策机关报告决策执行情况。"该条规定了决策执行主体、决策执行的原则（全面、及时、正确）以及决策执行反馈。第三十七条规定："依法作出的重大行政决策，未经法定程序不得随意变更或者停止执行；执行中出现本条例第三十五条规定的情形、情况紧急的，决策机关行政首长可以先决定中止执行；需要作出重大调整的，应当依照本条例履行相关法定程序。"该条规定了行政决策停止执行制度。

《纲要》该条规定了"决策机关应当在决策中明确执行主体、执行时限、执行反馈等内容"、"重大行政决策一经作出，未经法定程序不得随意变更或者停止执行"。这一表述重申强调了《条例》中的相关规定，同时又补充规定了"执行时限"的具体要求，防止执行单位消极懈怠拖拉执行。

（二）建立健全重大行政决策跟踪反馈机制

《纲要》的这一要求也是对《重大行政决策程序暂行条例》规定的重申。当行政决策作出后，决策活动并没有完结，还必须有一个反馈、评价和调整的过程。这就要求建立行政决策跟踪反馈机制，对行政决策的社会效果进行跟踪、搜集社会对行政决策的评价，并根据实施过程中反映的问题，适时进行调整和完善。为此，《重大行政决策程序暂行条例》就已经规定了重大行政决策的跟踪反馈机制。《条例》第三十五条规定："决策执行单位发现重大行政决策存在问题、客观情况发生重大变化，或者决策执行中发生不可抗力等严重影响决策目标实现的,应当及时向决策机关报告。公民、法人或者其他组织认为重大行政决策及其实施存在问题的,可以通过信件、电话、电子邮件等方式向决策机关或者决策执行单位提出意见建议。"可见,该条规定反馈主体包括决策执行单位、公民、法人或者其他组织;反馈对象包括决策机关、决策执行单位;反馈方式包括报告、提出意见建议。但是,该条对于跟踪反馈的事项、跟踪反馈的原则和跟踪反馈的后果没有明确规定,这是我们需要进一步健全完善的方向。

(三)依法推进决策后评估工作

《纲要》的这一要求也是对《重大行政决策程序暂行条例》规定的重申。《条例》第三十六条规定了决策后评估制度。该条规定了决策后评估的启动、决策后评估主体、决策后评估方式以及决策后评估结果的运用。《纲要》特别强调要"将决策后评估结果作为调整重大行政决策的重要依据",旨在确保评估结果对促进科学决策发挥实质性作用。

此外,要进一步发挥决策后评估工作对科学决策、民主决策、依法决策的引导作用,还有待于建立健全多元、客观、科学的行政决策评估体系。[①]其一,要建立上级部门、社会组织、专业机构等多元化的评估体系,增强评估主体的独立性和公信度。如果完全由决策机关组成单一化的评估主体,评估主体很可能将决策机关自身的责任转移给决策执行部门。如果完全由行政机关以外的主体组成单一化的评估主体,则很可能因评估主体缺乏对行政决策内部运行机制的全面准确把握而存在责任评估偏差。其二,要建立一套客观化的评估目标、评估方法和评估指数,使得行政决策的评估报告能够清晰展现差异度。由于责任追究的终身性,必然要求建立一整套能够长久适用的评估行政决策的标准体系,避免出现评估标准因时不同、因地而异等问题。其三,评估机制的设计必须综合考虑专业性、民主性和关联性多种

[①] 参见韩春晖:《行政决策终身责任追究制的法律难题及其解决》,《中国法学》2015年第6期。

因素,最终能够产生科学性评估报告。其中,专业性要求评估必须具备科学依据,必须符合科学论证,必须尊重科学规律;民主性要求评估必须考量群众反映,必须符合群众利益,必须尊重公众诉求。当然,关联性是其中最重要的因素,它要求所有考量的因素必须与该行政决策所导致的不良后果有直接的因果相关性。

(四)严格落实重大行政决策终身责任追究制度和责任倒查机制

《纲要》这一要求旨在进一步发挥责任追究制度对科学决策、民主决策、依法决策的监督保障作用。在现行追责体系中,行政决策追责主体独立性仍显不足,追责主体之间的合作机制并未形成,社会主体参与机制尚未建立,需要制定相关规则予以构建和完善,以形成党委主导,政府、司法、社会等多元主体有效参与、合作高效的追责体系。① 其一,要实现决策主体、评估主体与追责主体三者相分离。决策主体很可能就是直接的责任主体,遵循"任何人不得做自己的法官"的基本法理,自然不应参与、更不应主导行政决策的评估工作和责任追究工作。其二,要实现行政决策责任调查人员与行政决策责任决定人员的适度分离,以提升行政决策责任追究机制自身的合法性和正当性。其三,不同类别追责主体之间应当分工明确、各有侧重、主次分明。在我国,政治责任、行政责任、刑事责任和国家赔偿的追偿责任的追究主体分属于党的纪律部门、人事部门和司法部门,为了避免责任混淆和责任替代,应当进一步界分相互权限,并且确定各自责任类别中担任责任的主导责任。同时,要明确规定不同追责主体之间相互配合、相互移送案卷及相关证据的基本义务,建立不同追责主体之间对于案件处理中证据效力的相互采信制度和证明标准的衔接制度。其四,要建立行政决策终身责任追究的法律保障措施。从公法责任的实现来看,一般是由具有强制力的法律措施予以保障实现。

---

① 参见韩春晖:《行政决策终身责任追究制的法律难题及其解决》,《中国法学》2015 年第 6 期。

第 五 章

健全行政执法工作体系

健全行政执法工作体系,全面推进严格规范公正文明执法,是法治政府建设的重要内容。《法治政府建设实施纲要(2021—2025年)》第五部分着眼于提高人民群众满意度,着力于实现行政执法水平普遍提升,从"深化行政执法体制改革"、"加大重点领域执法力度"、"完善行政执法程序"、"创新行政执法方式"四个方面对未来五年行政执法改革进行规划,提出了很多具体要求,其目的就是努力让人民群众在每一个执法行为中都能看到风清气正、从每一项执法决定中都能感受到公平正义。

一、深化行政执法体制改革

深化行政执法体制改革,是健全行政执法工作体系的首要任务。未来五年,深化行政执法体制改革的目标是完善"权责清晰、运转顺畅、保障有力、廉洁高效"的行政执法体制机制,大力提高执法执行力和公信力。衡量行政执法体制改革是否成功,最终要看人民群众的评判。

(一)继续深化综合行政执法体制改革

我国综合行政执法体制改革的基本方向是大力精简执法队伍、将相近的执法队伍合并,努力在不增加执法编制的前提下,通过现有执法队伍的合并重组提升执法效能。《纲要》在总结以往综合行政执法改革经验的基础上，提出新的具体要求：

首先，进一步精简合并行政执法队伍。党的十八届四中全会《决定》提出，"推进综合执法，大幅减少市县两级政府执法队伍种类"；党的十九届三中全会《决定》提出，"一个部门设有多支执法队伍的，原则上整合为一支队伍。推动整合同一领域或相近领域执法队伍，实行综合设置。减少执法层级，推动执法力量下沉"。之后，为落实中共中央办公厅、国务院办公厅印发的《关于深化生态环境保护综合行政执法改革的指导意见》《关于深化市场监管综合行政执法改革的指导意见》《关于深化交通运输综合行政执法改革的指导意见》等专项改革文件，进一步明确在相关领域"设区的市与市辖区原则上只设一个执法层级"、"县（市、区）市场监管局一般实行'局队合一'的管理体制"、"省、自治区交通运输部门原则上不设执法队伍"。这次《纲要》明确提出"坚持省（自治区）原则上不设行政执法队伍，设区市与市辖区原则上只设一个行政执法层级，县（市、区、旗）一般实行'局队合一'体制"，是将先前专项执法领域综合执法改革的经验推广到所有部门行政执法。

其次，《纲要》提出"乡镇街道逐步实现'一支队伍管执法'"，将综合行政执法改革深入推进到乡镇（街道）层面，这是综合行政执法改革的又一突破，有助于提升乡镇（街道）层面的执法能力，与我国当前将一些行政执法权下放到乡镇（街道）行使的改革方向是一致的，就是提高基层处理问题能力。

最后，《纲要》提出要"加强综合执法、联合执法、协作执法的组织指挥和统筹协调"，解决综合行政执法体制改革过程中出现的左右不协调、上下不对接的情况，有很强的针对性。这一改革规划要求提升有关部门在综合行政执法改革中的统筹作用，尽量减轻因改革导致的短期执法人员不适应现象。

（二）加强不同类型行政执法活动的衔接机制建设

《纲要》提出，要加强不同类型行政执法活动的衔接机制建设，防止不同类型行政执法活动之间的脱节。传统上,我国行政执法奉行"谁审批谁监管谁处罚"原则,审批机关、监管机关和处罚机关合一。但随着相对集中行使行政许可权和相对集中行使行政处罚权改革的推进,出现了相互独立的相对集中行使行政许可权的机构和相对集中行使行政处罚权的机构。在这种情形下,如何确保行政许可权的行使与行政处罚权的行使实现无缝衔接、不脱节,就成了行政执法体制改革的新问题。针对这个新情况,《纲要》提出"在行政许可权、行政处罚权改革中,健全审批、监管、处罚衔接机制,防止相互脱节",指出要通过衔接机制的建设解决问题。

做好不同类型行政执法活动的衔接,一是要健全协调机构,二是要改革协调方式。尤其是要发挥互联网、大数据、人工智能在建设数字法治政府中的作用,运用新技术最大限度地减少不同执法部门之间的信息不对称情况,同时做到执法活动全程留痕,便于各方监督。

(三)稳步推进行政执法事项下放

将一些适合基层乃至乡镇实施的行政执法权下放,是近些年行政执法体制改革的重要内容。行政执法事项下放,一方面赋予基层执法单位更多的执法权限,有利于提高基层执法的效能,但也增加了执法滥权的风险。因此,《纲要》对行政执法事项下放工作提出了基本要求:

第一,行政执法事项下放要"稳步"推进,各地各部门不能搞"运动式下放"、"一刀切下放"。应该根据当地具体情况具体分析,成熟一个下放一个、成熟一批下放一批。

第二,行政执法事项下放仅限于那些"基层管理迫切需要且能有效承接"的行政执法事项。这些执法事项一般是日常已经有较多执法投诉和执法案件,基层出面执法更便捷且现实中基层部门已经深入介入执法的事项。对"基层管理迫切需要且能有效承接"的判断应当有实际的数据和案例支撑。

第三,行政执法事项下放要坚持"依法下放、试点先行"。行政执法权配置属于行政组织法内容,不能各地自行决定,应当有法律法规允许特定执法权下放，才能下放。比如《行政处罚法》第二十四条规定："省、自治区、直辖市根据当地实际情况，可以决定将基层管理迫切需要的县级人民政府部门的行政处罚权交由能够有效承接的乡镇人民政府、街道办事处行使"。根据这条法律，行政处罚权可下放至乡镇（街道）。在下放工作推进中，要先搞试点，"摸着石头过河"，不能一并推开、"竞相下放"。

第四，行政执法事项下放必须做到"权随事转、编随事转、钱随事转"，这是行政执法事项下放的制度保障。不能仅仅执法任务下放了，执法人员、执法装备没有下放，总之要"真下放"，编制、财政资源真的随执法事项的下放而下放。在这个过程中，要"建立健全乡镇（街道）与上一级相关部门行政执法案件移送及协调协作机制"，随时沟通情况、解决现实问题、避免上下脱节。

第五，行政执法事项下放要确保"放得下、接得住、管得好、有监督"，这是行政执法事项下放的总要求。要达到这个目标，就是要原原本本落实《纲要》的要求，将行政执法事项下放与执法体制改革乃至行政体制改革结合起来，做好各项配套制度保障。

（四）大力推进联合执法改革

在当今时代，社会经济各个部门加快融合重组，越来越多的行政执法案件需要多个行政执法部门介入。在这种情况下，就必须大力推进跨领域跨部门联合执法。同时，大力推进跨部门跨领域联合执法，也有利于减少执法对象的负担，减少"多头执法"、"重复执法"的情况。为此，《优化营商环境条例》第五十七条第一款规定："国家建立健全跨部门、跨区域行政执法联动响应和协作机制，实现违法线索互联、监管标准互通、处理结果互认。"《纲要》在先前改革的基础上，提出"大力推进跨领域跨部门联合执法，实现违法线索互联、执法标准互通、处理结果互认"，在《优化营商环境条例》有关规定基础上，突出强调大力推进联合执法。

（五）完善行政执法与刑事司法衔接机制

行政执法与刑事司法一直存在衔接不畅问题，"以罚（行政处罚）代刑"

和"以刑代罚"现象都时有发生。为解决这个问题,党的十八届四中全会《决定》提出:"健全行政执法和刑事司法衔接机制,完善案件移送标准和程序,建立行政执法机关、公安机关、检察机关、审判机关信息共享、案情通报、案件移送制度,坚决克服有案不移、有案难移、以罚代刑现象,实现行政处罚和刑事处罚无缝对接。"这对"两法衔接"问题提出了基本要求。《纲要》重申了这个要求,提出"加强'两法衔接'信息平台建设,推进信息共享机制化、案件移送标准和程序规范化",着重将信息平台建设当成未来五年"两法衔接"机制建设的主要抓手,计划通过加强信息化建设推动两类权力运行的衔接,这也是这些年我国"两法衔接"机制建设的成功经验总结。

(六)加快制定不同层级行政执法装备配备标准

统一行政执法装备配备标准是行政执法规范化的重要体现。相较于司法机关,我国行政执法装备配备规范化程度还比较低,不少行政执法部门的行政执法人员缺乏统一着装、统一标识,执法装备各式各样,成为行政执法规范化的短板。随着行政执法越来越多地依赖新技术新装备,尤其是各类手持装备的普及,以及各类综合行政执法队伍的组建,加快制定不同层级行政执法装备配备标准成为行政执法规范化的当务之急。当前,农村农业部、生态环境部、应急管理部等已经制定本部门行政执法装备配备标准,比如《全国农业综合行政执法基本装备配备指导标准》(2019)、《生态环境保护综合行政执法基本装备配备指导标准》(2020)、《应急管理综合行政执法装备配备标准(试行)》(2021)。《纲要》提出"加快制定不同层级行政执法装备配备标准",是要将这项工作从少数部门推广至全国各个层级行政执法部门。

值得注意的是,《纲要》提出"加快制定不同层级行政执法装备配备标准",特别突出了"不同层级",是吸收了当前一些部门的实践经验。考虑到行政执法的专业属性,未来我国行政执法装备配备标准应当由各部门牵头制定,但要充分考虑不同层级的具体情况,要向执法任务较重的基层倾斜。

二、加大重点领域执法力度

加大重点领域执法力度，是健全行政执法工作体系的紧迫任务。习近平总书记指出："法律的生命力在于实施。如果有了法律而不实施，或者实施不力，搞得有法不依、执法不严、违法不究，那制定再多法律也无济于事。……现在，我们社会生活中发生的许多问题，有的是因为立法不够、规范无据，但更多是因为有法不依、失于规制乃至以权谋私、徇私枉法、破坏法治"①，"最近发生的长春长生疫苗造假案，背后的原因也是有法不依、执法不严，把法律法规当儿戏。这就要求我们必须促进严格规范公正文明执法，让人民群众真正感受到公平正义就在身边"②。可见，加大重点领域执法力度十分重要、十分紧迫。

（一）加大重点领域执法力度

《纲要》提出："加大食品药品、公共卫生、自然资源、生态环境、安全生产、劳动保障、城市管理、交通运输、金融服务、教育培训等关系群众切身利益的重点领域执法力度。"与2015年《纲要》相比，增加了"城市管理"、"劳动保障"、"金融服务"和"教育培训"四方面重点执法领域，将2015年《纲要》中的"资源环境"分解为"自然资源"和"生态环境"两方面单独列举，体现了时代特色。此外，食品药品、公共卫生、安全生产和交通运输仍在列，说明这几个领域是持续的重点执法领域，也是行政违法活动多发、严重危害人民群众切身利益的领域。

（二）针对突出问题开展集中专项整治

对《纲要》中没有列举的行政执法重点领域，并非就排除在重点执法之

---

① 习近平：《论坚持全面依法治国》，中央文献出版社2020年版，第20—21页。
② 习近平：《论坚持全面依法治国》，中央文献出版社2020年版，第225页。

外。《纲要》提出:"分领域梳理群众反映强烈的突出问题,开展集中专项整治。"《纲要》这一条的重点是要求行政执法机关在平时要充分听取群众意见,注意根据群众反映强烈程度划定一定时期的重点执法领域,开展集中专项整治。当前,各地都建立起了各类听取群众意见的信息平台(比如市长热线等),要发挥好这些平台的作用,真正研判出一定时期群众反映强烈、投诉较多的领域,做到重点执法领域围着群众需求转,切实实现执法为民。

（三）注重日常执法、源头执法

加大重点领域执法力度不应当理解为行政执法仅仅在重点领域展开,更不能因为加大重点领域执法力度而忽视日常执法、源头执法。要注意处理好日常执法与重点领域执法整治专项行动之间的关系。我国行政执法存在的一个顽疾是日常执法力度不够、深度不够,导致特定领域违法现象得不到及时纠正。等问题积累到一定程度、引发严重后果之后,针对该领域的专项执法又往往陷入"运动式执法"的窠臼。这种"运动式执法"又反过来耗费了基层执法单位的日常执法资源,一些行政执法单位一线执法人员长期从事"运动式执法",日常执法反倒生疏,陷入恶性循环。走出这个恶性循环的关键就是要重视日常执法,"对潜在风险大、可能造成严重不良后果的,加强日常监管和执法巡查,从源头上预防和化解违法风险"。要解决这个问题,关键是要做好组织保障,要对行政执法资源进行科学调配,确保日常执法人员和专项执法人员适度分离,从体制机制上保证日常执法资源的充足性。

（四）建立完善严重违法惩罚性赔偿和巨额罚款制度、终身禁入机制

"建立完善严重违法惩罚性赔偿和巨额罚款制度、终身禁入机制"的目的,就是要让严重违法者付出应有代价。一段时间以来,由于立法技术上的滞后,加之社会经济发展过快,我国法律法规对行政处罚金额的设定与社会发展现状脱节,出现了罚款金额远低于违法所得的"鼓励式处罚"现象,一

定程度上导致行政执法威慑力不足。为了解决这个问题，我国这几年通过法律法规修订，在食品药品、证券金融、反垄断等领域，大幅提高了罚款的上限，初步建立起了惩罚性赔偿和巨额罚款制度、终身禁入机制。比如，2014年对《食品安全法》进行修订时，规定对生产不符合食品安全标准的食品或者经营明知是不符合食品安全标准食品的生产者或者经营者，消费者可以向其要求支付价款十倍或者损失三倍的赔偿金；对在食品中添加有毒有害物质等性质恶劣的违法行为，可并处最高为货值金额三十倍的罚款；对因食品安全违法行为受到刑事处罚或者出具虚假检验报告受到开除处分的食品检验机构人员，规定终身禁止从事食品检验工作。再比如，2019年对《证券法》进行修订时，将对于上市公司信息披露违法行为，从原来最高可处以六十万元罚款，提高至一千万元；对于发行人的控股股东、实际控制人组织、指使从事虚假陈述行为，或者隐瞒相关事项导致虚假陈述的，可处以最高一千万元罚款，大幅提高了处罚力度。

在未来五年，要继续完善惩罚性赔偿制度、巨额罚款制度和终身禁入机制。既要强化行政执法的威慑力，也要提升涉及巨额罚款、终身禁入的执法决定规范化、法治化水平，守住"不能让违法者从违法活动中获利"的底线，杜绝"鼓励式处罚"，真正让行政执法具有威慑力，让从事违法活动的相对人感受到法律的威严。

（五）畅通违法行为投诉举报渠道

《纲要》提出，要"畅通违法行为投诉举报渠道，对举报严重违法违规行为和重大风险隐患的有功人员依法予以奖励和严格保护"。行政执法要做到不枉不纵，关键是获得有效的信息。21世纪的社会是信息社会，信息是当今时代最宝贵的资源之一。为了使行政执法更加精准有效，就必须千方百计地提升行政执法机关获取信息的能力。从行政执法事件中看，获取信息最好的办法是发动人民群众和业内人士提供违法线索，真正发动社会力量协助行政执法。为此，2019年国务院颁布的《关于加强和规范事中事后监管的指导意见》，明确要求"建立'吹哨人'、内部举报人等制度，对举报严重违法违规行为和重大风险隐患的有功人员予以重奖和严格保护"。

未来五年,应当在加强举报有功人员奖励和保护方面进一步下功夫,要明确奖励的标准、奖励的经费来源,要完善对举报有功人员的信息保密和人身保护,免去举报人员后顾之忧。要进一步畅通群众监督渠道,整合优化政府投诉举报平台功能。同时做到依法规范牟利性"打假"和索赔行为,既要在一定范围内发挥这种模式的威力,又要保护企业合法权益。

三、完善行政执法程序

完善行政执法程序是健全行政执法工作体系的基础性工作。习近平总书记指出,"守法律、重程序,这是法治的第一位要求"[①]。可见,程序十分重要。为了进一步完善行政执法程序,《纲要》重点规划以下几方面工作。

(一)全面严格落实"行政执法三项制度"

所谓"行政执法三项制度",是指行政执法公示制度、行政执法全过程记录制度和重大执法决定法制审核制度这三项制度。"行政执法三项制度"是党的十八届四中全会以来行政执法体制改革的重点工作。2014 年 10 月,党的十八届四中全会《决定》明确要求"完善执法程序,建立执法全过程记录制度","推行行政执法公示制度","严格执行重大执法决定法制审核制度",在行政执法过程中建立"行政执法三项制度"。2016 年 12 月,中央全面深化改革领导小组第三十一次会议审议通过了"行政执法三项制度"试点工作方案。2017 年 1 月,国务院办公厅印发《推行行政执法公示制度　执法全过程记录制度　重大执法决定法制审核制度试点工作方案的通知》(国办发〔2017〕14 号),开始"行政执法三项制度"实施试点工作。试点结束后,2018 年 12 月,国务院办公厅印发《关于全面推行行政执法公示制度　执法全过程记录制度　重大执法决定法制审核制度的指导意见》(国

---

① 习近平:《论坚持全面依法治国》,中央文献出版社 2020 年版,第 141 页。

办发〔2018〕118 号),对"行政执法三项制度"的实施进行了全面部署。2019 年 12 月,司法部出台《司法部全面推行行政执法公示制度 执法全过程记录制度 重大执法决定法制审核制度实施办法》,带头就司法部落实"行政执法三项制度"进行了细化性规定。

当前,"行政执法三项制度"建设的主要任务,就是按照党中央、国务院的部署,不折不扣地全面落实。要按照"行政执法三项制度"的本意,切实让"行政执法三项制度"在实践中起到约束行政执法权行使、规范行政执法权行使的作用,不能让"行政执法三项制度"流于形式、成为摆设。以行政执法公示制度为例,公示的内容不能仅仅限于已经多次公开的执法依据、执法程序,也要将典型执法案件的具体办理过程向人民群众说清楚,公开真实的办案流程、裁量基准,一方面便于社会监督,另一方面这也是取信于民的过程。正如习近平总书记指出的,"阳光是最好的防腐剂。权力运行不见阳光,或有选择地见阳光,公信力就无法树立。执法司法越公开,就越有权威和公信力。涉及老百姓利益的案件,有多少需要保密的?除法律规定的情形外,一般都要公开。要坚持以公开促公正、以透明保廉洁。要增强主动公开、主动接受监督的意识"[1],再以重大执法决定法制审核制度为例,不能让法制审核制度成为法制审核人员为执法决定背书的过程,要让法制审核机制真正起作用,敢于依法驳回、否定一些重大执法决定,要把法制审核机构依法驳回、否定的重大执法决定当成典型案例,一定范围公开,通过以案说法提升行政执法工作的法治水平。

(二)统一行政执法人员资格管理

行政执法人员是行政执法的具体承担者,是决定行政执法质量的关键性因素。古人云:"纵有良法美意,非其人而行之,反成弊政"[2],"得其人而不得其法,则事必不能行;得法而不得其人,则法必不能济。人法兼资,而

---

[1] 中共中央文献研究室编:《十八大以来重要文献选编》(上),中央文献出版社 2014 年版,第 720 页。

[2] (明)胡居仁:《居业录》。

天下之治成"①。可见，即使完美的法律也依赖于人的遵守和实施。习近平总书记曾指出："执法不严、司法不公，一个重要原因是少数干警缺乏应有的职业良知。许多案件，不需要多少法律专业知识，凭良知就能明断是非，但一些案件的处理就偏偏弄得是非界限很不清楚。各行各业都要有自己的职业良知，心中一点职业良知都没有，甚至连做人的良知都没有，那怎么可能做好工作呢？"②这说明执法者的素质对执法质量具有决定性作用。

　　长期以来，相较于司法人员，我国行政执法人员资格管理制度较为滞后，但也在加紧完善。2004年国务院印发的《全面推进依法行政实施纲要》提出，"实行行政执法人员资格制度，没有取得执法资格的不得从事行政执法工作"，开始建立行政执法人员资格制度。2008年国务院颁布的《关于加强市县政府依法行政的决定》明确要求，"对拟上岗行政执法的人员要进行相关法律知识考试，经考试合格的才能授予其行政执法资格、上岗行政执法"。2015年中共中央、国务院印发的《法治政府建设实施纲要（2015—2020年）》进一步提出，"健全行政执法人员管理制度……全面实行行政执法人员持证上岗和资格管理制度，未经执法资格考试合格，不得授予执法资格，不得从事执法活动"。明确没有经过考试合格、没有获得执法资格的人员不得从事执法活动。经过这五年的努力，我国行政执法人员资格管理制度已经基本上建立起来，行政执法人员的素质和水平得到较大提升。

　　针对未来五年，本次《纲要》提出，"统一行政执法人员资格管理，除中央垂直管理部门外由省级政府统筹本地区行政执法人员资格考试、证件制发、在岗轮训等工作，国务院有关业务主管部门加强对本系统执法人员的专业培训，完善相关规范标准"，重点突出了"统一管理"、"加强培训"和"完善标准"三个关键词。"统一管理"要求提高行政执法人员资格管理的层次，实行省级政府统筹管理，有效地避免基层自行管理时出现的"放水"现象，有很强的针对性。"加强培训"重点突出"专业培训"，要认识到行政执

---

① （明）海瑞：《治黎策》。
② 中共中央文献研究室编：《十八大以来重要文献选编》（上），中央文献出版社2014年版，第718页。

103

法是一项专业,要做好行政执法工作必须对相关法律有深入全面的理解,同时了解执法相对人的情况、掌握行政执法的专门技能。因此,有关执法人员的专业培训应当由国务院有关业务主管部门牵头在本系统内组织实施。"完善标准"则是要完善有关行政执法人员管理的各项标准,重点是结合实际增强标准的实用性和专业性,通过相关标准的完善带动行政执法人员资格管理工作水平的提升。

(三)提高执法案卷、文书规范化水平

执法案卷、执法文书是行政执法工作集中的形式化体现,是衡量行政执法工作规范化、法治化的权威依据,也是促进行政执法工作规范化、法治化的重要抓手。2004年国务院印发的《全面推进依法行政实施纲要》提出,"健全行政执法案卷评查制度。行政机关应当建立有关行政处罚、行政许可、行政强制等行政执法的案卷。对公民、法人和其他组织的有关监督检查记录、证据材料、执法文书应当立卷归档",对行政执法案卷制度、文书制度进行了基本规定,初步建立起了执法文书、案卷文书制度。2008年国务院发布的《关于加强市县政府依法行政的决定》提出,"市县政府及其部门每年要组织一次行政执法案卷评查,促进行政执法机关规范执法",对案卷评查提出了具体的要求。2010年国务院发布的《关于加强法治政府建设的意见》提出要"充分利用信息化手段开展执法案卷评查、质量考核、满意度测评等工作,加强执法评议考核,评议考核结果要作为执法人员奖励惩处、晋职晋级的重要依据",明确了案卷评查结果的运用,增强了案卷评查对执法人员的约束性。

本次《纲要》再次对行政执法案卷和文书管理制度改革进行规划。《纲要》提出"统一行政执法案卷、文书基本标准,提高执法案卷、文书规范化水平。完善行政执法文书送达制度"。相较于先前的改革内容,《纲要》更关注行政执法文书和案卷的标准化、规范化、统一化水平,明确要求完善执法文书送达制度,对行政执法案卷文书提出了更高的要求。根据《纲要》的要求,我国行政执法案卷文书制度改革在未来五年将会聚焦于提升"统一

化"、"规范化"水平,并突出完善执法文书送达制度在提升行政执法法治化中的作用,这说明我们对行政执法案卷文书的认识深入了。行政执法案卷文书不仅仅是监督具体行政执法人员的抓手,也是提升整体行政执法规范化、法治化水平的抓手。

此外,当前互联网、大数据、人工智能技术正在加速改变行政执法的面貌。在这种新形势下,要更加高度重视行政执法案卷文书的规范性、统一性问题。只有行政执法文书做到高度制式化,才能够有利于互联网、大数据、人工智能技术在提升行政执法执行力、公信力方面发挥更大的作用。这也是《纲要》专门对行政执法案卷文书制度改革进行规划的重要原因。

(四)全面落实行政裁量权基准制度

行政裁量权又被称为"行政自由裁量权",其实称之为"自由裁量权"是偏颇的。根据行政法学原理,没有哪一种裁量权是可以真正"自由地"行使的。行使"自由"裁量权也必须受到法律规则、法律原则和法治精神的制约。2004 年《全面推进依法行政实施纲要》就明确指出:"行使自由裁量权应当符合法律目的,排除不相关因素的干扰;所采取的措施和手段应当必要、适当;行政机关实施行政管理可以采用多种方式实现行政目的的,应当避免采用损害当事人权益的方式。"

从我国法治政府建设的历史看,我国一直高度警惕行政裁量权行使过程中的滥用权力问题,一直试图用各种方法减缩行政裁量权。2010 年《关于加强法治政府建设的意见》提出要"建立行政裁量权基准制度,科学合理细化、量化行政裁量权,完善适用规则,严格规范裁量权行使,避免执法的随意性"。2014 年党的十八届四中全会《决定》提出:"建立健全行政裁量权基准制度,细化、量化行政裁量标准,规范裁量范围、种类、幅度"。《法治政府建设实施纲要(2015—2020 年)》重申了十八届四中全会《决定》的要求,"建立健全行政裁量权基准制度,细化、量化行政裁量标准,规范裁量范围、种类、幅度"。总之,自 2010 年以来,我国关于行政裁量权的改革,都在建立健全行政裁量权基准制度、努力减少裁量权的裁量空间的逻辑主线上推进。

本次《纲要》也不例外，提出"全面落实行政裁量权基准制度，细化量化本地区各行政执法行为的裁量范围、种类、幅度等并对外公布"。相较于先前的规定，《纲要》重点要求裁量权基准的公开公布。裁量基准是否公开很重要。裁量基准一旦公布，其对行政执法的约束力就会倍增，社会就会根据裁量基准监督行政执法。行政执法人员是否按照行政裁量基准执法，就不仅仅是一个是否服从内部管理制度的问题，而是一个履行对社会执法承诺的问题。一般来说，如果行政执法没有按照已经公开的裁量基准进行，就必须说明理由，否则就构成权力滥用。行政执法相对人也有权针对严重偏高裁量基准但又无法说明理由的执法行为提起行政复议和行政诉讼。

（五）全面梳理、规范、精简执法事项

相较于"行政执法三项制度"改革、行政执法人员资格管理制度改革、行政裁量基准制度改革，全面梳理精简行政执法事项改革是一项较新的行政执法改革举措。全面梳理执法事项源于行政审批制度改革和综合行政执法改革。行政审批制度改革要求全面精简行政审批事项、综合行政执法改革要求全面精简执法队伍，这两项改革已经取得了阶段性成果。在这个阶段性成果的基础上，全面梳理、精简执法事项，就成为下一步改革的重点。

全面梳理、规范、精简行政执法事项，首先要对执法事项进行梳理。对此，党的十八届四中全会《决定》已经提出"推行政府权力清单制度"，通过权力清单制度解决问题。根据《法治政府建设实施纲要（2015—2020年）》的部署，要"在全面梳理、清理调整、审核确认、优化流程的基础上，将政府职能、法律依据、实施主体、职责权限、管理流程、监督方式等事项以权力清单的形式向社会公开，逐一厘清与行政权力相对应的责任事项、责任主体、责任方式"，并明确要求："省级政府2015年年底前、市县两级政府2016年年底前基本完成政府工作部门、依法承担行政职能的事业单位权力清单的公布工作。"根据本次《纲要》的要求，在未来五年，还会继续对行政执法事项进行梳理，并着重强调全面性，即必须全面覆盖行政活动的各个方面。不仅要全面梳理行政处罚、行政许可、行政强制、行政命令这些典型的行政行

为,也要梳理行政备案、行政约谈、规划制定、标准拟订等执法事项,力争将各类行政活动都纳入梳理范围。

全面梳理执法事项的过程,就是全面规范执法事项的过程。在全面梳理执法事项的过程中,对没有法律法规规章依据的执法事项应当一律取消。需要对有关法律法规规章进行立改废的,同时提出建议。认为有关执法事项需要取消、下放的,应当提出取消、下放的建议。对保留的行政执法事项,要按照透明、高效、便捷的原则,制定行政权力运行流程图,切实减少工作环节,规范行政裁量权,明确每个环节的承办主体、办理标准、办理程序、办理时限、监督方式等,提高行政权力运行的科学化、规范化水平。

全面梳理执法事项的落脚点是精简不必要的执法事项、减轻企业不必要的负担。2015 年,国务院办公厅印发的《国务院部门权力和责任清单编制试点方案》提出:"对没有法定依据的,原则上予以取消,确有必要保留的,按程序办理。"《纲要》提出:"凡没有法律法规规章依据的一律取消",对"法定依据"的界定更加清晰,清理的力度明显加大。清理力度的加大,主要是考虑到我国《立法法》在 2015 年修订时赋予设区的市地方性法规和地方政府规章立法权;《行政处罚法》在 2021 年修订时赋予地方性法规对行政处罚的补充设定权。在这种情形下,通过正常立法程序将各类执法事项纳入法律法规规章(含地方性法规和地方政府规章)的可能性大幅提升,因此就不再给没有法律法规规章依据的执法事项留改革的"后门"。值得指出的是,这里的"有法律法规规章依据"是指有法律法规规章的具体条文明确授权,在实践中应当予以注意。此外,即使特定执法事项有法律法规规章的明确依据,也不意味着不在精简之列。要根据行政法合理性原则、比例原则等对其必要性、适当性和成本收益情况进行分析。如果该执法事项尽管有法律法规规章依据,但也已不适合继续存在,或者实施的成本大于收益,则也应当在精简范围之列。

最后,《纲要》还提出:"规范涉企行政检查,着力解决涉企现场检查事项多、频次高、随意检查等问题。"这说明对行政检查事项的清理规范精简,是未来五年执法事项清理规范精简的重点。这一条具体有两个值得注意的要点:其一,着力精简规范的行政检查主要是现场检查,这是因为现场检查给企业经营带来的负担比较重,且容易滋生腐败和不正之风。在新技术层出不穷的时代,要大力推广运用互联网、大数据、人工智能的非现场检查、非接触检查。其二,规范涉企行政检查应当与"双随机、一公开"执法改革结合起来推进。"双随机、一公开"执法改革的本意,就是通过科学的制度设计减少行政检查的数量频次、增加单次检查的效果。因此,规范涉企行政检查应当与"双随机、一公开"执法改革有机结合。

(六)制定完善行政执法程序规范

行政执法程序是指行政执法必须遵循的步骤、时限、顺序、形式、方式、手续等的总和。我国依法行政和法治政府建设过程中一直很重视程序,早在2004年《国务院关于印发全面推进依法行政实施纲要的通知》就将"程序正当"列为依法行政的六个基本要求之一。① 习近平总书记也指出"守法律、重程序,这是法治的第一位要求",将重程序列为法治的第一位要求。在未来五年,法治政府建设的重点就是进一步完善行政程序规范。

第一,按照行政执法类型,制定完善行政执法程序规范。行政执法程序很重要,但不同类型的行政执法,应当遵循有所差异的行政执法程序,不能一概而论。我国当前已经有《行政许可法》、《行政处罚法》、《行政强制法》、《行政复议法》、《政府信息公开条例》、《国有土地上房屋征收与补偿条例》等关于主要类型执法的法律法规,这些法律的主要内容都是程序性规定,对行政处罚、行政许可和行政强制规定了较为详细的执法程序。但行政执法活动种类多样,还有很多执法类型没有专门的法律法规加以规范,比如行政征收或者征用、行政登记、行政确认、行政给付、行政允诺、行政征缴、行政奖励、行政收费、行政裁决、行政协议、行政补偿、行政赔偿等,这些类型

---

① 根据《国务院关于印发全面推进依法行政实施纲要的通知》(国发〔2004〕10号)规定,依法行政六个基本要求为合法行政、合理行政、程序正当、高效便民、诚实守信、权责统一。

的行政执法也需要对其程序规范予以规定,这是未来五年制定完善行政执法程序的重点。

第二,重点完善直接保护公民、法人或其他组织权利的执法程序。所有的行政程序都有保护公民、法人或其他组织权利的功能,但一些行政执法程序与公民、法人或其他组织权利的实现关系更密切。这些执法程序主要是保障行政相对人或相关人,也就是受到行政行为直接影响的公民、法人或其他组织行使陈述、申辩、提出听证申请等权利的程序。在这些程序中,排第一位的就是告知程序。因为只有行政执法机关全面告知行政相对人或相关人执法相关信息,行政相对人或相关人才能行使陈述、申辩、提出听证申请等权利。因此,《纲要》明确提出"全面严格落实告知制度"。当前,信息技术已经高度发达,因此未来五年要落实"全面严格落实告知制度"的改革要求,就要充分运用互联网信息技术,让行政执法相关信息充分、及时、便捷地直接呈现在行政相对人或相关人面前。同时,也要运用互联网信息技术,做到告知全过程留痕,便于社会各方监督。

（七）遏制"运动式执法"

"运动式执法"是我国行政执法中的常见现象。"运动式执法"的出现有复杂而深刻的原因,但"运动式执法"也要在法治的底线之上进行。在现实中,大多"运动式执法"往往以法治为代价,沦为片面追求短期执法效果的执法作秀,严重损害公民、法人和其他组织的合法权益,是官僚主义、形式主义、懒政怠政的主要表现之一。

当前,"运动式执法"的突出表现就是"层层加码"和"一刀切"。一些执法机关错误地理解上级政策,为了追求短期执法效果,动辄要求特定区域或者行业、领域的市场主体普遍停产停业。这种做法严重损害相关企业的合法权益、严重损害当地营商环境,也严重损害社会主义法治的公信力。为此,《纲要》明确提出"除有法定依据外,严禁地方政府采取要求特定区域或者行业、领域的市场主体普遍停产停业的措施"。

（八）规范会议纪要的适用

会议纪要是指在会议记录基础上形成的文件。会议纪要主要内容包括会议时间、地点、会议参加人、会议议程、会议形成的主要结论或共识、会议通过的决定等信息。会议纪要经常涉及行政执法重要问题，在一些地方，会议纪要往往成为行政执法的依据。

将会议纪要作为行政执法的依据，存在很大问题：

第一，会议纪要作为行政机关内部会议文件，一般是不对外公开的。根据一份不对外公开的文件作出执法决定，违背了法治的基本原则。法治的基本原则是要根据公开的各类规范性文件（包括法律法规规章和其他规范性文件）作出决定，只有这样才能让公民、法人或其他组织对自己的工作生活形成稳定预期，才能打造安全稳定舒适的营商环境、生活工作环境。如果作为执法依据的文件本身就是秘密的，那么公民、法人或其他组织就无法从公开的信息预测自己的工作和生活环境、规范自己的行为。这时候要求公民、法人或其他组织遵守这些秘密文件，是强人所难。

第二，会议纪要作为行政机关内部会议文件，逃逸了诸多合法性、合理性审查环节，本身也经常发生变化，不能作为执法依据。行政机关正式颁布印发的各类文件，往往有正式的内部合法性、合理性把关程序。有些还需要经过集体讨论、领导签批，甚至还报上级部门或同级人民政府备案、批准。但会议纪要作为内部会议文件，逃逸了这些程序。我国当前政府内部关于会议纪要的程序性规定很少，行政机关内部会议规则也不完善，会议纪要容易出现严重不合法、不合理内容。此外，会议纪要作为以会议记录为基础的文件，往往根据会议的情况随时变化。同一个问题，前后两次会议形成相反的结论，并不罕见。以会议纪要作为行政执法依据，会严重损害行政执法的公信力。

总之，行政执法还是要以正式公布的法律法规规章为依据。行政机关制定的行政裁量基准、行政执法指南手册、内部会议纪要，只能作为执法的参考，不能作为执法的依据。

四、创新行政执法方式

创新行政执法方式是健全行政执法工作体系的增量改革。行政执法不仅要严格执法,也要有所创新。要通过创新行政执法方式使行政执法不断满足社会经济发展的新需要,同时通过创新行政执法方式更好地推进严格规范公正文明执法。

(一)广泛运用非强制性执法手段,避免滥用行政处罚

非强制性执法手段是指主要依靠说服教育方式达成执法目标的执法手段,包括行政警告、行政指导、行政约谈、行政警示等。这些非强制性执法手段并不会直接剥夺或限制执法对象的权利,也不会直接增加执法对象的义务,对执法对象的直接威慑力较小。但由于非强制性执法手段往往只是强制性执法手段的"前奏",因此执法对象在承受非强制性执法措施时,在强制性执法手段的整体威慑下,一般也会积极反思自己的行为,自觉改正违法行为。行政执法的目的就是让公民、法人或其他组织知法守法,如果执法对象能够自觉依法纠正自己的行为,也就实现了行政执法的主要目标。因此,非强制性执法手段应当是行政执法的优先选择。

优先选择非强制性执法手段,也是行政执法初心所在。行政执法的根本目标是促进全体社会成员尊法守法,而不是要惩罚谁、让谁难受或者让执法对象惧怕政府,更不是执法人员与执法对象玩"猫捉老鼠"游戏、不是敌我斗争。因此,行政执法不仅要有力度,也要有温度,要让执法对象认识到执法人员不是他们的"敌人",而是帮助他们健康成长、可持续发展。只有这样,才能让执法对象对执法心服口服,才能从根本上改善执法环境、提升法治水平。因此,《纲要》提出,要"广泛运用说服教育、劝导示范、警示告诫、指导约谈等方式,努力做到宽严相济、法理相融,让执法既有力度又有温度"。

广泛运用非强制性执法手段的另一面就是避免滥用强制执法手段,尤

其是避免滥用行政处罚。对此，《行政处罚法》第六条规定："实施行政处罚，纠正违法行为，应当坚持处罚与教育相结合，教育公民、法人或者其他组织自觉守法。"将教育与处罚并列为执法的重要手段。《行政处罚法》第三十三条还规定："违法行为轻微并及时改正，没有造成危害后果的，不予行政处罚。初次违法且危害后果轻微并及时改正的，可以不予行政处罚……对当事人的违法行为依法不予行政处罚的，行政机关应当对当事人进行教育。"这些规定，都在要求执法人员不能滥用行政处罚措施。要求其要站在为公民、法人和其他组织长远利益着想的角度，多通过说服教育方式督促执法对象自觉守法。在实践中，什么属于"违法行为轻微"缺乏明确的标准，影响了相关法律规定的落实。为此，《纲要》计划在未来五年"全面推行轻微违法行为依法免予处罚清单"，为进一步落实《行政处罚法》相关规定做好制度配套。

（二）建立行政执法案例指导制度

案例指导制度是法律实施的基本制度，在司法活动中运用较多，比如党的十八届四中全会《决定》提出要"加强和规范司法解释和案例指导，统一法律适用标准"，就是司法改革提出的要求。行政执法作为一项法律实施活动，也需要建立自己的案例指导制度。因为相较于抽象的法律法规规章规定，具体案例更能给执法人员带来明确的执法指引。

相较于司法活动中的案例指导制度，我国行政执法案例指导制度尚处于各地各部门探索阶段，缺乏全国性的统一制度设计。当前，一些部门和地方已经初步建立起了本部门本地区的行政执法案例指导制度，比如湖南省人民政府 2010 年出台了《湖南省行政执法案例指导办法》，海南省司法厅 2020 年出台了《海南省行政执法案例指导办法》，国家知识产权局 2019 年出台了《关于知识产权行政执法案例指导工作的规定（试行）》。一些省份和部门还定期公布相关领域典型案例。从这些地方和部门实践看，行政执法案例指导制度有利于统一执法标准、规范执法行为、提高执法水平，行政执法案例指导制度是十分有必要的。

为了进一步推动行政执法案例指导制度规范化、科学化、法治化,《纲要》提出"建立行政执法案例指导制度,国务院有关部门和省级政府要定期发布指导案例",明确提出要建立行政执法案例指导制度,并且明确了国务院有关部门和省级政府的职责。在此之后,定期发布行政执法指导案例就不再是国务院有关部门和省级政府的工作创新,而是国务院有关部门和省级政府的职责所在。

(三)全面落实"谁执法谁普法"普法责任制

"谁执法谁普法"是党的十八届四中全会确定的新时代普法工作方针。党的十八届四中全会《决定》指出:"实行国家机关'谁执法谁普法'的普法责任制,建立法官、检察官、行政执法人员、律师等以案释法制度,加强普法讲师团、普法志愿者队伍建设。""谁执法谁普法"对行政执法工作提出了新的更高要求。根据2017年中共中央办公厅、国务院办公厅印发的《关于实行国家机关"谁执法谁普法"普法责任制的意见》要求,"国家机关要把普法作为推进法治建设的基础性工作来抓,纳入本部门工作总体布局,做到与其他业务工作同部署、同检查、同落实"以及"行政执法人员在行政执法过程中,要结合案情进行充分释法说理,并将行政执法相关的法律依据、救济途径等告知行政相对人"。根据《法治政府建设实施纲要(2015—2020年)》的规划,落实"谁执法谁普法"的普法责任制,要"建立行政执法人员以案释法制度,使执法人员在执法普法的同时不断提高自身法治素养和依法行政能力"。

本次《纲要》提出,要"全面落实'谁执法谁普法'普法责任制,加强以案释法"。与先前的相关规定和要求相比,《纲要》继续突出了"以案释法",说明"以案释法"是执法机关普法的重点,也是执法机关普法的优势。《纲要》不再强调执法机关普法主要由"行政执法人员"进行,并非淡化行政执法人员在普法中的作用,而是强调行政执法机关要从整体上推动普法工作。从这个角度上看,加快建立健全行政执法案例指导制度,既是一项推进行政执法规范化、科学化、法治化的工作,也是加强行政执法机关普法工作的内容。

第 六 章

健全突发事件应对体系

与《法治政府建设实施纲要(2015—2020年)》相比,《法治政府建设实施纲要(2021—2025年)》的一个突出亮点就是对依法应对突发事件作出系统部署。《纲要》在总共十部分的布局中,专门用一部分即第六部分规定健全突发事件应对体系,将其作为"健全八个方面体系、强化八个方面能力"的重要一环,足以表明突发事件应对法治化在未来法治政府建设中的重要地位。当然,《纲要》的重视也说明我国突发事件应对法治建设还存在短板和不足。越是突发、重大事件,越容易被关注甚至引起不安乃至不稳定。突发事件应对的法治化程度,直接影响人民对法治政府的满意度。实现2025年政府行为全面纳入法治轨道、突发事件应对能力显著增强等《纲要》确定的目标,需要在提高运用法治思维和法治方式应对突发事件能力,完善突发事件应对制度,引导、规范基层组织和社会力量参与突发事件应对等方面下功夫。

一、突发事件与应急制度

(一)突发事件

突发事件,是指突然发生,造成或者可能造成重大人员伤亡、财产损失、生态环境破坏和严重社会危害,危及公共安全的紧急事件,包括自然灾害、事故灾难、公共卫生事件和社会安全事件。除法律、行政法规或者国务院另有规定外,按照社会危害程度、影响范围等因素,自然灾害、事故灾难和公共卫生事件一般分为四级：Ⅰ级(特别重大)、Ⅱ级(重大)、Ⅲ级(较大)和Ⅳ级(一般)。《突发事件应对法》未对社会安全事件分级。突发事件的分级标准由国务院或者国务院确定的部门制定。

（二）应急管理

我国有《突发事件应对法》，但主管突发事件应对的主责机构却被称为应急管理部，突发事件应对和应急究竟是什么关系？突发事件可能引发应急状态，《突发事件应对法》本质上属于应急法的范畴，但《突发事件应对法》并没有规范所有应急状态。应急状态有广义和狭义之分，广义上的应急状态包括应急状态(狭义)、紧急状态和战争状态三种。狭义的应急状态，不包括紧急状态与战争状态，它没有达到紧急状态的程度，也未进入战争状态，因而适用《突发事件应对法》及相关法律，而不是适用"紧急状态法"或"战时状态法"处置的状态。简单地说，应急状态(狭义)就是《突发事件应对法》所界定的状态，《突发事件应对法》其实是一部"应急状态(狭义)"的应对法。紧急状态是比应急状态(狭义)更严重的一种状态，是指有关部门采取《突发事件应对法》和其他有关法律、法规、规章规定的应急处置措施不能消除或者有效控制突发事件，有关国家机关需要采取更严厉更特殊的措施进行应对的状态。紧急状态一般因内乱和战争等社会安全事件引发，但也不排除因自然灾害、事故灾难、公共卫生事件而引起。战争状态，是指当国家安全受到严重威胁时，国家通过法定程序宣布进入的一种法律状态。进入战争状态，对外(针对战争敌对方)会断绝外交关系或领事关系和商务关系；对内将军队处于最高级的备战准备，并向全国发布战争动员令，实行国内战时管制(包括对公民权利和社会物资)。战争状态并不适用自然灾害、事故灾难、公共卫生事件，也不适用所有社会安全事件(如内乱等)，它只适用国与国之间的战争事件。[1]

---

[1]　参见胡建淼主编：《领导干部应急法律知识读本》，党建读物出版社2020年版，第26—39页。

应急状态(狭义)、紧急状态和战争状态这三种状态,在确认和宣布机关,法律适用和程序等方面都有所区别。《突发事件应对法》第六十九条规定:"发生特别重大突发事件,对人民生命财产安全、国家安全、公共安全、环境安全或者社会秩序构成重大威胁,采取本法和其他有关法律、法规、规章规定的应急处置措施不能消除或者有效控制、减轻其严重社会危害,需要进入紧急状态的,由全国人民代表大会常务委员会或者国务院依照宪法和其他有关法律规定的权限和程序决定。紧急状态期间采取的非常措施,依照有关法律规定执行或者由全国人民代表大会常务委员会另行规定。"这说明紧急状态不适用《突发事件应对法》和相应的其他法律、法规、规章,"紧急状态法"应当另行制定法律规范。不过,我国尚未出台"紧急状态法"。另外,根据《中华人民共和国宪法》,紧急状态由全国人大常委会或国务院决定,即全国人大常委会决定全国或者个别省、自治区、直辖市进入紧急状态并由国家主席宣布,国务院依照法律规定决定省、自治区、直辖市的范围内部分地区进入紧急状态。而战争状态由全国人大决定或在全国人大闭会期间由全国人大常委会决定,国家主席宣布。

(三)现行应急法律制度

新中国成立后至改革开放前,国家在防旱抗旱、防火防洪、救灾减灾以及戒严等方面出台了一些规定。不过,这一时期的应急制度主要还是政策性的指示,管战略、管长远的法律几乎没有。

改革开放之后,应急法律法规建设逐步加快。1986年出台了《国境卫生检疫法》,1989年颁布的《传染病防治法》在应急制度建设中具有重要意义。20世纪90年代,又颁布了《戒严法》、《国防法》、《动物防疫法》、《消防法》等法律。在这一阶段,国家还制定了《核电厂核事故应急管理条例》、《破坏性地震应急条例》等行政法规。

进入21世纪后,2002年《安全生产法》出台。2003年的非典加快了突发事件应对立法的节奏。非典期间,《突发公共卫生事件应急条例》颁布实施;之后,《传染病防治法》修改。而2007年《突发事件应对法》这一突发事件应对基本法的颁布更是具有标志意义,之后又陆续出台了《中华人民共和国国防动员法》、《中华人民共和国食品安全法》、《中华人民共和国网络安全法》、《中华人民共和国核安全法》、《中华人民共和国生物安全法》等法律,以及《重大动物疫情应急条例》、《铁路交通事故应急救援和调查处理条例》、《电力安全事故应急处置和调查处理条例》、《生产安全事故应急条例》等行政法规,而且,法律法规的修改完善明显提速。

　　我国现行的应急法律体系,由宪法、法律、行政法规、地方性法规和规章等构成。《宪法》是国家的根本法,是应急法律的立法依据。应急法律有专门法,如《突发事件应对法》、《戒严法》、《国防法》、《国防动员法》等,还有大量既调整常态又调整应急状态的法律,如《传染病防治法》、《国境卫生检疫法》、《动物防疫法》、《食品安全法》、《安全生产法》、《网络安全法》、《消防法》等,即使《中华人民共和国民法典》、《中华人民共和国个人信息保护法》等,也有个别应急的条文规定。应急的行政法规有前面介绍的《突发公共卫生事件应急条例》等。此外,各地还出台了不少地方性法规,国务院各部委和地方政府还颁布了大量政府规章。

　　特别值得一提的是,我国的应急领域还有不少不属于法律范畴,但在应急制度体系中具有重要地位的应急预案。应急预案有政府部门制定的,也有企事业单位制定的。重要的应急预案,如《国家突发公共事件总体应急预案》(国务院 2006 年发布)、《国家突发公共事件医疗卫生救援应急预案》(国务院 2006 年发布)、《突发事件应急预案管理办法》(国办发〔2013〕101 号)、《国家网络安全事件应急预案》(中网办发文〔2017〕4号)、《生产安全事故应急预案管理办法》(2019 年中华人民共和国应急管理部令第 2 号修改)、《国家自然灾害救助应急预案》(国办函〔2016〕25号)等。

　　总的来看,改革开放以来,尤其是进入 21 世纪之后,我国在应急制度建设方面取得了瞩目的成就,这是不可否认的。

二、运用法治思维和法治方式应对突发事件

突发事件应对不是法外之地，全面推进依法治国，必须推进突发事件应对工作的法治化。党的十九届四中全会《决定》提出，"提高运用法治思维和法治方式深化改革、推动发展、化解矛盾、维护稳定、应对风险的能力"①。《纲要》再次强调："坚持运用法治思维和法治方式应对突发事件，着力实现越是工作重要、事情紧急越要坚持依法行政，严格依法实施应急举措，在处置重大突发事件中推进法治政府建设。"提高运用法治思维和法治方式应对突发事件能力，需要掌握基本法律知识，尤其是突发事件应对法律知识，但更为有效的是掌握突发事件应对的基本法治原则。原则是灵魂、方向，掌握了突发事件应对的基本法治原则，就不至于在突发事件应对过程中犯一些低级错误，从而引发舆情甚至"次生"突发事件。突发事件应对法治同样应当以规范约束公权力、保障私权利为使命，同样应当坚守宪法法律至上、权力制约、权利保障、程序正当等基本法治原则。首先，捍卫宪法法律的至上地位，必须反对权大于法、以言代法、以权压法。强调法律至上，必须坚持法律保留原则，比如有关犯罪和刑罚、对公民政治权利的剥夺和限制人身自由的强制措施和处罚属于法律绝对保留事项，这在突发事件应对中也如此。其次，权力制约是一项重要的法治原则，它包括立法、执法、司法等公权力之间的制约，也包括不同层级的权力之间的制约。突发事件应对固然应当突出行政紧急权的优先地位，但这并不是说不要或实质性地削弱其他权力的制约。再次，现代法治以尊重人的权利（包括人的最基本权利即人权）、保障人的权利为依归。突发事件应对过程中，行政紧急措施往往具有紧急性、严厉性特点，不可避免地要影响到公民的人身权或公民、法人和其他组织的财产权，但对权利的限制要遵循目的正当性、形式正当性（法定性）、程序正

---

① 《中共中央关于坚持和完善中国特色社会主义制度　推进国家治理体系和治理能力现代化若干重大问题的决定》，人民出版社 2019 年版，第 15 页。

当性。同时,无论是人身权,还是财产权,只要受到损害且属"特别牺牲",就应当及时给予救济。最后,公权力的取得和行使不仅应有程序,而且程序还应正当,否则走程序将沦为"走形式、走过场"。程序的正当性来源于程序的中立、理性、排他、可操作、平等参与、自治、及时终结和公开。应对突发事件,程序可以适当简化,有时甚至可以"先斩后奏",但不能忽视程序、完全不要程序、"斩"了也不奏。应急的正当程序原则要求行使隔离、征收征用等紧急权时,应尽可能遵循通知、说明理由、听取意见和申辩等基本流程。应对突发事件,除了应当遵循以上法治的一般原则外,尚需特别关注以下四项特殊原则。

（一）坚持依法防控原则

各种已发生或即将发生的突发事件,具有很大不确定性和社会危害性。对它们的预防和处置,必须赋予行政机关紧急应对的权力,如防控传染病所采取的紧急封锁疫区,扑杀带有传染病或有传染风险的动物,为了抢险救灾而紧急征用财产,等等。但是法谚道:"行政权力退缩的空间有多大,民事权利伸展的空间就有多大。"权力与权利成反比关系,行政权的集中、膨胀必然会压缩权利的空间。现代国家平衡行政紧急权行使和民事权利保护的基本途径就是将突发事件应对也纳入法治轨道,这是现代应急与传统应急的根本区别。2020 年 2 月,在中央全面依法治国委员会第三次会议上,习近平总书记强调,疫情防控越是到最吃劲的时候,越要坚持依法防控,在法治轨道上统筹推进各项防控工作,保障疫情防控工作顺利开展。

依法防控首先要求依照突发事件应对法律法规规章及规范性文件的规定应对突发事件。突发事件应对,有应急专门法规范调整的,当然要首先适用专门法的规定,只有没有特殊规定的,才适用常态法。《行政强制法》第三条第二款更是明确规定:"发生或者即将发生自然灾害、事故灾难、公共卫生事件或者社会安全事件等突发事件,行政机关采取应急措施或者临时措施,依照有关法律、行政法规的规定执行。"实践中有的地方在发生突发事件或极有可能发生突发事件的情况下,迟迟不启动应急预案,层层上报请示,决策不果断,处置不得力、不及时,贻误了最佳处置机会,导致事态升级,应急成本攀升。例如在瓮安事件中,李树芬尸体被其叔李秀忠等人打捞上岸后的 7 天里,关于李树芬死因的传言满天飞,但政府始终没有澄清;在打砸烧之前,始终未见负责人。

依法防控还要求在没有法律明确规定时,依照突发事件应对法治原则、乃至法治原则和精神应对突发事件。我国的突发事件应对法律制度还有不少短板和不足,在这种情况下,遵循法治原则就显得尤为重要。

(二)坚持基本权利保障原则

突发事件应对意味着行政权力的暂时膨胀和公民权利的相应萎缩。但这并不意味着行政机关可以随意限制或剥夺公民权利,尤其是基本权利。不同等级的突发事件,行政权力对公民权利的侵入程度不同,但即使在紧急状态下,也应当尊重公民的基本权利,坚守公民基本人权限制的底线。也就是说,行政紧急权的行使应遵守最低限度人权保障原则。从应急立法来看,有的国家和地区明确列举可以限制的基本人权,有的则直接设置不得限制的底线标准,而且在可以限制或不可限制的具体权利类型方面,也有很大不同,比如住宅不受侵犯的权利在有些国家和地区是可以限制的,有些国家和地区则规定不可以限制。联合国《公民权利和政治权利国际公约》规定的、在紧急状态下不得限制的公民基本权利主要包括生命权、人道待遇、不得使为奴隶或被强迫役使、不得仅仅由于无力履行约定义务而被监禁、不受有溯及力的法律约束、法律人格的权利、思想、良心和宗教的自由。①

(三)坚持比例原则

比例原则是指行政主体实施行政行为应兼顾行政目标的实现和保护相对人的权益,实施行政权的手段与行政目的之间应存在一定的比例关系。如果行政目标的实现可能对相对人的权益造成不利影响,则这种不利影响

---

① 参见周佑勇:《紧急状态下的人权限制与保障》,《法学杂志》2004 年第 4 期。

应被限制在尽可能小的范围和限度之内。换言之,不能为了实现某一目的"不择手段"。

从结构上看,比例原则包括三个具体的子原则:(1)适当性原则,即如果行政机关的行政行为或采取的行政措施能实现行政目的或至少有助于目的的达成,就是一种正确的手段。换言之,目的与手段之间必须是适当的。(2)必要性原则,又称"最小侵害原则",即立法者或行政机关针对同一目的,有多种适合的手段可供选择时,应选择对相对人损害最小的手段。(3)相当性原则,即行政机关采取的行政手段所造成的损害,不得与欲达成的行政目的的利益明显失衡。

我国《突发事件应对法》第十一条第一款规定:"有关人民政府及其部门采取的应对突发事件的措施,应当与突发事件可能造成的社会危害的性质、程度和范围相适应;有多种措施可以供选择的,应当选择有利于最大程度地保护公民、法人和其他组织权益的措施。"这是对比例原则的规定。

实践中,有的地方对突发事件缺乏准确判断与分级,"盲目下药",甚至出现了"应急不顾一切"、"应急不惜一切",造成了人力、物力、财力严重浪费和巨大财政负担。例如,在应对禽流感等公共卫生事件中,一些地方擅自扩大动物捕杀范围,有些地方政府干脆收购当地所有家禽,并禁止饲养,以免"后患"。显然,这是不符合比例原则的。

（四）坚持信息公开原则

与日常公权力行使不同的是,突发事件的突发性、事件进展的不确定性、可能后果的严重性不仅需要政府紧急应对,相关的利害关系人也需要采取紧急措施予以应对。因此,及时准确地公开突发事件信息,就显得非常重要。

突发事件应对的信息公开,首先需要把握信息公开的范围,这主要包括:有关人民政府及其部门作出的应对突发事件的决定、命令、指示(但事先公布不利于应急处置工作或者不宜公布的除外);行政机关应当主动公开本行政机关突发公共事件的应急预案和预警信息;履行统一领导职责或者组织处置突发事件的人民政府发布有关突发事件事态发展和应急处置工作的信息;设区的市级、县级人民政府及其部门主动公开社会救助等方面的信息。

其次,要把握信息公开的原则。《突发事件应对法》第五十三条规定:"履行统一领导职责或者组织处置突发事件的人民政府,应当按照有关规定统一、准确、及时发布有关突发事件事态发展和应急处置工作的信息。"由此可见,突发事件信息公开的原则包括统一、准确和及时。统一是对发布主体的要求,比如突发公共卫生事件应对中,传染病信息的发布主体是国务院卫生主管部门及其授权的省级卫生主管部门。信息的统一发布,有助于突发事件应对中重大信息的准确、权威。准确是信息公开的底线要求,任何单位不得编造、传播虚假信息。及时是提高应急效率的要求。应对突发事件的一个重要方面就是权威真实信息与小道消息甚至谣言的赛跑,民众心态的平静程度与政府信息公开的程度成正比,①这在非典和新冠肺炎疫情的防控中已经充分说明。比如 2003 年非典期间政府信息公开的分水岭是 4 月 20 日,中国人民大学舆论研究所的一项调查表明,4 月 20 日之前,北京市民平均给政府打 46 分,4 月 20 日后上升到 74 分,60%的市民对政府的信赖度提高。②

三、完善突发事件应对制度

(一)现行应对制度的主要问题及其影响

在应急制度建设方面,成绩值得肯定,问题更需面对。比如,一个直观的短板就是"紧急状态法"依然缺位。鉴于《纲要》重点强调突发事件应对制度的完善,此处仅讨论突发事件应对制度存在的主要问题及其影响。

1. 存在的主要问题

在我国的应急制度中,除了《戒严法》、《国防动员法》等少数法律法规

---

① 参见邱士起:《非典型肺炎疫情对珠海市民心理影响分析》,《中国公共卫生》2003 年第 6 期。

② 参见曹丽萍:《从"非典"谈突发公共卫生事件信息公开》,《中国公共卫生》2003 年第 7 期。

外,绝大多数属于突发事件应对制度范畴。以法治应当具备的法律之治、良法之治、程序之治等标准,以及规范约束公权力、保障私权利这一法治的核心使命衡量,现行突发事件应对制度的主要问题有:

第一,法律供给不足,无"法"(此处指狭义的法律)可依问题还没有完全解决。法治是"法的统治",是法律之治。我国的应急法制建设,总体看,法律的部数不少,但法律规范不足、无"法"可依的问题依然比较突出。一是突发事件应对的职权设定及应急力量调动方面,我们还缺少应急救援组织法。基层组织、社会力量参与突发事件应对还没有法律规范。基层组织、应急公益组织和志愿者参与应急还处于自发、盲目、散乱状态,相应的激励、保障机制没有建立。二是突发事件应对的基本程序缺乏。突发事件应对法律法规更多强调行政应急效率,程序规定比较缺乏。对传染病患者强制医疗、对传染病患者的密切接触者和次密切接触者的隔离、紧急征用及其补偿等的法律程序还没有真正建立起来。三是紧急征收、征用等方面的法律制度还没有建立。云南大理"口罩"征用事件表面上是一个地方政府及其部门行为不规范的问题,所暴露的深层次原因却是法律供给不足和法律矛盾冲突的问题。一方面,2004 年宪法修正案明确区分了"征收"和"征用"。2004 年时任全国人大常委会副委员长王兆国在《关于〈中华人民共和国宪法修正案(草案)〉的说明》中指出:"征收和征用既有共同之处,又有不同之处。共同之处在于,都是为了公共利益需要,都要经过法定程序,都要依法给予补偿。不同之处在于,征收主要是所有权的改变,征用只是使用权的改变。宪法第十条第三款关于土地征用的规定,以及依据这一规定制定的土地管理法,没有区分上述两种不同情形,统称'征用'。从实际内容看,土地管理法既规定了农村集体所有的土地转为国有土地的情形,实质上是征收;又规定了临时用地的情形,实质上是征用。"[1]在此之后制定修改的法律法规大都区分了"征收"和"征用"。另一方面,《突发事件应对法》、《传染病

---

[1]　王兆国:《关于〈中华人民共和国宪法修正案(草案)〉的说明——2004 年 3 月 8 日在第十届全国人民代表大会第二次会议上》,《中国人大》2004 年第 6 期。

防治法》等突发事件应对的多部法律法规只原则规定了紧急征用,既没有限定紧急征用的范围,也没有规定紧急征用的条件、程序、补偿的标准、时限及救济等具体制度,以至于在新冠肺炎疫情暴发后,地方政府对口罩的强制取得无"法"可依。显然,我国的突发事件应对制度中,并无紧急征收的规定,类似2003年非典期间紧急取得土地建设小汤山医院的行为并无法律支持。

第二,法律质量还不是很高,存在明确性、统一性、公正性不够等问题。法治不仅是法律之治,更是良法之治。良法是具备公开、明确、稳定、公平正义、无内在矛盾、可遵循、完善、不溯及既往等品质之法。以良法的标准判断,现行突发事件应对法律制度还存在明确性、统一性和公正性不够等问题。一是法律的明确性不够。法律规定不明的一个典型例子就是对应急预案缺乏法律层面明确具体的规定。《突发事件应对法》第十七条、第十八条专门规定了应急预案,也提出要建立应急预案体系,但对应急预案的主要内容、应急预案的演练和评估修改及各级各类应急预案之间的有效衔接缺乏明确具体规定。从具体表现来看,既有责权配置不明,也有程序规定不明。二是法律的统一性不够。在疫情信息和预警信息发布方面,《传染病防治法》规定的责任主体只有国务院卫生行政部门和其授权的省、自治区、直辖市人民政府卫生行政部门,但《突发事件应对法》规定的预警主体是县级以上地方人民政府。对于《传染病防治法》和《突发事件应对法》上述规定的适用问题,专家学者意见分歧比较大。另外,关于突发公共卫生事件发生时征用权的行使主体,《传染病防治法》规定的是县级以上人民政府,《突发事件应对法》扩展为有关人民政府及其部门。三是法律的公正性不够。突发事件应对制度公正性欠缺的一个典型例子是责任配置有失妥当。有些责任规定过轻,不足以约束权力、确保义务履行到位。比如,根据《传染病防治法》,地方政府、县级以上人民政府卫生行政部门、疾病预防控制机构、医疗机构等隐瞒、谎报、缓报传染病疫情的,如果没有造成传染病传播、流行或者其他严重后果,其法律后果是"通报批评,给予警告",显然这样的法律责任是无法确保疫情信息及时、全面、准确上报的。再比如,疾病预防控制机构或医疗机构故意泄露传染病病人、病原携带者、疑似传染病病人、密切接触者涉及个人隐私的有关信息、资料的，除非造成严重后果，其法律后果也只是"通报批评，给予警告"。公正性不够的另一个突出方面是程序的正当性缺乏。《纲要》明确提出加快推进政府治理规范化程序化法治化，足以表明程序建设在未来法治政府建设中的分量。法律没有明确规定在应对突发事件的过程中，如何保证权利受到限制或损害之人的充分申辩机会及相应的救济渠道。且不说正当程序的规范约束行政紧急权价值和保障征收权直接影响到的私权价值，程序的规定对于市场主体来说，还有保护其他权益的意义。比如，如果没有隔离的书面决定和解除决定，就会使合同的履行产生不必要的纷争，也会影响诉讼、仲裁当事人诉讼、仲裁程序中的中止权利行使。

2. 主要的影响

突发事件应对制度在数量和质量方面的上述问题，导致的结果是法治规范约束公权力、保障私权利的价值被减损。

第一，权力规范约束不够。比较法上，很多国家和地区的应急立法都规定了议会和法院对政府紧急权的具体监督制约措施。比如，政府启动紧急状态程序之后，应当在非常短的时限内向议会报告，如果议会不认可，紧急状态的决定就要失效。再比如，对于强制隔离等决定，在不影响有关决定先予执行的情况下，是允许受其影响的相对方向法院起诉的。《突发事件应对法》规定政府作出应对突发事件的决定、命令后，向本级人民代表大会常务委员会备案，突发事件应急处置工作结束后，应向本级人民代表大会常务委员会作出专项工作报告。《传染病防治法》则没有类似的规定。"备案"属性和缺乏时限要求减弱了人大对行政紧急权行使的监督力度。另外，从突发事件应对法律规定看，司法监督行政权的规定也比较缺乏。应对突发公共卫生事件，应当保障行政紧急权的优先行使，应当适当简化程序，但不同权力之间适度的制约是必要的。从现行突发公共卫生事件法律的规定来看，权力制约的内容是比较薄弱的。

第二，权利保障不充分。我国突发事件应对法律没有规定最低限度人权保障原则，没有明确列举不得限制的基本权利。但在法治已经入宪的背景下，在应对突发事件过程中，应当坚守这一原则，公民的生命权、健康权、人格尊严不受侵犯、宗教信仰自由、平等对待权等不应受到限制，对于住宅这一敏感地方的进入也应遵守必要的程序。即使是可以限制的权利，对其限制也是有限度的。我国现行的突发事件应对法律法规，对行政隔离、疫区封锁、征用制度等紧急措施的规定过于原则，公民、法人和其他组织的基本权利被侵犯之后的救济渠道也不畅通。行政紧急权越是缺乏明确具体的规定，越不利于公民、法人和其他组织基本权利的保障。从以往应对突发事件的实践看，征用存在补偿标准由行政方单方确定且过低，以及补偿时间过晚等问题。非典和新冠肺炎等传染病疫情防控实践中，已经出现了不少滥用行政紧急权的案例，这与现行法律法规对权利保障规定缺失有很大关系。

（二）《突发事件应对法》的修改完善

完善突发事件应对制度，首先应修改《突发事件应对法》这一应对突发事件的基本法。《突发事件应对法》的修改已纳入立法计划，修改《突发事件应对法》，需要重点关注以下问题：

第一，关于《突发事件应对法》的调整范围。需要讨论的问题主要是两个。一个是与"突发公共卫生事件应对法"的关系。中央在启动《突发事件应对法》修改的同时，决定制定"突发公共卫生事件应对法"，这就引发了一个重大问题，如何处理《突发事件应对法》和"突发公共卫生事件应对法"的关系。可能的思路有两种：一种思路是《突发事件应对法》作为突发事件应对的基本法，依然调整自然灾害、事故灾难、公共卫生事件和社会安全事件四大类突发事件，"突发公共卫生事件应对法"作为应对突发公共卫生事件的基本法，在《突发事件应对法》的基础上，对突发公共卫生事件应对的基本制度进行规定。另一种思路是限缩《突发事件应对法》的调整范围，《突发事件应对法》不再调整公共卫生事件，突发公共卫生事件的应对专门由"突发公共卫生事件应对法"调整。两种思路各有优劣，从法律体系化的角度考虑，第一种思路更好，毕竟公共卫生事件也属于突发事件，而且突发公共卫生事件应对和其他突发事件应对有不少共性制度，所有的突发事件应对都应纳入《突发事件应对法》这一基本法的调整范围。第二种思路的优势在于，突发公共卫生事件应对相对于其他突发事件应对而言，有一定特殊性，事实上由不同部门主管；新冠肺炎疫情的暴发、蔓延暴露了我国在突发公共卫生事件应对制度方面的诸多短板和不足，而我国在应对新冠肺炎疫情过程中取得的成功经验也需要好好总结，并通过立法予以固化。正是在这一背景下，我国在决定修改《突发事件应对法》的同时，启动了"突发公共卫生事件应对法"的制定，就是要在不触动《突发事件应对法》基本框架结构的前提下，建立健全突发公共卫生事件应对基本法律制度。突发公共卫生事件应对专门由"突发公共卫生事件应对法"调整，有利于法律的贯彻实施。综合衡量，第一种思路更有利于突发事件应对法律的体系化，以下有关论述坚持这一思路。另一个值得讨论的问题是《突发事件应对法》的修改有无必要规定紧急状态。"紧急状态"已是宪法使用的概念，宪法、戒严法、传染病防治法、反恐怖主义法、国家安全法、香港特别行政区基本法、澳门特别行政区基本法、驻军法等有涉及紧急状态的规定。《突发事件应对法》明确规定不调整紧急状态，而是规定"紧急状态期间采取的非常措施，依照有关法律规定执行或者由全国人民代表大会常务委员会另行规定"。我们认为，现行有关紧急状态的法律规定比较零散，紧急状态法的制定尚未纳入立法计划，在此背景下，有必要利用《突发事件应对法》修改的难得机遇，对紧急状态基本制度予以规范。

　　第二，关于应急体制的修改完善。《突发事件应对法》关于应急体制的规定主要存在两个问题：一是没有规定党政关系，党的领导在应急管理法律制度中没有得到充分体现；二是在应急处置中，应当进一步明确建立集中统一的领导和指挥体系，避免多主体负责和指挥、多主体（一级政府、政府部门、指挥部、人大等）发文。《突发事件应对法》修改对应急体制的完善，应重点确立四项内容：一是坚持党委领导、政府负责，党政同责。二是坚持集中统一负责指挥原则，防止政出多门。对突发事件的预防和事后恢复、重建等，由政府负责；从启动响应到宣布应急状态结束的应急状态期间，一律由应急指挥部负责。三是调整应急指挥部的构成，指挥部应当有相关专家参加。四是规定应急指挥部撤销之后，其在存续期间行为的法律后果概由相应政府承受。

第三，关于应急预案制度的完善。我国已经初步形成以突发公共事件国家总体预案为统领，由突发公共事件专项预案、部门预案以及企事业单位预案、社会团体预案和大型活动预案等构成的，涵盖中央、地方和基层的多种类、多层次应急预案体系。但目前的应急预案还存在以下不足：一是应急预案涵盖不全，灾后恢复重建、重要基础设施和关键资源保护、个人信息保护等领域还缺乏应急预案。二是立法未对应急预案体系结构作出明确具体规范，不同类型、不同级别之间的应急预案衔接不够紧密甚至处于脱节状态。三是应急预案内容普遍重灾后救援轻事前防控，预案内容同质化现象严重，有些地方或部门的预案甚至照搬套用上级或其他地方的预案，缺乏针对性、可操作性。四是预案编制缺乏权威、系统、全面技术规范统一指导，预案评审缺乏统一、科学的标准及可供操作的评估方法，预案修订工作滞后。《突发事件应对法》修改应当针对应急预案存在的问题，在法律层面明确应急预案应贯彻"防救结合，预防为主"的理念，并对应急预案体系构成、编制程序、基本内容、评估标准和方法、预案的修订及其法律责任等作出明确规定。

第四，关于突发事件应对过程中的权利保障。《突发事件应对法》的修改，应强化权利保障。具体讲，一是应充分体现最低限度人权保障原则，设置不得限制的基本人权底线标准，明确规定公民的生命权、健康权、人格尊严不受侵犯、宗教信仰自由、平等对待权等不应受到限制。二是对强制医疗、行政隔离等限制人身自由强制措施的适用条件和程序作出规定，对紧急征收征用的补偿标准、程序作出规定，对紧急调用的补助标准和时限作出规定，对各种权利受到侵害时的救济程序作出规定。

第五，关于突发事件应对中个人信息处理和政府信息公开问题。《突发事件应对法》没有具体规定突发事件应对中的个人信息处理，对政府信息公开的规定也比较笼统、分散。2021年颁布的《个人信息保护法》规定"为应对突发公共卫生事件，或者紧急情况下为保护自然人的生命健康和财产安全所必需"的,个人信息处理者不必取得个人的同意即可处理个人信息,同时规定"紧急情况下为保护自然人的生命健康和财产安全无法及时向个人告知的,个人信息处理者应当在紧急情况消除后及时告知"。除此特殊规定外,《个人信息保护法》规定的个人信息处理的基本原则、规则都得遵守,而且《突发事件应对法》修改应当在《个人信息保护法》的基础上,对突发事件应对过程中的个人信息处理进一步作明确具体规定。此外,对政府信息公开,《突发事件应对法》修改时应集中系统规定,明确信息公开的范围、公开主体、公布方式以及对信息的合理使用等。

第六,关于紧急征收、征用制度的完善。我国宪法区分了征收和征用,《突发事件应对法》等应急法律并没有区分规定紧急征收和征用,所规定的紧急征用制度既造成了征收、征用的混淆,又不能满足应急的需要。《突发事件应对法》修改应当按照宪法关于征收和征用的规定,区分紧急征收和征用进行规定。同时,对征收征用的主体、对象、管辖、程序、补偿等全面系统规定,为突发事件应对提供可遵循、可操作的紧急征收、征用制度。

第七,关于紧急状态与非常措施。如前所述,《突发事件应对法》修改应当增加规定紧急状态。即在明确区分突发事件的一般应对(应急处置)和紧急状态下的紧急应对的基础上,综合分析现行法律规定的紧急状态规范,统一在《突发事件应对法》规定只有紧急状态方可采用的非常措施及其具体程序。

第八,关于法律责任的配置。法律责任是法律的强制力之源。《突发事件应对法》的修改应当解决现行法律在责任配置方面存在的责任配置不完整、重行政处罚轻民事赔偿和行政处分,以及总体责任过轻等问题,在有权必有责、责任明确妥当及不同责任类型平衡配置方面下功夫。

(三)突发事件应对法律制度的法治化

突发事件应对法律制度包括众多法律法规规章及规范性文件。突发事件应对法律制度的法治化,要求未来突发事件应对法律制度的完善,应主要从制度的法律化、法律的明确化、程序的正当化、责任的妥当化和法律制度的体系化五个方面突破。制度的法律化要求加快突发事件应对法律的制定和修改工作，在推进《突发事件应对法》、《传染病防治法》等法律法规修改的同时，制定"突发公共卫生事件应对法"、"危险化学品安全法"、"自然灾害防治法"、"应急救援队伍管理法"、"国家综合性消防救援队伍和人员法"等法律，实现突发事件应对有"法"可依。法律的明确化要求在法律的制定修改过程中，要彻底改变以往的"宜粗不宜细"、"有争论就模糊处理"等立法思路和做法，提高立法的明确性、针对性和可操作性。程序的正当化要求按照正当程序的要求完善各类突发事件应对的程序。法律责任的妥当化要求在突发事件应对法律制度完善过程中，综合考虑突发事件法律法规、民法、刑法等法律规定的行政、民事和刑事法律责任，实现法律责任平衡妥当，既不过轻也不过严。法律制度的体系化要求在《突发事件应对法》这一基本法的统领下，实现突发事件应对法律制度的协调统一。与常态治理不同的是，突发事件应对中，应急预案具有重要地位，下面重点讨论国家应急预案体系的完善。

应急预案体系的完善，首先要健全国家应急预案。一方面，要尽快编制灾后恢复重建应急预案、重要基础设施和关键资源保护应急预案、个人信息保护应急预案等预案。另一方面，加快对既有国家应急预案进行修改。不少国家应急预案制定于10多年前，近些年来，我国的应急体制改革和制度变化不小，应急实践经验积累不少，有必要对国家应急预案进行适应性修改完善。其次，加快其他层级、类型应急预案的修改完善，在预案的科学性、针对性、可操作性、协调统一性等方面下功夫。

四、引导、规范基层组织和社会力量参与突发事件应对

基层组织和群众处在突发事件第一线，最容易发现可能诱发突发事件的信息，最有可能对突发事件第一时间作出反应，因而是整个突发事件处置过程中一支不容忽视的力量。"众人拾柴火焰高"，调动、发挥社会力量参与突发事件应对，是社会共治的应有之义。我国的基层组织和社会力量在

突发事件应对中的作用日益显现,但也暴露出了缺乏法律统一规范、实践应对不到位与越位并存、各种力量整合协同不够等诸多问题。对于基层组织和社会力量参与突发事件应对,还需要进一步引导、规范。

（一）基层组织参与突发事件应对的现状与问题

根据《纲要》规定,这里的"基层组织"包括乡镇（街道）组织和村（社区）的自治组织。从我国的应急制度建设和实践来看,越来越重视基层组织在突发事件应对中作用的发挥。

制度建设方面,《突发事件应对法》的多个条文涉及基层组织。第二十一条、第二十九条、第三十八条、第五十五条等条文分别围绕基层组织调处可能引起社会安全事件的矛盾纠纷,宣传普及应急知识和应急演练,建立专职或者兼职信息报告员制度,进行宣传动员、组织群众开展自救和互救、协助维护社会秩序等进行了规定。第五十七条还规定:"突发事件发生地的公民应当服从人民政府、居民委员会、村民委员会或者所属单位的指挥和安排,配合人民政府采取的应急处置措施,积极参加应急救援工作,协助维护社会秩序。"《安全生产法》明确要求乡镇人民政府和街道办事处制定相应的生产安全事故应急救援预案,协助人民政府有关部门或者按照授权依法履行生产安全事故应急救援工作职责。《传染病防治法》等其他法律也有涉及基层组织参与突发事件应对的相关规定。此外,2009年国务院办公厅印发《关于加强基层应急队伍建设的意见》,提出"深入推进街道、乡镇综合性应急救援队伍建设。街道、乡镇要充分发挥民兵、预备役人员、保安员、基层警务人员、医务人员等有相关救援专业知识和经验人员的作用,在防范和应对气象灾害、水旱灾害、地震灾害、地质灾害、森林草原火灾、生产安全事故、环境突发事件、群体性事件等方面发挥就近优势,在相关应急指挥机构组织下开展先期处置,组织群众自救互救","通过三年左右的努力,县级综合性应急救援队伍基本建成","乡镇、街道、企业等基层组织和单位应急救援队伍普遍建立"。

从实践来看,一些地方的基层组织成立了专门的应急管理机构,基层领导干部的应急意识和能力不断提高,基层组织在突发事件应对中的作用也越来越突出,这在新冠肺炎疫情的"群防群控"应对机制中体现得尤为明显。但在看到成绩的同时,也不能忽视存在的问题。概而言之,主要的问题有:

第一,基层组织及其领导干部突发事件应对意识,尤其是防范意识还不够高。不少基层领导干部缺乏忧患意识、危机意识,基层组织欠缺真正用得上的应急预案,平时总认为"小概率事件"不可能发生在自己的地盘上,等真发生突发事件需要应对时因"无备"或"准备不足"而慌了神、乱了方寸。甚至当发生重大突发事件造成重大伤亡时,还一味地谎报和隐瞒实情,"报喜不报忧"、"捂盖子"、"浮夸虚报"、"欺上瞒下"的现象时有发生。①

第二,应急管理体制机制不健全,不利于基层组织充分发挥作用。不少街道、乡镇至今尚未成立专门的应急管理机构,原来形成的分级、分灾种管理模式还没有实质性改变,存在监管的盲区。同时,村(社区)在突发事件应对中的职能定位不清晰,自治组织事实上行使了不少政府职能,一定程度上出现了职能错位和权责不清,不利于对基层组织突发事件应对行为的规范,也不利于权利遭受侵害一方行使救济权。

(二)社会力量参与突发事件应对的现状与问题

社会组织是公益性、志愿性、自治性组织。社会力量在突发事件应对中的重要作用不容忽视。如德国总人口8200万人,各类志愿者2300万人,从事各种类型灾难救援的志愿者就有180万人之多。我国社会组织发展迅速,在重大突发事件应对中,也有越来越多的社会力量参与其中。实践中的应急救援社会组织大致可分为专业类、服务类和综合类三类,应急志愿者主要是消防志愿者、地震志愿者和人防志愿者,影响力比较大的救援队有蓝天救援队、壹基金救援队等。浙江省温州市成立了"志愿者应急救援中心",对全市范围内的志愿者及其组织进行资源整合。

从制度建设来看,《突发事件应对法》第二十六条第二款规定:"县级以

---

① 参见杜建民:《重庆市基层组织应对突发事件的问题与对策》,《重庆科技学院学报(社会科学版)》2009年第12期。

上人民政府及其有关部门可以建立由成年志愿者组成的应急救援队伍。单位应当建立由本单位职工组成的专职或者兼职应急救援队伍。"《安全生产法》第七十九条规定："鼓励生产经营单位和其他社会力量建立应急救援队伍,配备相应的应急救援装备和物资,提高应急救援的专业化水平。"而在《突发事件应对法》出台之前,2006 年发布的《国家突发公共事件总体应急预案》明确要求"动员社会团体、企事业单位以及志愿者等各种社会力量参与应急救援工作"。同年出台的《国务院关于全面加强应急管理工作的意见》也要求"研究制订动员和鼓励志愿者参与应急救援工作的办法,加强对志愿者队伍的招募、组织和培训"。2009 年国务院办公厅印发的《关于加强基层应急队伍建设的意见》提出:"积极动员社会力量参与应急工作。通过多种渠道,努力提高基层应急队伍的社会化程度。……鼓励现有各类志愿者组织在工作范围内充实和加强应急志愿服务内容,为社会各界力量参与应急志愿服务提供渠道。有关专业应急管理部门要发挥各自优势,把具有相关专业知识和技能的志愿者纳入应急救援队伍。发挥共青团和红十字会作用,建立青年志愿者和红十字志愿者应急救援队伍,开展科普宣教和辅助救援工作。应急志愿者组建单位要建立志愿者信息库,并加强对志愿者的培训和管理。地方政府根据情况对志愿者队伍建设给予适当支持。"2017年国务院办公厅发布的《关于印发国家突发事件应急体系建设"十三五"规划的通知》明确指出要"加强社会协同应对能力建设。强化公众自防自治、群防群治、自救互救能力,支持引导社会力量规范有序参与应急救援行动,完善突发事件社会协同防范应对体系"。2019年《生产安全事故应急条例》规定:"国家鼓励和支持生产经营单位和其他社会力量建立提供社会化应急救援服务的应急救援队伍。"此外,广东、成都、温州等地还出台了专门的应急救援志愿者管理办法。

总体来看,我国在社会力量参与突发事件应对的制度建设和实践推动方面均取得了不小进展,但目前还存在很多不足,不能适应未来应对突发事件的需要。存在的主要问题有:

第一,制度供给不足,无法有效引导、规范社会力量参与突发事件应对。

《突发事件应对法》等法律有一些规定涉及社会力量参与突发事件应对,但比较原则模糊,且没有建立能够真正调动社会力量积极参与突发事件应对的基本制度。德国志愿者队伍的庞大与其完备的法律制度支持密不可分。德国法律规定所有适龄青年都要服兵役,不能服兵役的年轻人要参与6年的志愿者服务工作,青年人参加一定年限志愿者培训和服务可以免除服兵役;全员参与紧急救援的培训,参与者掌握一至两门救援技能;所有企业要保证志愿人员参加培训和救援活动的时间,如果培训和救援活动是在工作时间,志愿人员的工资由联邦或州政府支付;灾难救助的资金和救援费用由宣布受灾所在地的政府来承担,全国性的灾难则由联邦政府来承担。① 法国消防队员中志愿者约占80%,这得益于法国政府采取的一系列奖励措施,如以法律形式明确了国家对各级消防救援中心的资金保障规则,通过设立卫生安全委员会加强消防员健康保障,对志愿消防员事故伤害或患职业病给予特别抚恤。② 我国的社会组织立法还比较滞后,没有对社会组织进行统一立法,针对社会救援力量的专门立法层级较低,对社会力量从事包括应急救援在内的志愿服务还没有做出周到、稳定安排,没有相应的培训制度、损失补偿制度、保险保障制度、医疗救助制度等制度。

第二,公共安全意识和自救互救能力总体薄弱,社会力量参与应急的组织程度低,社会力量作用发挥有限。社会公众的公共安全意识不高,自救互救意识和能力都比较欠缺,过于依赖综合性或专业性救援队伍,自愿参与社会救援组织的动力不足,社会力量的组织化程度较低,社会化应急救援队伍的作用没有得到充分发挥。如从过去的传染病疫情防控实践看,社会救援力量在物资运送等方面发挥重要作用,但总体存在队伍稳定性不够、专业能力不强、装备配备不足等问题。

第三,协同应对机制有待健全。政府和社会组织间没有形成有效联动

---

① 参见陈安、夏保成主编:《应急管理知识体系指南》,中国科学技术出版社2017年版,第382—384页。

② 参见陈安、夏保成主编:《应急管理知识体系指南》,中国科学技术出版社2017年版,第392—394页。

机制,服务内容存在重叠和交叉,没有做到优势互补,全过程合作机制也未建立。各种突发事件应对组织和力量之间在应急预案编制、应急演练培训、应急处置配合等方面均未形成有效协同机制,社会救援有偿服务机制尚需完善。政府统一领导、社会参与联动、应急服务多元、处理快捷高效的应急救援队伍格局尚未形成。

(三)基层应急组织体系的完善和应急能力提升

2021年4月,中共中央、国务院发布了《关于加强基层治理体系和治理能力现代化建设的意见》,提出的主要目标包括"力争用5年左右时间……健全常态化管理和应急管理动态衔接的基层治理机制"。

《意见》明确提出,依法赋予乡镇(街道)综合管理权、统筹协调权和应急处置权。同时,对增强乡镇(街道)应急管理能力提出了明确要求,具体包括:强化乡镇(街道)属地责任和相应职权,构建多方参与的社会动员响应体系;健全基层应急管理组织体系,细化乡镇(街道)应急预案,做好风险研判、预警、应对等工作;建立统一指挥的应急管理队伍,加强应急物资储备保障;每年组织开展综合应急演练;市、县级政府要指导乡镇(街道)做好应急准备工作,强化应急状态下对乡镇(街道)人、财、物支持。

《意见》对增强村(社区)组织动员能力也提出了明确要求,具体包括:健全村(社区)"两委"班子成员联系群众机制,经常性开展入户走访;加强群防群治、联防联治机制建设,完善应急预案;在应急状态下,由村(社区)"两委"统筹调配本区域各类资源和力量,组织开展应急工作;改进网格化管理服务,依托村(社区)统一划分综合网格,明确网格管理服务事项。

《意见》还提出,各省(自治区、直辖市)要明确乡镇(街道)、村(社区)的办公、服务、活动、应急等功能面积标准,按照有关规定采取盘活现有资源或新建等方式,支持建设完善基层阵地。

总的来看,《意见》对完善基层应急组织体系和提升应急能力提出了明确要求,《突发事件应对法》、"突发公共卫生事件应对法"等法律法规的制定和修改,应急规章和应急预案等规范性文件的完善,要认真贯彻落实《意见》精神,处理好法治和自治的关系,借鉴其他国家的有益做法和经验,加快基层应急组织制度建设,完善基层组织应急预案,切实提高基层组织依法预防、应对突发事件能力。

(四)社会力量参与突发事件应对制度完善

《意见》提出,完善社会力量参与基层治理激励政策,创新社区与社会组织、社会工作者、社区志愿者、社会慈善资源的联动机制,支持建立乡镇(街道)购买社会工作服务机制和设立社区基金会等协作载体,吸纳社会力量参加基层应急救援。完善基层志愿服务制度,大力开展邻里互助服务和互动交流活动,更好满足群众需求。

未来社会力量参与突发事件应对制度的完善,应以贯彻落实《意见》精神为根本遵循,通过《突发事件应对法》修改或制定专门的法律,明确社会组织、慈善组织、社会工作者、志愿者等参与突发事件应对的法律地位及其权利义务,完善激励保障措施,尤其要完善社会应急力量备案登记、调用补偿、保险保障等制度,切实筑牢社会力量参与突发事件应对的制度基础。

具体讲,应主要建立以下有利于调动社会力量参与突发事件应对的基本制度:一是加大对应急救援社会组织的支持力度,提高社会力量参与突发事件应对的组织化程度。建议从资金补助、场地设施设备保障、专业化培训、应急演练等方面予以支持。二是建立专业力量和社会力量统一培训、统一演练、统一调度制度,逐步提高社会力量的突发事件应对能力,更好发挥社会力量作用。三是加大对社会应急救援人员的权利保障制度。一方面,强化对社会应急救援人员的人身权利保障。比如强制社会组织或企业为应急救援人员购买人身意外伤害保险,同时要求政府对应急救援社会组织或相关企业提供保险费补贴;建立社会应急救援人身伤害救助制度;增加应急救援设施设备投入,减少人身风险。另一方面,强化对社会应急救援人员的财产权利保障。比如明确社会救援人员参与应急培训、演练、救援期间的工资支付责任及政府补贴办法;规定社会救援人员因参加应急演练、救援而遭受财产损失的补助办法。

第 七 章

健全社会矛盾纠纷行政预防调处化解体系

　　随着我国经济社会发展进入转型期,社会矛盾争议多发。能否得以治理,已经成为评价国家治理体系和治理能力现代化程度的重要观测点,亦构成对法治政府建设水平的压力测试点。《法治政府建设实施纲要(2021—2025年)》第七部分明确提出"健全社会矛盾纠纷行政预防调处化解体系,不断促进社会公平正义",既强调要切实发挥行政机关化解争议的优势,持续优化社会矛盾纠纷化解争议的体系化格局,又凸显了对实现个案正义,不断促进社会公平正义的追求,对"十四五"时期着力解决在法治轨道上实现社会矛盾争议的预防调处化解明确了目标导向及路径选择。

一、促进社会矛盾纠纷的实质性化解

　　从近年来法治政府建设对社会矛盾纠纷治理的推进路径来看,《纲要》实际上是对2004年《全面推进依法行政实施纲要》提出的"积极探索高效、便捷和成本低廉的防范、化解社会矛盾的机制"、《法治政府建设实施纲要(2015—2020年)》提出的"依法有效化解社会矛盾纠纷"的延续和发展。对比三个纲要,2004年《纲要》旨在解决"高效、便捷和成本低廉"的多元纠纷化解机制的探索和发展问题;2015年《纲要》则要进一步解决纠纷体系的法治红线和功能发挥问题,强调"依法"、"有效";新《纲要》则突出强化了系统之治,旨在深层次解决社会矛盾纠纷治理体系的形塑问题,是对2004

年《纲要》和 2015 年《纲要》的优化和迭代升级，充分体现了"十四五"时期全力打造行政一体化矛盾纠纷预防调处化解体系并全面带动法治社会建设的基本追求。

随着全面依法治国的深入推进，实现社会矛盾纠纷的有效治理，已经成为能够直接检测法治政府和法治社会一体建设推进水平的重要标尺。2020年 12 月，中共中央印发《法治社会建设实施纲要（2020—2025 年）》，明确提出："全面提升社会治理法治化水平，依法维护社会秩序、解决社会问题、协调利益关系、推动社会事业发展，培育全社会办事依法、遇事找法、解决问题用法、化解矛盾靠法的法治环境，促进社会充满活力又和谐有序。"可见，法治社会建设中公民法治意识和法治素养水平将直接影响在法治轨道上纠纷化解治理体系的效能性以及人民对法治建设成效的满意度。习近平总书记指出，"我国有 14 亿人口，大大小小的事都要打官司，那必然不堪重负！要推动更多法治力量向引导和疏导端用力，完善预防性法律制度，坚持和发展新时代'枫桥经验'，完善社会矛盾纠纷多元预防调处化解综合机制"①。《纲要》明确提出："坚持将矛盾纠纷化解在萌芽状态、化解在基层，着力实现人民群众权益受到公平对待、尊严获得应有尊重，推动完善信访、调解、仲裁、行政裁决、行政复议、诉讼等社会矛盾纠纷多元预防调处化解综合机制。"一方面，《纲要》提出治理矛盾争议的最优方案，从成本效益分析的视角，提出"化解在萌芽状态、化解在基层"的实践导向；另一方面，《纲要》以整体政府的系统观为逻辑起点，从构建多元矛盾纠纷有效治理的法治体系为突破口，强调发挥信访、调解、仲裁、行政裁决、行政复议、诉讼等多种解纷机制的合力作用，既要解决对所有纠纷争议的全覆盖又能充分利用每一种解纷机制的优势，实现互补互洽的体系化格局打造。同时，《纲要》在《法治社会建设实施纲要》已经明确的"推进社会治理法治化"及"依法有效化解社会矛盾纠纷"的基础上，特别注重挖掘行政权全周期治理社会矛盾的彻

---

① 习近平：《坚定不移走中国特色社会主义法治道路　为全面建设社会主义现代化国家提供有力法治保障》，《求是》2021 年第 5 期。

底性与充分性的先天优势,专注于激活行政机关化解争议优势的维度,力图实现预防、调处、化解三种方式的一体推进。另外,矛盾争议被实质性化解这一结果导向的引入,构成与《纲要》所确立的人民满意的法治政府这一新目标的充分呼应。纠纷化解体系以实现个案正义为目标,旨在充分保障公民的参与权和发展权,这体现了以人民为中心的高质量法治政府建设的价值立场以及实质主义法治观的切实践行。

《纲要》提出健全社会矛盾纠纷行政预防调处化解体系,不断促进社会公平正义。理论上,就意味着要将行政机关化解争议的机制进行充分整合,形成统一的行政司法体系,集成式发挥行政权实质性化解争议的优势,实现诉源治理,解决在法治轨道上维权进而维稳之难题。实践中,探索"一级政府一个窗口对外"的预防和化解争议的法治体系,建立在法治轨道上通过行政机关打官司的"最多访一地",就应成为中国特色行政司法一体推进模式的最佳实践。

二、加强行政调解工作

《纲要》首先提出要"加强行政调解工作"。行政调解是行政机关依法对有关行政争议和民事纠纷,通过劝导、说服、教育等方式,促进当事人平等协商、互谅互让,自愿达成调解协议或者形成共识,从而化解争议和纠纷的活动。作为行政机关承担定分止争职能的履职方式之一,行政调解既体现了对我国传统"和合文化"中"天下无讼、以和为贵"的继承和发展,更是对当前"构建大调解体系"背景下切实发挥行政机关实质性化解争议优势的生动呈现。我国目前尚未进行专门、统一的行政调解立法,有关行政调解规定主要散见于党中央和国务院文件、单行法律、行政法规、地方性法规、部门规章、地方政府规章及相关行政规范性文件中。加强行政调解工作,需要全面推进行政调解的规范化、法治化,在"三调联动"的大调解体系中,充分促进行政调解制度优势转化为解纷效能。

（一）不断提升行政调解的优势效能

党中央和国务院历来重视行政调解工作，在系列纲领性文件中对行政调解定位、体制、范围等问题作出部署。2004年，党的十六届四中全会首次提出构建和谐社会；同年，国务院印发《全面推进依法行政实施纲要》规定，"充分发挥调解在解决社会矛盾中的作用"。2010年，国务院印发《关于加强法治政府建设的意见》，要求"要把行政调解作为地方各级人民政府和有关部门的重要职责，建立由地方各级人民政府负总责、政府法制机构牵头、各职能部门为主体的行政调解工作体制，充分发挥行政机关在化解行政争议和民事纠纷中的作用"。2015年《法治政府建设实施纲要（2015—2020年）》明确规定，要"健全行政调解制度，进一步明确行政调解范围，完善行政调解机制，规范行政调解程序"。2018年国家机构改革后，由政府法制机构和司法行政部门合并后的司法行政部门，作为行政调解工作的牵头单位，具体承担行政调解工作的推进职能。

充分利用行政机关行政管理的天然优势，是行政调解逐渐成为行政机关化解争议主要方式的逻辑基础。实践中，行政调解范围既涉及与行政管理密切相关的民事争议，也涉及行政争议。前者往往具有很强的专业性，行政管理机关基于政策认知和管理经验的优势，能够更快捷、精准找到引发争议的症结点，并借助于组织和调动资源的能动优势，促成双方最大限度的合意；后者因为产生在行政程序中，行政系统内的纠纷解决机制必然具有很强的灵活性和穿透力，行政机关往往更容易探寻到老百姓的真实诉求，并作出有效回应，从而实现高效化解行政争议的效果。根据现行法，行政争议的调解主要通过行政复议实现。本次《纲要》明确规定，"依法加强消费者权益保护、交通损害赔偿、治安管理、环境污染、社会保障、房屋土地征收、知识产权等方面的行政调解"，这些领域往往涉及民生问题，又与行政管理活动密不可分，有的还产生于行政管理程序中，甚至成因复杂，这就需要充分利用行政调解的优势，依法、及时、妥善促进矛盾纠纷的解决。基于依法行政的基本要求，目前实践中具体承担行政调解职责的行政机关，具体涉及公安、民政、规划和自然资源、环保、交通运输、市场监管、知识产权等部门。这些领域的争议往往在成因及案件量等方面具有明显的差异性，不同的行政机关基于必要性的考量，可以探索成立由本系统工作人员和相关领域专家组成的行政调解委员会，专门办理行政调解案件，以不断提升行政调解组织的专业性和适应力。

（二）切实推进行政调解的规范化和法治化

针对行政调解实践中存在规范依据零散甚至打架、调解范围随意性强、调解组织条件及其职责不清、调解程序欠缺、行政调解效力不明确、行政调解体制机制保障性差等问题，法治轨道上的行政调解绝不允许以"和稀泥"方式简单追求案结事了，而应当在查清事情、明晰责任的基础上，在不违反法治红线的前提下，促成争议双方权利义务关系归属的合意。基于此，全面推进行政调解工作应当重点解决以下四个方面问题：

1. 厘清行政调解范围

行政调解范围形式上涉及行政机关有关争议化解的权限边界，本质上涉及政府和社会的关系问题。鉴于行政调解本身并不具有强制力，且通过协议方式履行职责，一方面，能够设定行政调解的规范层级应当具有广泛性，包括法律、法规、规章和规范性文件均可以对行政调解方式作出规定；另一方面，从职责科学的角度，行政调解范围不应无限大，应限定为行政争议及与行政管理密切相关的民事争议，所谓"相关"应以适宜于行政机关调解的争议为标准。

2. 确立行政调解的基本原则

一是自愿原则。即充分尊重当事人的意愿，不得以强制方式要求当事人接受调解方式或调解结果。二是合法原则。即行政调解必须依法进行，且不得损害国家利益，不得侵犯公民、法人和其他组织的合法权益。三是平等公正原则。即争议双方法律地位平等，行政调解机关作为中立、超脱的第三方，不得偏私任何一方。四是优先原则。行政调解应当成为行政机关化解争议的基本方式，即行政机关在征得当事人同意的基础上，有权优先选用调解的方式解决矛盾纠纷。五是便捷灵活原则。行政调解机关应当从实际效果出发，采用简便、快捷、高效而又诚信、规范的方式方法促成和解。

3. 明确行政调解的程序和效力

建构尊重行政调解运行规律的程序规则，对行政调解的管辖、受理、证据、回避、时限、方式等方面作出具体规定，这构成行政调解在法治轨道上运行的根本前提。此外，行政调解的法律效力也直接影响其生命力。当事人自愿是调解工作的前提，如果有一方当事人不同意继续调解或者调解未果的，行政机关应当及时终止调解程序，引导当事人依法运用其他方式解决纠纷。如果双方当事人一致同意调解继续进行，并最终自愿达成调解协议的，就应当赋予其约束力。但约束力不同于强制力，若当事人在协议约定的履行期限内提出异议或者明确表示不履行，可就原有民事纠纷提起民事诉讼或者根据仲裁协议申请仲裁。要使行政调解结果具有强制力，可以在行政调解协议达成后，双方当事人向人民法院申请司法确认，经人民法院确认有效的行政调解协议书，与法院判决效力相同。对于行政复议调解书的法律效力，《行政复议法实施条例》明确规定："调解未达成协议或者调解书生效前一方反悔的，行政复议机关应当及时作出行政复议决定。"

4. 加强对行政调解工作的指导和保障

高质量行政调解工作，就需要切实加强行政调解组织和队伍建设，不断提升行政调解人员能力水平。有条件的地方可以通过试点方式，设立专门机构从事行政调解工作，增配专职人员，建立专职行政调解人员队伍；根据实际需要配备适当的兼职行政调解人员；在一些矛盾争议高发领域，可以适当吸收专家、律师或者特定社会人员参与组成行政调解委员会，对人员的选配和比例设定明确条件，确保纠纷解决的公正性。要切实加强上级行政机关对下级行政机关行政调解工作的指导，并切实发挥司法行政部门统筹推进行政调解工作的基本职责。全面推行行政调解权责清单制度，条件成熟的地方，可以考虑将行政调解成效纳入法治政府建设考评体系。行政调解专项经费应当纳入同级财政预算，为行政调解提供必要的经费保障。

（三）夯实"三调联动"的大调解体系

党的十八大以来，习近平总书记对行政调解工作高度重视，多次强调完善人民调解、行政调解、司法调解联动工作体系。党的十八大和十八届三中、四中全会以及党的十九届四中全会均对完善人民调解、行政调解、司法调解联动工作体系作出部署。理论上，行政调解、司法调解、人民调解优势各异，应当充分利用好三者分别在解纷专业性、权威性及民主性方面的突出优势，形成三者衔接配合互洽的调解大格局，实现"1+1+1>3"的集成式效能。实践中，地方因地制宜积极探索大调解体系，已经取得了丰硕的成果。比如浙江省通过成立矛调中心，实现了行政调解、司法调解、人民调解衔接顺畅的纠纷化解最多访一地的改革创新；吉林省人民政府与吉林省高级人民法院于 2020 年联合发布《关于建立府院联动机制的意见》，要求各级政府和人民法院联合建立"行政争议协调化解中心"，妥善化解行政争议，全省"行政争议协调化解中心"已全面建成；上海市司法局与市一中院、二中院、三中院建立了行政争议多元调解联合中心，对 3 家中级法院受理的行政诉讼开展诉前、诉中行政调解。北京市建立调解前置机制，引导当事人通过案前调解、和解化解争议，对进入复议程序的案件，适时开展调解工作，力争以调解方式结案，努力将行政争议化解在行政复议和行政裁决之前。随着行政调解试点的深入推行，积累地方实践经验，实现"三调联动"的大调解体系不断优化升级，能够为未来统一立法解决好"三位一体"大调解体系的法治保障夯实基础。

三、有序推进行政裁决工作

《纲要》要求"有序推进行政裁决工作"。行政裁决是行政机关根据当事人的申请，根据法律法规授权，居中对与行政管理活动密切相关的民事纠纷进行裁处的行为。我国尚未进行统一行政裁决立法，为全面推进行政裁决工作，切实发挥行政裁决化解民事争议的作用，党的十八大以来，党中央和国务院持续出台了有关行政裁决的纲领性文件。党的十八届四中全会《决定》提出："健全行政裁决制度，强化行政机关解决同行政管理活动密切相关的民事纠纷功能。"2015年《纲要》要求："有关行政机关要依法开展行政调解、行政裁决工作，及时有效化解矛盾纠纷。"为充分发挥行政裁决在化解社会矛盾纠纷、维护社会和谐稳定中的重要作用，2018年12月31日，中共中央办公厅和国务院办公厅联合发布了《关于健全行政裁决制度加强行政裁决工作的意见》，这对于各级行政机关全面推进行政裁决工作，确保行政机关在解决民事纠纷方面的重要使命得以充分发挥，明确了发展路径和行动指南。

（一）强化行政裁决化解民事纠纷的"分流阀"作用

与行政处罚、行政许可、行政强制等行政执法活动不同，行政裁决是行政机关解决民事争议的履职活动，具有行政司法属性，并具有以下三个方面特点：一是主体的行政性。裁决主体不是民间仲裁机构和受理民事诉讼案件的法院，而是法律法规明确授权具有裁决职能的行政机关。二是范围的特定性。裁决的受理范围是与行政管理活动密切相关的民事纠纷，目前主要集中在自然资源权属争议、知识产权侵权纠纷和补偿争议、政府采购活动争议等方面。三是结果的非终局性。当事人不服行政裁决的，可依法向法院提起诉讼，不同于民事仲裁的一裁终局、民事诉讼的两审终审。鉴于行政裁决具有成本低、专业性强、高效灵活的特点，具有能够促成纠纷矛盾快速有效解决的先天优势，应当成为我国多元纠纷化解体系的重要组成部分。

《纲要》明确要求："发挥行政裁决化解民事纠纷的'分流阀'作用，建立体系健全、渠道畅通、公正便捷、裁诉衔接的裁决机制。"一方面，我国有关行政裁决的规定主要散见于多部法律法规中，比如《土地管理法》、《森林法》、《草原法》、《矿产资源法》等法律规定了土地、林地、草原、矿区等自然资源权属民事纠纷的行政裁决事项，《商标法》、《专利法》、《植物新品种保护条例》、《中药品种保护条例》、《集成电路布图设计保护条例》等法律、行政法规对知识产权侵权纠纷和补偿争议的行政裁决事项作出了规定，《政府采购法》等法律对政府采购活动争议的裁决处理作出了规定。此外,部分地方也出台了有关行政裁决的专项制度,比如《山东省多元化解纠纷促进条例》等地方性法规就对行政裁决范围作出明确规定。另一方面,基于行政管理的发展和需要,与行政管理密切相关的民事争议亦应作出与时俱进的调整,可以从必要性和可行性出发稳步扩大裁决事项范围,同时要特别注重解决行政裁决的外循环问题,促进行政裁决与诉讼、调解等其他矛盾纠纷化解方式的衔接协调,并做到:

第一,建立行政裁决告知制度。对于能够通过行政裁决解决纠纷的,人民法院在登记立案前应当向当事人提供通过行政裁决化解纠纷的建议。人民调解委员会、律师、基层法律服务工作者等参与矛盾纠纷化解时,应当告知行政裁决渠道供当事人选择。

第二,健全行政裁决救济程序的衔接机制。当事人不服行政机关对民事纠纷作出的行政裁决的,在法定期限内,既可以以民事争议的对方当事人为被告提起民事诉讼,也可以对行政裁决行为提起行政诉讼,并申请法院一并解决相关民事争议。法律另有规定的,依照其规定。

第三,加强行政裁决调解工作。行政机关裁决民事纠纷应当先行调解,当事人经调解达成协议的,由行政机关制作调解协议书;调解不能达成协议的,行政机关应当及时作出裁决。

第四,搭建"一站式"纠纷解决服务平台。在自然资源权属、知识产权侵权和补偿、政府采购活动等行政裁决纠纷多发领域,行政机关、人民调解组织、行业调解组织、律师调解组织等可以整合资源,探索建立"一站式"纠纷解决服务平台,切实减轻人民群众在依法维权中的负担。

(二)全面推进行政裁决程序的规范化

目前有关行政裁决的法律规范侧重于实体维度,涉及程序内容较少,或者仅是作出原则性规定,这必然会制约行政裁决功能的发挥。建立科学、完备的行政裁决程序规则是推进行政裁决规范化的根本前提,应当在现行制度中有所体现。现行法律法规已经规定行政裁决职责的,国务院有关部门、省级政府应当参照民事诉讼法、行政诉讼法以及相关司法解释的规定，以规章的形式出台具体程序性规定，逐步完善符合本部门本地区实际的行政裁决程序。程序规则应当以平等、规范、简便、高效为原则，强调便于当事人依法提出行政裁决申请，保障当事人合法权益，具体涉及行政裁决的申请、受理、回避、证据、调解、审理、执行、期间和送达等方面。

（三）切实推行行政裁决清单制度

为不断提高行政裁决在人民群众中的认知度，确保行政机关依法积极行使行政裁决权，全面梳理行政裁决事项，明确行政裁决适用范围，切实推进行政裁决清单制度，非常必要。根据依法行政的基本要求，行政机关开展行政裁决工作要遵循职权法定原则，即只有法律法规授权行政机关可以进行行政裁决的，行政机关才有行政裁决的职权，并要将行政裁决事项纳入权力清单向社会公开。依法承担行政裁决职责的行政机关，在当事人提出申请后，应当切实履行职责，努力将民事纠纷化解在行政管理活动中，绝不允许敷衍塞责、推诿扯皮，坚决防止行政不作为、乱作为、慢作为。

（四）全面提升行政裁决能力，完善行政裁决法律制度建设和保障机制

依法承担行政裁决职责的行政机关，应当积极探索创新，逐步提高新时代行政裁决工作的适应性和灵活性。对专业性和技术性较强、与行政管理活动密切相关、由行政机关裁决更简便快捷的民事纠纷，国务院部门经国务院授权、各省级政府及其部门经本级人民代表大会常务委员会授权，可以在各自行政管理权限内，开展行政裁决制度试点，积极探索可复制可推广的做法和制度，为未来国家统一立法积累实践样本。

全面推进行政裁决工作，应当充分利用好数字时代的福音，大力推广现代信息技术在行政裁决工作中的运用，积极推进行政裁决在线立案、在线办理、信息共享、数据分析等，努力适应人民群众便捷、高效化解矛盾纠纷的需要。

承担行政裁决职责的行政机关应当将行政裁决工作纳入本部门普法规划、年度普法计划和普法责任清单。要注重运用政府网站、微博、微信等新媒体新技术,大力宣传行政裁决的优势特点、工作成效和典型案例,鼓励引导人民群众通过行政裁决解决有关民事纠纷。地方各级党委要充分发挥领导作用,承担行政裁决职责的行政机关要把健全行政裁决工作机制作为推进法治政府建设的重要抓手,纳入本地区本部门法治政府建设考核评价体系,并将行政裁决事项纳入权力清单向社会公布。要加强对行政裁决工作人员的业务培训和法律培训,充分发挥法律顾问和公职律师作用、建立专家库等方式,加强行政裁决工作队伍建设。各级行政机关在编制年度预算时,应当考虑行政裁决工作任务需求合理安排经费。

四、发挥行政复议化解行政争议主渠道作用

《纲要》明确要求"发挥行政复议化解行政争议主渠道作用"。2020 年 2 月召开的中央全面依法治国委员会第三次会议上,习近平总书记强调,要发挥行政复议公正高效、便民为民的制度优势和化解行政争议的主渠道作用。主渠道目标充分反映出行政复议所独具的政治功能,亦根植于当前全面攻坚法治政府建设的时代背景之中,本质上体现出行政复议通过在法治轨道上化解行政争议解决官民关系修复进而实现法治社会培育以及推进法治政府建设的独特功能。充分发挥行政复议化解行政争议主渠道功能,既是对行政复议制度和体制机制发展提出的时代需求,又对行政复议在行政争议化解体系中的重要地位提出了明确期待。

主渠道目标的实现应当立足于两个维度。首先,行政复议在整个多元纠纷化解体系中的地位。从我国现实国情看,主要关涉行政复议与行政诉讼以及信访有关化解行政争议的贡献度比较问题。主渠道的逻辑就要求行政复议应当能够吸收大量行政争议并体现为量化标准,即行政复议案件量应当数倍于行政诉讼案件量,且同时要大大超过信访案件量,行政复议应当成为行政争议进入行政诉讼的过滤器以及流入信访的分流阀。其次,行政

争议进入行政复议程序之后，能否得到实质性化解，满足老百姓的维权请求，是影响行政复议质效的关键。主渠道目标要求大量争议进入复议后又能终结于复议程序中，实现诉源治理，以"应收尽收、应调尽调、应改就改、应赔就赔"为宗旨。由此，从源头上解决主渠道目标导向下的行政复议体制机制制度的重塑再造，就应当成为实现行政复议良性发展的最优路径。

（一）行政复议体制改革全面推进且成效明显

2020年2月中央全面依法治国委员会第三次会议审议通过了《行政复议体制改革方案》，这意味着十八届三中全会《决定》中确立的行政复议改革任务的国家方案正式落地。本次行政复议体制改革的核心就是要解决原行政复议资源碎片化、行政复议职责过于分散、不利于就地就近实质性解决争议等问题，通过建立相对集中复议体制以强化行政复议化解行政争议的优势。根据改革方案，原来地方行政复议的"条块管辖"调整为以"'块块管辖'为原则、'条条管辖'为例外"的管辖模式，即原则上由县级以上地方人民政府统一设立行政复议机构集中管辖所属部门及其下级政府的复议案件，但实行垂直领导的行政机关、税务和国家安全机关除外，即只保留一个行政复议机关，由本级人民政府统一行使行政复议职责，县级以上地方人民政府统一管辖以本级人民政府派出机关、本级人民政府部门及其派出机构、下一级人民政府以及有关法律、法规授权的组织为被申请人的行政复议案件，并以本级人民政府名义作出行政复议决定，本级人民政府行政复议事项由司法行政部门依法办理。相应地，整合地方行政复议资源、全面落实复议改革的基本要求，就需要按照事编匹配、优化节约、按需调剂的原则深入推进行政复议体制改革。地方各级行政复议机关在推进改革过程中，应当在尊重行政复议运行规律基础上，结合地方实际情况，在2022年年底前基本形成公正权威、统一高效的行政复议体制。理论上，改革后的地方行政复议体制，应当在实现"一级政府一个窗口对外"，"办理案件同案同判"，"行政复议机构设置、人员配备与工作任务相适应"，"行政复议质效和公信力显著提升"等方面效果明显。

(二)行政复议规范化、专业化和信息化的一体推进

行政复议主渠道目标的实现是一项系统工程。行政复议自身的公信力和权威性构成老百姓是否愿意选择复议的根本出发点。当然,立法中确立复议前置制度可以成为最直接的强力引导,但如果行政复议未能利用自身优势实现实质性化解争议的目标,其"过滤器"的功能必然大打折扣。因此,必须同时启动对行政复议系统化的改造,从行政复议服务于全面依法治国的大局出发,统筹谋划、持续推进,以确保与《行政复议法》实施过程中有关的每一个环节均能顺畅规范,每一个个体按部就班。

《纲要》明确要求"全面推进行政复议规范化、专业化、信息化建设,不断提高办案质量和效率"。实践中,继 2008 年原国务院法制办启动复议试点改革之后,重组后的司法部已经开启了行政复议改革的 2.0 时代,其中行政复议的"三化"改革是核心内容。所谓"三化"改革,是指行政复议的规范化、信息化和专业化改革。这三项改革充分反映了行政复议未来发展的方向和进路,但应该各有侧重,一体推进。规范化应当侧重于强调行政复议审理流程的动态化、系统化,全部复议文书的格式化以及复议人员的专职化、办公场所和硬件设施(涉及登记受理以及办案场所、工作经费、办案设备等)的标准化。信息化应突出互联网时代中行政复议数字化和智能化的迭代升级,通过打造全国统一的行政复议平台,实现行政复议全国一张网,确保老百姓申请复议的便捷性以及行政复议办案的高质量,借助于人工智能、区块链等技术,探索复议流程重塑,实现个案正义目标。行政复议的专业化则突出行政复议人员的行业化以及打造高素质专职队伍的发展目标。理论上,专业化的终极追求就是职业化。《纲要》在加强依法行政能力部分,明确提出:"加强行政复议工作队伍专业化职业化建设,完善管理办法。加强行政复议能力建设,制定行政复议执业规范。"专业化职业化建设突出强调了主渠道目标导向下,提升行政复议人员专业能力和职业素养的迫切需求。基于行政复议自身运行规律,借鉴司法职业化改革成果,建立忠诚、专业、尽职、担当的中国特色行政复议官队伍,无疑应当成为未来推进行政复议职业

化发展的必由之路。职业化改革应涉及行政复议官的职责、义务和权利,条件和选用、晋升、任免等方面,同时考虑建立行政复议人员辅助制度,这对于从根本上提升行政复议人员的专业素养和职业伦理道德,夯实行政复议主渠道目标实现的人才基础保障,具有重要意义。

可见,"三化"改革既相互独立又互相助力。规范化作为法治化的细化和补充,是行政复议获得公信力的重要依托;信息化作为行政复议的硬件支撑,是强化权威性的关键补充;专业化是行政复议改革目标能够落地的软件保障。因此,我国行政复议的良性发展,"三化"改革的合力推进是重要保障。同时,"三化"改革能否落地也直接决定了行政复议主渠道目标实现的时间表。

(三)行政复议委员会的全面推行

《行政复议体制改革方案》明确要求,县级以上各级政府建立行政复议委员会,为重大、疑难、复杂的案件提供咨询意见。实际上,关于行政复议委员会的改革路径,我国早在2008年,当时的国务院法制办就发布了在地方开展行政复议委员会试点的方案。2008年以来,多个地方已经形成了因地制宜的行政复议委员会的改革模式。与2008年的试点改革方案不同,本次改革是复议委员会在地方的全面推行,以"地方上下一盘棋"为原则,要求地方政府普遍建立行政复议委员会。作为相对集中复议体制的配套改革方案,行政复议委员会旨在改变行政系统内民告官制度所存在的"自己当自己案件法官"的先天缺陷,通过引入律师、学者等外部力量参与组成行政复议委员会,消除"官官相护"之嫌,提升行政复议审理组织的中立性和超脱性。因此,在当前一级地方政府原则上只保留一个复议机关模式下,行政复议委员会组成是由政府主导,相关政府部门、专家学者参与。关于行政复议委员会委员的产生、聘期、议事规则、权利义务以及职业操守等具体问题还需要作出细化规定。为防止行政复议委员会形同虚设,要同时明确行政复议委员会决定的法律约束力,对于行政复议机关未采纳行政复议委员会复议决定结果的,应通过全程留痕、强化说理义务以及复议决定公开等方式进行监督。

(四)强化行政复议个案监督与倒逼依法行政的重要功能

从行政复议作为化解行政争议主渠道的应然逻辑来看,化解行政争议是成就主渠道的基础,这是由行政复议所具有的化解行政争议的基础性功能所决定的,主渠道是强调行政复议在化解争议方面所具有的天然优势和比较优势,这是行政监督功能充分作用的结果。我国从行政复议制度建立以来,行政监督作为行政复议制度的主导性功能,已经充分展现了行政复议在新时代法治建设中所能发挥的"杠杆"作用。实践中,作为末端行政争议解决机制,通过行政复议结果的大数据分析能够精准识别法治政府目标导向下的行政执法、行政决策与行政立法的痛点、难点和堵点问题,从而使行政复议发挥依法行政的"晴雨表"、法治政府建设的"助推器"、营商环境的"试金石"等作用。行政复议通过自我纠错、自我净化可以有效维护政府公信力,从而成为政府治理的"免疫系统"。

强化行政复议的个案监督功能,倒逼各级行政机关依法行政,既是多年来行政复议内涵式发展的天然逻辑,更是成就未来主渠道目标实现的不二选择。为切实发挥行政复议的监督功能,各级行政复议机关有必要做到:

第一,建立复议为支撑的行政监督体系。县级以上地方人民政府要建立运用行政复议倒逼依法行政、推进法治政府建设的监督机制。加强行政复议对行政行为所依据的规定的审查力度,及时纠正违反法律法规和国家政策,侵犯公民、法人和其他组织合法权益的规定;建立对行政复议决定及行政复议意见书、建议书执行情况的监督机制,确保行政复议决定100%履行;将行政复议工作开展情况作为法治政府建设的重要指标,按照《法治政府建设与责任落实督察工作规定》等有关要求,对工作不力、问题较多的部门或者下级政府,及时进行约谈、责令整改、通报批评。

第二,强化对违法行为的追究。行政复议案件情况能够全面反映出依法行政水平以及法治政府建设的短板和不足。各级行政复议机关要将行政复议案件结果作为提升惩治行政违法行为震慑性的重要抓手。县级以上地方人民政府行政复议机构应定期将行政复议工作情况向本级党委和政府报告,同时向下一级人民政府和本级人民政府部门通报。在办理涉及本级人民政府部门的案件时,应将行政复议决定同时抄告被申请人的上一级主管部门。行政复议机构认定行政行为违法,认为需要追究有关人员违纪违法责任的,应当同时将案件有关材料依法移送有关纪检监察机关,以达到"问责一个、警醒一片"的效果。

五、加强和规范行政应诉工作

《纲要》提出"加强和规范行政应诉工作"。鉴于行政诉讼是解决行政争议,保护公民、法人和其他组织合法权益,监督行政机关依法行使职权的重要法律制度,做好行政应诉工作构成行政机关的法定职责。《行政诉讼法》实施三十余年来,各级行政机关积极应诉,取得了一定成效,但消极对待行政应诉、干预人民法院受理和审理行政案件,执行人民法院生效裁判不到位、应诉能力不强等问题仍然存在。"立案难、审理难和执行难"的"三难问题"已经影响了行政诉讼功能作用的发挥,成为行政机关未能切实履行依法行政要求的痼疾。为了加强政府自身建设,支持人民法院依法开展行政审判工作,自觉接受司法监督,不断提高依法行政能力和水平,党的十八大以来,党中央和国务院持续发布了有关加强和规范行政应诉工作的文件。2014年,党的十八届四中全会《决定》提出"健全行政机关依法出庭应诉、支持法院受理行政案件、尊重并执行法院生效裁判的制度";2014年年底修改行政诉讼法,增加了"行政负责人出庭应诉制度";2016年,国务院办公厅印发《关于加强和改进行政应诉工作的意见》,规定了"被诉行政机关负责人要带头履行行政应诉职责,积极出庭应诉"。2018年,最高人民法院在其出台的关于适用《行政诉讼法》的司法解释中对行政负责人出庭制度进行了细化,2020年又专门出台《关于行政机关负责人出庭应诉若干问题的规定》。这些文件和法律规范及司法解释的出台,应当成为当前各级行政机关依法积极应诉的依据遵循。

（一）认真执行行政机关负责人出庭应诉制度

行政机关负责人出庭应诉制度是修订后行政诉讼法增加的制度，实为解决"告官见官"，通过参与庭审实现依法行政培训的"中药方"制度。行政机关负责人出庭应诉制度改变了原行政诉讼代理制度的基础逻辑，通过强制要求行政机关负责人出庭应诉，希冀通过借助关键少数的积极担当作为，促进行政争议的高效实质性化解。然而，修订后的行政诉讼法实施多年的大数据显示，行政机关负责人出庭应诉率总体不高，级别越高的负责人出庭应诉比率越低等情况，已经成为掣肘行政诉讼法实施成效的突出问题。根据行政诉讼法及相关司法解释，以及《关于加强和改进行政应诉工作的意见》，行政机关负责人出庭应诉制度的刚性要求主要体现为以下三个方面：

1. 出庭应诉负责人的范围

被诉行政机关负责人应当出庭应诉，是指被诉行政机关负责人依法应当在第一审、第二审、再审等诉讼程序中出庭参加诉讼，行使诉讼权利，履行诉讼义务。对于法律、法规、规章授权独立行使行政职权的行政机关内设机构、派出机构或者其他组织的负责人也应当出庭应诉。负责人，包括行政机关的正职、副职负责人、参与分管被诉行政行为实施工作的副职级别的负责人以及其他参与分管的负责人。被诉行政机关委托的组织或者下级行政机关的负责人，不能作为被诉行政机关负责人出庭。有共同被告的行政案件，可以由共同被告协商确定行政机关负责人出庭应诉；也可以由人民法院确定。对于同一审级需要多次开庭的同一案件，行政机关负责人到庭参加一次庭审的，一般可以认定其已经履行出庭应诉义务，但人民法院通知行政机关负责人再次出庭的除外。行政机关负责人在一个审理程序中出庭应诉，不免除其在其他审理程序出庭应诉的义务。

2. 应当出庭与可以出庭的差异化案件范围

行政负责人出庭应诉应当从实际出发，既严格要求行政机关依法履责，也要充分考虑行政管理实际。对于涉及食品药品安全、生态环境和资源保护、公共卫生安全等重大公共利益，社会高度关注或者可能引发群体性事件等的案件，行政机关负责人应出庭应诉。对于被诉行政行为涉及公民、法人或者其他组织重大人身、财产权益的，或行政公益诉讼，或被诉行政机关的上级机关规范性文件要求行政机关负责人出庭应诉的，行政机关负责人是否出庭应诉，取决于人民法院的通知。如果存在不可抗力、意外事件以及需要履行他人不能代替的公务等无法出庭的正当事由的，行政机关负责人可以不出庭，但应当委托相应的工作人员出庭，不得仅委托律师出庭，其中工作人员是指该行政机关具有国家行政编制身份的工作人员及其他依法履行公职的人员。

3. 负责人出庭的法定职责及其责任承担

行政机关负责人出庭后应当积极作为。行政机关负责人在庭审过程中应当就案件情况进行陈述、答辩、提交证据、辩论、发表最后意见，对所依据的规范性文件进行解释说明，行政机关负责人出庭应诉的，应当就实质性解决行政争议发表意见。如果出现以下五种情形：行政机关负责人未出庭应诉，且未说明理由或者理由不成立的；行政机关有正当理由申请延期开庭审理，人民法院准许后再次开庭审理时行政机关负责人仍未能出庭应诉，且无正当理由的；行政机关负责人和行政机关相应的工作人员均不出庭应诉的；行政机关负责人未经法庭许可中途退庭的；人民法院在庭审中要求行政机关负责人就有关问题进行解释或者说明，行政机关负责人拒绝解释或者说明，导致庭审无法进行的，人民法院有权向监察机关、被诉行政机关的上一级行政机关提出司法建议，相关负责人将因其违法违纪的情节、性质和危害后果等情况，受到法律制裁。

（二）支持法院依法受理和审理行政案件，切实履行生效裁判和司法建议

行政机关应当积极支持人民法院保障公民、法人和其他组织的起诉权，充分尊重人民法院依法登记立案，自觉接受人民法院通过行政诉讼对行政机关依法行使监督权，不得直接干预人民法院受理行政复议案件，不得借经济发展和社会稳定等名义，明示或暗示人民法院不得受理依法应当受理的行政案件,或者对依法应当判决败诉的行政案件不得作出败诉判决。行政诉讼案件一旦受理,被诉行政机关要严格按照行政诉讼法及司法解释规定,在法定期限内向人民法院提交答辩状,切实履行举证责任。要提高答辩质量,做到答辩形式规范,说理充分,逻辑自洽,提供证据全面、准确、及时,不得拒绝或者无正当理由迟延答辩举证。

被诉行政机关出庭应诉人员应当熟悉法律规定、了解案件事实和证据,积极配合人民法院查清案情,遵守法庭纪律,维护司法权威。对于人民法院开展调解工作的,要积极参与人民法院调解工作,在坚守依法行政的要求基础上,积极寻求与当事人合意的突破口,促进"案结事了",不得以欺骗、胁迫等非法手段使原告撤诉。

被诉行政机关应当依法切实履行人民法院生效判决、裁定和调解书。对人民法院作出的具有履行内容的行政判决书,要按照诉讼判决结果积极履行相应义务。对于人民法院作出的责令重做判决,除因原行政决定由于程序违法或法律适用问题被人民法院判决撤销的外,不得以同一事实和理由作出与原行政决定基本相同的行政决定。

(三)支持人民检察院开展行政诉讼监督和行政公益诉讼

我国宪法和人民检察院组织法明确赋予了人民检察院行使检察监督职能。行政诉讼法以及《人民检察院行政诉讼监督规则》等相关司法解释专门对人民检察院有关行政诉讼生效判决、裁定、调解书的监督职责作出了明确规定。为全面提升行政检察监督的质效,充分发挥人民检察院监督行政机关依法行政的使命担当,2021年6月,中共中央印发了《关于加强新时代检察机关法律监督工作的意见》,其中明确规定人民检察院在履行法律监督职责中发现行政机关违法行使职权或者不行使职权的,可以依照法律规定制发检察建议等督促其纠正;在履行法律监督职责中开展行政争议实质性化解工作,促进案结事了。实践中,对于人民检察院通过抗诉、检察建议等方式对行政诉讼实行的法律监督,行政机关应当积极配合支持。人民检察院启动行政诉讼监督程序后,行政机关负有配合审查的义务,需要参与听证的,应当积极出庭,并促进行政争议的实质性化解。对于人民检察院发现的违法履职行为,应当积极主动纠正,尽可能将违法危害后果降至最低。

《行政诉讼法》于 2017 年进行了修订,增加了行政公益诉讼制度,即"人民检察院在履行职责中发现生态环境和资源保护、食品药品安全、国有财产保护、国有土地使用权出让等领域负有监督管理职责的行政机关违法行使职权或者不作为,致使国家利益或者社会公共利益受到侵害的,应当向行政机关提出检察建议,督促其依法履行职责。行政机关不依法履行职责的,人民检察院依法向人民法院提起诉讼"。人民检察院通过提出检察建议或者提起行政公益诉讼的方式,是其法律监督职能在监督行政机关依法行政、推进法治政府建设维度的充分体现。作为法定义务,各级行政机关应当进一步增强参与行政公益诉讼接受司法监督的自觉性,充分尊重和配合检察机关依法开展公益诉讼工作,不断提升依法行政水平。

对于检察机关已立案的行政公益诉讼案件,需要行政机关配合调查核实的,行政机关应当积极配合。对于检察机关发出的诉前检察建议,行政机关应当对照检察建议全面自查,对于已经履行职责的,要及时向检察机关提供资料并说明情况;对于确属行政不作为或者违法行使职权的,应当在收到诉前检察建议书之日起两个月内依法履行职责或积极整改,并将履行职责或整改情况书面回复检察机关。对于出现国家利益或者社会公共利益损害继续扩大等紧急情形的,行政机关应当在法定期限内及时书面回复检察机关。

对于检察机关依法向人民法院提起诉讼的,被诉行政机关应当做好行政公益诉讼案件的应诉工作,认真答辩并在法定期限内依法举证,不得拒绝或者无正当理由延迟答辩举证。行政公益诉讼案件开庭,被诉行政机关负责人应当出庭应诉。人民法院裁判生效后,被诉行政机关应当依法主动履行。

（四）加强行政应诉能力建设和监督管理

做好行政应诉工作,必然要不断加强行政应诉人员的法律水平和业务能力。各级行政机关应当强化被诉行政行为承办机关或者机构的应诉责任,同时切实发挥法治工作机构或者负责法治工作的机构在行政应诉工作中的组织、协调、指导作用。各级行政机关应当加强行政应诉工作力量,合理安排工作人员,确保应诉工作力量与工作任务相适应。要建立行政应诉培训制度,积极开展培训活动,不断提升行政机关负责人、行政执法人员等相关人员的应诉能力。要严格按照《行政诉讼法》、《公职人员政务处分法》、《公务员法》、《领导干部干预司法活动、插手具体案件处理的记录、通报和责任追究规定》等规定,切实落实行政应诉责任追究,并将行政应诉情况、支持人民法院受理和审理案件情况、支持人民检察院开展行政诉讼监督和行政公益诉讼情况、执行法院判决和司法建议等情况纳入依法行政考核体系。要切实保障行政应诉工作经费、装备和其他必要的工作条件。

第 八 章

健全行政权力制约和监督体系

　　作为国家权力的重要组成部分,行政权力的行使始终坚持以人民为中心,旨在保障人民的权益,增加人民的福祉,满足人民的美好生活需要。然而,任何权力都是把双刃剑:用得好,能够造福老百姓;用得不好,就会对老百姓的权益造成损害。2014年1月,习近平总书记在第十八届中央纪律检查委员会第三次全体会议上讲话指出:"权力不论大小,只要不受制约和监督,都可能被滥用。要强化制约,合理分解权力,科学配置权力,不同性质的权力由不同部门、单位、个人行使,形成科学的权力结构和运行机制。"①为了避免行政权力被滥用,防止行政权力侵犯人民的权利,就要确保行政权力在法治的轨道上运行,确保行政机关依法行政。

　　依法行政,确保行政机关依法用权、用权为民,是全面推进依法治国的必然要求。依法行政,需要坚持有权必有责、用权受监督、违法必追究。首先,有权必有责是指法律在授予权力的同时,也赋予了责任。国家机关及其工作人员在行使权力的同时,要承担起相应的责任。如果只行使权力,而不承担相应的责任,那么权力就可能不受约束,可能被滥用。所以,享有权力必须承担责任。与此同时,如果只要求国家机关及其工作人员承担责任,却没有授予其权力,那么这份责任也是难以承担的。所以,权力和责任应当统一,权力和责任应当对等。其次,用权受监督是指国家机关及其工作人员行

---

① 《习近平关于全面依法治国论述摘编》,中央文献出版社2015年版,第59页。

使权力的过程要受到监督。这是因为权力的行使涉及公共事务,与国家利益、公共利益有关。行使权力的目的在于为人民服务。权力的行使并非一己之事,而是具有"公共"的属性。而且,权力可能被滥用。为了确保权力不被滥用,要让权力在阳光下运行,要接受监督。再次,违法必追究是指在监督权力的行使过程中,一旦发现国家机关及其公职人员有违反法律的情况,必须追究其法律责任。任何公职人员违反了法律都应当受到追究,任何人都不得有超越宪法和法律的特权。2012 年 12 月,习近平总书记在首都各界纪念现行宪法公布施行 30 周年大会上讲话强调:"全国各族人民、一切国家机关和武装力量、各政党和各社会团体、各企业事业组织,都必须以宪法为根本的活动准则,并且负有维护宪法尊严、保证宪法实施的职责。任何组织或者个人,都不得有超越宪法和法律的特权。一切违反宪法和法律的行为,都必须予以追究。"①依法追究公职人员的违法责任,才能确保权力依法行使。为此,《法治政府建设实施纲要(2021—2025 年)》第八部分明确要求:"坚持有权必有责、有责要担当、失责必追究,着力实现行政决策、执行、组织、监督既相互制约又相互协调,确保对行政权力制约和监督全覆盖、无缝隙,使党和人民赋予的权力始终用来为人民谋幸福。"

一、形成监督合力

对行政权力进行监督的方式是多样的,包括党内监督、人大监督、民主监督、行政监督、司法监督、群众监督、舆论监督等。不同类别的监督虽有区别,但并非毫无关联,比如群众的批评和举报、新闻媒体报道中反映的行政管理中存在的问题和行政机关公职人员的违法违纪行为,能为党内监督、行政监督等提供重要线索。对各类监督方式进行系统规划,实现不同监督之间的有效衔接、相互贯通,形成监督合力,提升监督效果,是健全行政权力制

---

① 习近平:《在首都各界纪念现行宪法公布施行 30 周年大会上的讲话》,人民出版社 2012 年版,第 6 页。

约和监督体系的重要内容。

（一）在全局中统筹规划行政权力制约和监督体系

行政权力是国家权力的重要部分,行政权力制约和监督体系是党和国家监督体系的组成部分。健全行政权力制约和监督体系需要将其纳入党和国家监督体系全局,进行系统谋划、统筹安排。为此,《纲要》指出:"坚持将行政权力制约和监督体系纳入党和国家监督体系全局统筹谋划,突出党内监督主导地位。推动党内监督与人大监督、民主监督、行政监督、司法监督、群众监督、舆论监督等各类监督有机贯通、相互协调。"

党的十八大以来,党中央坚持全面从严治党,坚持党和国家监督没有禁区、没有例外,强化权力的制约监督,对党和国家监督体系进行一系列改革。不断完善党内监督,制定修改相关党规党纪,进一步建章立制,增强党内监督的规范化、法治化,以党内监督带动促进其他监督。深化政治巡视,坚持发现问题、形成震慑不动摇,建立巡视巡察上下联动的监督网。深化党和国家监察体制改革,把行政监察部门、预防腐败机构和检察机关反腐败相关职责进行整合,把所有行使公权力人员纳入统一监督的范围,构建集中统一、权威高效的国家监察体系。

坚持将行政权力制约和监督体系纳入党和国家监督体系全局统筹谋划,首先要确保所有行使行政权力的人员都纳入国家监察的范围。行使行政权的所有人员,无论其是否具有公务员身份,无论其是哪一级别的工作人员,都应当受到监督。其次要将制约和监督覆盖行使行政权的全过程。行使行政权的整个过程——行政决策、执行、组织、监督都受到制约和监督。再次要突出党内监督的主导地位。这是党的执政地位决定的,是形成监督合力的前提和基础。全面落实从严治党主体责任,推进党风廉政建设;严格依据《中国共产党党内监督条例》、《中国共产党纪律处分条例》、《中国共产党巡视工作条例》、《中国共产党廉洁自律条例》等党内法规开展党内监督,强化自上而下的组织监督;坚持问题导向,充分发挥巡视巡察的政治监督作用,提升行政机关工作质效。最后要推动党内监督与人大监督、民主监督、行政监督、司法监督、群众监督、舆论监督等各类监督有机贯通。各类监督的主体不同，方式有别，各有侧重，需要建立重点领域和重大事项的信息平台，推进重要信息的共享，推动意见沟通协调，探索特定线索的移交机制，强化相互协调，促进互相联动。

（二）积极发挥行政机关内部监督作用

行政机关内部监督包括行政机关内部上级对下级、同级之间以及专设机构对其他机构的监督。与人大监督等外部监督相比，行政机关内部监督的针对性更强。因为国家促进经济发展、保障社会民生的功能越来越强，国际国内事务之间关联性不断增加，行政事务不仅范围越来越广，而且技术性专业性越来越强。对于技术性专业性非常强的行政事务，外部主体由于缺少相应的知识，难以判断行政机关的决策和执行是否完全符合法律的要求、是否是特定情境下的最优选择，也就难以进行有效的监督。

此外，为了更及时有效地应对不断变化的情境、更有力地保障人民群众的权益，法律时常授予行政机关自由裁量权。只要没有逾越法律设定的界限，行政机关有权自行决定是否作出以及如何作出行政行为。对于那些属于行政机关自由裁量的事项，外部主体需要尊重行政机关的决定。这是权力制约原则的必然要求。我国现行宪法对权力制约原则有明确的规定。宪法规定人民代表大会、人民政府、人民法院、人民检察院分别行使立法权、行政权、审判权和检察权，并且人民政府、人民法院、人民检察院对人民代表大会负责并报告工作。但是，人民代表大会行使监督权，却不能代替行政机关行使职权。其缘由为何？彭真同志早在1986年9月6日省、自治区、直辖市人大常委会负责同志工作会议上的讲话中，谈到了这个问题。彭真指出："我们讲监督，不要把应由国务院、法院、检察院管的事也拿过来。如果这样，就侵犯了国务院、法院、检察院的职权。而且第一我们管不了，第二也管不好。全国人大常委会组成人员有一百五十五人，其中担任过正、副部长，正、副省市长的有八十多位，还不算委员长、副委员长，这么多过去做党政工作的同志，如果按过去行政首长的习惯把政府应管的工作拿过来怎么行？

我们应当在宪法规定的人大常委会的职权范围内进行工作,这是一个界限,不用越俎代庖。全国和地方人大、人大常委会把法制方面的监督工作抓起来,就会大大地推动民主法制的建设。"①

基于此,强化行政机关内部监督对于确保依法行政而言至关重要。《纲要》强调:"积极发挥审计监督、财会监督、统计监督、执法监督、行政复议等监督作用。"

审计监督是维护国家经济安全,提升财政资金质效,推进依法行政,促进廉政建设的重要保障。充分发挥审计监督的作用,需要从三个方面着力。一是拓展审计监督广度和深度,推动审计对财政资金使用、管理的全过程监管,加大对重点民生资金和项目的审计力度,消除监督盲区。二是深化审计制度改革,创新审计理念,强化专业化审计干部队伍建设,加强审计信息化建设,调度社会审计力量。三是完善行政机关支持配合审计工作义务以及相应的法律责任,明确审计建议的法律效力,确保行政机关依法自觉接受审计监督、认真整改审计查出的问题、深入研究和采纳审计提出的建议。

财会监督是财政部门对行政机关的财政、财务、会计行为开展的各种监督活动。统计监督是统计部门对国家政策、计划执行情况的检查和监管。二者的侧重点虽有不同,但都有助于落实重大财税政策,提高财政资金使用的合规性和有效性,增强财经纪律,强化对行政权力的制约监督。积极发挥财会监督和统计监督的作用,需要健全相关法律法规,明确财会和统计监督部门的职责、监督范围和监督程序,实现对财政运行、计划制订执行事前事中事后的全过程、全方位、全口径的监督,强化对资金运行、计划执行的合规性和有效性的监管。

执法监督是县级以上人民政府对所属工作部门和下级人民政府行政执法活动实施的监督。行政复议是行政相对人提出申请之后,主管部门对行政行为的合法性和合理性进行审查的活动。行政复议机关通常是作出行政行为的行政机关的上一级机关。通常,行政复议和执法监督一样,都是上级

---

① 《彭真文选(一九四一——一九九〇年)》,人民出版社 1991 年版,第 563 页。

行政机关对下级行政机关的一种监督。下级服从上级是行政管理的基本原则,上级监督下级是该原则的应有之义。而且,与其他机关相比,上级行政机关更为熟悉、了解下级机关的行政管理事项,更适合对下级机关的行政行为是否具有合理性作出判断。因此,积极发挥执法监督、行政复议的作用,对于促进行政执法规范、提升依法行政质效而言至关重要。这需要不断健全执法监督和行政复议工作机制,明确监督部门的职责,完善相关程序,运用新技术不断创新执法监督方式。

(三)自觉接受纪检监察机关监督

《中国共产党纪律检查机关监督执纪工作规则》第六条规定:"党的纪律检查机关和国家监察机关是党和国家自我监督的专责机关,中央纪委和地方各级纪委贯彻党中央关于国家监察工作的决策部署,审议决定监委依法履职中的重要事项,把执纪和执法贯通起来,实现党内监督和国家监察的有机统一。"纪检监察机关的监督对于促进廉洁从政、确保依法行政而言尤为重要。自觉接受纪检监察机关监督是所有行使国家权力的工作人员的义务。为此,《纲要》要求:"自觉接受纪检监察机关监督,对行政机关公职人员违法行为严格追究法律责任,依规依法给予处分。"

自觉接受纪检监察机关的监督主要包括以下六个方面:一是自觉接受纪检监察机关开展的廉政教育,增强规矩意识和纪律意识,筑牢廉洁思想防线;二是自觉接受纪检监察机关对行政机关公职人员依法履职、秉公用权、廉洁从政从业以及道德操守情况的监督检查;三是自觉接受纪检监察机关对涉嫌贪污贿赂、滥用职权、玩忽职守、权力寻租、利益输送、徇私舞弊以及浪费国家资财等职务违法和职务犯罪的调查;四是自觉接受纪检监察机关对违法的公职人员依法作出的政务处分决定;五是自觉接受纪检监察机关对履行职责不力、失职失责领导人员的问责;六是自觉接受纪检监察机关提出的监察建议。

严格追究行政机关公职人员违法行为的法律责任,是全面推进依法治国的必然要求。任何人都不得有超越宪法和法律的特权。这是宪法法律明确规定的。《宪法》明确规定："一切国家机关和武装力量、各政党和各社会团体、各企业事业组织都必须遵守宪法和法律。一切违反宪法和法律的行为，必须予以追究。任何组织或者个人都不得有超越宪法和法律的特权。"对于违法的公职人员，纪检监察机关以及公职人员任免机关、单位应当按照管理权限，依法依规给予处分，包括党纪处分和政务处分。

（四）坚持严管和厚爱结合、激励和约束并重

追究法律责任是推进依法行政的重要抓手。但是，问责只是手段，负责才是目的。问责是为了有效约束权力，强化责任意识，激发担当精神。为此，《纲要》提出："坚持严管和厚爱结合、激励和约束并重，做到依规依纪依法严肃问责、规范问责、精准问责、慎重问责，既要防止问责不力，也要防止问责泛化、简单化。落实'三个区分开来'要求，建立健全担当作为的激励和保护机制，切实调动各级特别是基层政府工作人员的积极性，充分支持从实际出发担当作为、干事创业。"

坚持严管和厚爱结合、激励和约束并重，一方面有效制约权力滥用，确保用权为民；另一方面激发公职人员的干事热情，开创事业发展新局面。体谅、支持公职人员，支持他们的创新，关键时刻为他们遮风挡雨、说公道话，及时为他们澄清正名，严肃查处诬告陷害行为。在问责过程中，既要考虑违法行为的性质和影响，也要考虑公职人员的一贯表现，将问责和教育相结合。

坚持严管和厚爱结合、激励和约束并重，要依规依纪依法问责。这样能确保违法行为受到追究，确保非违法行为不受追究，保护公职人员的合法权益，在防止权力滥用的同时保障权力的有效行使。《公职人员政务处分法》第四条规定，给予公职人员政务处分，坚持法律面前一律平等。同时第六条还规定："公职人员依法履行职责受法律保护，非因法定事由、非经法定程序，不受政务处分。"追究违法的过程、对违法行为作出的处分决定本身也应当是合法的。除了确保问责规范，还要做到严肃问责、精准问责、慎重问责。比如，4分钟内因没能及时接听脱贫攻坚巡查组电话，扶贫干部被公开

通报"给予党内警告处分";扶贫手册中写错两个标点符号,被通报批评。①
这些简单化的问责会影响公职人员干事的积极性主动性,反而无助于提升
行政工作的质效。

坚持严管和厚爱结合、激励和约束并重,要落实"三个区分开来",即把
干部在推进改革中因缺乏经验、先行先试出现的失误和错误,同明知故犯的
违纪违法行为区分开来;把上级尚无明确限制的探索性试验中的失误和错
误,同上级明令禁止后依然我行我素的违纪违法行为区分开来;把为推动发
展的无意过失,同为谋取私利的违纪违法行为区分开来。根据具体情形,准
确判断公职人员行为的性质,在严肃追究责任的同时,有力保护公职人员的
干事热情。与此同时,还要建立健全担当作为的激励和保护机制,发挥考核
和用人导向的"指挥棒"作用,激励担当者,激发创新精神,支持干事创业。

二、加强和规范政府督查工作

政府督查是县级以上人民政府在法定职权范围内根据工作需要开展的
监督检查。不仅有助于强化政令畅通,确保行政高效,而且有助于推进廉政
建设,促进依法行政。提升政府督查工作的质效,促进行政权力规范运行,是
加强行政权力制约和监督的重要内容。基于此,《纲要》指出:"加强和规范政
府督查工作。县级以上政府依法组织开展政府督查工作,重点对党中央、国
务院重大决策部署落实情况、上级和本级政府重要工作部署落实情况、督查对
象法定职责履行情况、本级政府所属部门和下级政府的行政效能开展监督检
查,保障政令畅通,督促提高行政效能、推进廉政建设、健全行政监督制度。"

(一)保障政令畅通

把中国特色社会主义制度的优势转化为治理效能是国家治理体系和治

---

① 参见人民日报评论部:《"问责"也要"负责"——为基层减负,为实干撑腰》,《人民日报》
2019 年 4 月 1 日。

理能力现代化的努力方向。行政事务涉及面广，直接关系经济社会发展和民生保障，提高行政效能的重要性不言而喻。提升行政效能，需要保障政令畅通，做到令行禁止。令行禁止，才能政令畅通。政令畅通，政令被执行，才能发挥作用，否则，就是一张废纸。政令发挥作用，才能更好发挥政府作用，保障经济社会持续健康发展。因此，保障政令畅通是政府督查工作的重要目标。

政令可分为不同的层级，其中最为重要的是党中央、国务院的政令。习近平总书记多次强调党中央令行禁止的重要性，他指出："党中央提倡的坚决响应，党中央决定的坚决照办，党中央禁止的坚决杜绝，决不允许上有政策、下有对策，决不允许有令不行、有禁不止，决不允许在贯彻执行中央决策部署上打折扣。"①确保党中央、国务院的重大决策部署落到实处是维护党中央权威和集中统一领导的必然要求，是维护国家长久治安的必然要求，是维护改革发展稳定大局的必然要求。因此，政府督查工作的重点首先是对党中央、国务院重大决策部署落实情况开展监督检查。

除了党中央、国务院重大决策部署的落实情况，政府督查工作的重点还包括上级和本级政府重要工作部署落实情况、督查对象法定职责履行情况、本级政府所属部门和下级政府的行政效能。督查上级和本级政府重要工作部署落实情况，确保"最后一公里"落实到位，避免出现打折扣、搞变通。对督查对象法定职责履行情况进行检查监督，及时发现拒绝履行法定职责、拖延履行法定职责和不适当履行法定职责等问题，并推动有效解决。行政效能是更好发挥政府作用的关键，督查本级政府所属部门和下级政府的行政效能是政府督查工作的又一重点。通过督查，总结提升行政效能的经验，发现影响行政效能的因素，不断创新提高治理效能的方式方法。

（二）积极发挥政府督查的激励鞭策作用

《纲要》指出："积极发挥政府督查的激励鞭策作用，坚持奖惩并举，对

①《习近平谈治国理政》第二卷，外文出版社 2017 年版，第 143 页。

成效明显的按规定加大表扬和政策激励力度,对不作为乱作为的依规依法严肃问责。"

确保工作部署落实到位,提高政府治理效能,是政府督查工作的价值导向。要实现这一目标,需要发挥政府督查的激励鞭策作用,从正反两方面着力。一方面,对抓落实成效明显的地方和部门强化表扬和正向激励,宣传推广经验做法,增加激励措施的含金量,以督查激励勤政有为;另一方面,对有令不行、有禁不止,政策执行做选择、打折扣、搞变通以及不作为、乱作为的,依法依规提出批评或交有权机关追究责任,公开曝光典型案例。切实发挥政府督查抓落实、促发展的"利器"作用,广泛调动和激发各方面的积极性、主动性、创造性,推动形成干事创业、竞相发展的良好局面。积极探索加强政府效能建设,研究建立政府效能绩效考核制度。

(三)推动政府督查制度化

法定化、制度化是防止权力滥用,提升工作效能的重要保障。总结政府督查工作的长期经验,及时将这些成熟的经验以制度的形式加以定型,对于进一步推动法治政府建设、推进国家治理体系和治理能力现代化具有重要意义。为此,《纲要》提出:"进一步明确政府督查的职责、机构、程序和责任,增强政府督查工作的科学性、针对性、实效性。"

政府督查由县级以上人民政府开展。督查的形式包括综合督查、专项督查、事件调查、日常督办、线索核查等。组织实施由县级以上人民政府督查机构负责。县级以上人民政府也根据工作需要,可以派出督查组。县级以上人民政府所属部门只有经过本级人民政府的批准,才能开展政府督查,法律法规另有规定的除外。

政府督查工作应当遵守特定程序。一是启动督查。只有根据本级人民政府的决定或者本级人民政府行政首长在职权范围内作出的指令,才能启动督查,确定督查事项。未经本级人民政府或本级人民政府行政首长批准,不得自行开展政府督查。二是制定督查方案,明确督查内容、对象和范围。三是做好督查准备,包括严肃督查纪律,提前培训督查人员。四是严格执行督查方案,不得随意扩大督查范围、变更督查对象和内容,不得干预督查对象的正常工作,严禁重复督查、多头督查、越权督查。五是在督查工作结束后作出督查结论,并向督查对象反馈。六是核查整改情况,运用督查结论。

为增强政府督查工作的科学性、针对性、实效性,应当严格控制督查频次和时限,实行总量控制,尽量避免同一时间内对同一对象开展督查工作,切实减轻基层负担;不得以政府督查取代部门的日常监督检查,部门日常监督检查也不得随意冠以督查名义;政府督查要科学运用督查方式,坚持实事求是,真实客观反映情况,督查结论应当事实清楚、证据充分、客观公正;督查机构要督促督查对象按要求整改,根据督查结论或整改核查结果,提出对督查对象依法依规进行表扬、激励、批评或追究责任的建议。依法保障督查对象对与自身有关督查结论的知悉权,赋予督查对象申请复核的权利,即督查对象对督查结论有异议的,可以向作出该督查结论的人民政府申请复核,收到申请的人民政府应当作出复核决定。

三、加强对行政执法制约和监督

行政执法不仅是实现行政管理职能的重要方式,而且是实施法律法规的主要途径。强化行政执法的合法性是推进依法行政的关键环节。为此,《纲要》强调:"加强对行政执法制约和监督。"

(一)加强行政执法监督机制和能力建设

《纲要》指出:"加强行政执法监督机制和能力建设,充分发挥行政执法监督统筹协调、规范保障、督促指导作用,2024 年年底前基本建成省市县乡全覆盖的比较完善的行政执法协调监督工作体系。"

加强行政执法监督机制和能力建设,需要从五个方面着力。一是统一行政执法监督体制。明确监督主体、机构、职责,推进监督机构和队伍专门化,以提升监督的专业性、科学性。二是构建统一领导、条块结合、权责一致、高效运转的行政执法协调监督工作体系。明确不同行政执法领域的监督主体,促进不同监督主体的协同协作,推动不同监督主体的信息共享,形成监督合力。三是完善监督内容、监督措施、监督程序等相关规定。细化对行政执法主体和内容进行监督的规定,规范执法主体和执法人员管理,强化对行政执法内容的审核监督;明确监督的措施,细化调查取证的方式;明确监督启动、开展监督、监督处理的条件和要求。四是创新行政执法监督方式方法,探索日常监督、专项监督、个案监督的运用机制,推进行政执法和执法监督平台建设应用,运用科技化、信息化手段实现对行政执法的全过程监督,加强对执法数据的分析应用,及时发现行政执法的薄弱环节,提前做好风险防控。五是加强执法监督人员的法治教育培训,探索法治教育培训的标准化体系,强化法治思维,扩展法律知识,提升运用法治方式解决问题的能力。

(二)全面落实行政执法责任

落实行政执法责任,是实现对行政执法的有效制约和监督的关键。严格依法依规认定行政执法人员的法律责任,确保违法违纪者受到追究,避免责任追究流于形式,维护监督的权威性,同时确保未违法违纪者不受追究,避免责任追究过于泛化,削弱执法人员的工作热情,从而起到规范行政执法的过程、维护行政执法的公信力、提升行政执法效能的作用。《纲要》指出:"全面落实行政执法责任,严格按照权责事项清单分解执法职权、确定执法责任。"

全面落实行政执法责任,需要明晰不同行政执法主体的职权。职权明确,才能准确判断某一事项归哪个行政主体管,属不属于行政主体的法定职责;如果行政主体没有作出特定行政行为,是不是构成不作为,应不应该承担法律责任,承担什么法律责任;如果行政主体已经作出特定行政行为,那么是否有法律法规为据,事实是否清楚,证据是否充分。只有这样,才能确定行政执法主体是否应当承担法律责任、承担什么法律责任。而要明确行政执法主体的职权,就需要按照权责事项清单来分解执法职权。权责事项清单规定行政机关每个部门、每个岗位的职责与权限。依据权责事项清单,能够判断特定执法权属于哪个部门,由哪个岗位的公职人员来行使。一旦出现执法不作为或者乱作为,由哪个部门、哪个公职人员承担法律责任也就能够确定下来。据此,权责事项清单成为全面落实行政执法责任的重要准据,能否依法编制出科学界定职责、职权边界清晰、执法机构明确、执法人员确定的权责事项清单成为全面落实行政执法责任的关键。

（三）加强行政执法制度建设

"没有规矩,不成方圆。"确保行政执法合法合理,提高行政执法效能,离不开行政执法制度建设。《纲要》要求:"加强和完善行政执法案卷管理和评查、行政执法机关处理投诉举报、行政执法考核评议等制度建设。"

行政执法案卷管理和评查制度是对行政执法案卷进行整理、立卷和评议、检查、监督的相关制度。行政执法案卷是行政执法机关在行政许可、行政处罚、行政强制等行政执法活动中形成或收集的行政执法文书、证据等,经整理归档形成的卷宗材料。行政执法案卷管理,不仅要保证案卷的真实性,还要确保案卷完整。立卷归档的材料包括行政执法申请书、决定书、通知书、告知书、公告、听证通知书等文书,询问笔录、核查笔录、勘验笔录、鉴定书、视听资料等证据,审批表、收费凭据、送达回证等其他材料。为了保证行政执法案卷管理的效果,县级以上人民政府及其行政执法部门可进行行政执法案卷评查。评查的内容包括:执法决定认定的事实、证据;执法决定适用的法律依据;执法程序;执法主体资格、行政执法人员资格及其执法权限;行政执法全过程记录和重大执法决定法制审核的情况;自由裁量权的行使;执法文书的格式;执法文书的送达;执法决定的执行;案件结案后归档的情况;法律法规规章以及评查主体确定的其他事项。行政执法案卷评查前,需要制订评查工作方案,明确案卷评查的时间、范围、步骤和要求等;确定评查小组及其评查工作人员,并进行必要培训。评查之后,评查小组向评查主体提交评查小组报告;评查主体将审核后的评查小组报告反馈给评查对象。评查对象对评查小组报告有异议的,可向评查主体提出书面复核申请;评查主体应当进行复核,并将复核结果书面告知评查对象。

行政执法机关处理投诉举报制度旨在规范行政执法机关对行政相对人提出的投诉举报的受理、处理和监督行为。公民、法人或其他组织认为行政执法行为违法或者不当的，可以向县级以上人民政府司法行政或者行政执法部门提出投诉和举报。收到投诉举报的部门应当加以受理，除非该行为不属于行政执法行为，该行为涉及民事或刑事案件，投诉举报人已提起行政复议、行政诉讼、向监察委员会举报、向信访部门反映，相关部门已经受理或者已经作出处理决定的。收到投诉举报后，司法行政部门或者行政执法部门可以转交有管辖权的行政执法部门办理，并告知投诉举报人，也可以直接办理。办理投诉举报的部门应当确定不少于两名调查人员，对投诉举报事项进行调查，收集相关证据，并听取行政执法行为承办机构或者行政执法人员的陈述和申辩。调查的内容包括被投诉举报的部门是否依法履行法定职责、是否超越法定职权、违反法定程序，是否存在没有执法资格或持无效执法证件进行行政执法活动、行政执法人员执法时不依法出示执法证件的情形，违法事实认定是否清楚，处理结果是否公平等。调查结束之后，办理投诉举报的部门应当及时告知投诉举报人调查处理结果，并将有关材料按照档案有关规定及时整理归档。

行政执法评议考核制度是指县级以上人民政府对所属行政执法部门和下一级人民政府、行政执法部门对其内设机构和下属机构的行政执法工作进行检验和评议的一种监督制度。评议考核应当遵循公平、公开、公正的原则。评议考核的主要内容包括行政执法的主体资格是否符合规定；行政执法行为是否符合执法权限；行政执法程序是否合法；行政执法决定是否有法律依据；执法决定的内容是否合法、适当；行政执法决定的行政复议和行政诉讼情况；行政执法部门履行法定职责的情况；行政执法责任制及相关制度的建立落实情况；规范性文件制定、备案审查和清理情况等。评议考核既可以由内部机构开展，也可以委托具备条件且信誉良好的社会组织或者机构进行外部评议。评议考核结果应当作为有关机关奖励、惩处以及干部任免的重要依据。

（四）整治重点领域突出问题

行政执法特别是重点领域的行政执法不规范等直接影响人民群众的利益，极大损害政府形象。规范行政执法活动，对于维护政府的公信力，增强人民群众的幸福感和获得感至关重要。为此，《纲要》提出："大力整治重点领域行政执法不作为乱作为、执法不严格不规范不文明不透明等突出问题，围绕中心工作部署开展行政执法监督专项行动。严禁下达或者变相下达罚没指标，严禁将罚没收入同作出行政处罚的行政机关及其工作人员的考核、考评直接或者变相挂钩。建立并实施行政执法监督员制度。"

食品药品、公共卫生、自然资源、生态环境、安全生产、劳动保障、城市管理、交通运输、金融服务、教育培训等关系群众切身利益，这是整治行政执法不规范的重点领域。行政执法不规范主要表现为执法不公、执法不严、选择性执法、随意性执法、粗暴执法、过度执法和以罚代管等。针对上述突出问题，需要围绕中心工作部署开展行政执法监督专项活动。在安排部署阶段，结合本地区本部门行政执法中存在的突出问题，明确整治的范围、内容和要求，确定路线图和时间表，确保专项整治工作落地落实。同时，向社会公布监督举报电话、邮箱等，进一步了解群众最为关注的领域和问题。在自查整改阶段，全面梳理突出问题，列出问题清单，建立台账，逐一整改，并将整改情况向社会公布。在巩固提高阶段，认真总结经验，分析存在的问题和根源，建章立制，完善行政自由裁量标准，健全监督长效机制。

除了开展行政执法监督专项活动，还需要确立相应制度。为避免行政处罚变成行政机关的创收手段，避免行政机关公职人员为了创收而滥用行政处罚权，确保行政处罚的合法性合理性，严禁下达或者变相下达罚没指标，严禁将罚没收入同作出行政处罚的行政机关及其工作人员的考核、考评直接或者变相挂钩。为调动社会力量参与行政执法监督，拓宽监督渠道，建立并实施行政执法监督员制度。行政执法监督员的选聘既要考虑覆盖面，强化监督员的多元化，拓展监督触角，又要考虑专业性，关注监督员的监督热情和监督能力，提升监督质量。为提高行政执法监督员参与监督的质量，既要创新参与的形式,拓展监督的方式,又要加强参与监督的制度保障,建立健全"情况报告制度"、"定期会议制度"、"问题反馈制度"、"工作激励机制"等制度。

四、全面主动落实政务公开

阳光是最好的防腐剂。政务公开是政府向人民群众报告工作、接受人民群众监督的重要方式。全面主动落实政务公开,有助于强化公众监督,促进行政权力规范透明运行。

(一)坚持以不公开为例外

《纲要》指出:"坚持以公开为常态、不公开为例外,用政府更加公开透明赢得人民群众更多理解、信任和支持。"

为切实保护公民的知情权,保障公众有效行使监督权,政务公开坚持以公开为常态、不公开为例外。不公开的信息包括三类。第一类是依法确定为国家秘密的政府信息,法律、行政法规禁止公开的政府信息,公开后可能危及国家安全、公共安全、经济安全、社会稳定的政府信息。第二类是公开会对第三方合法权益造成损害的政府信息,即涉及商业秘密、个人隐私等公开会对第三方合法权益造成损害的政府信息,但是,第三方同意公开或者行政机关认为不公开会对公共利益造成重大影响的,予以公开。第三类是行政机关内部事务信息、过程性信息及行政执法案卷信息。由于行政机关内部事务信息不具有外部性,对公众的权利义务不产生直接影响,过程性信息处于讨论、研究或者审查过程中,不具有确定性,行政执法案卷信息与当事人、利害关系人之外的其他主体没有直接利害关系,且通常涉及相关主体的商业秘密和个人隐私。因此这三类信息可以不予公开,但法律、法规、规章规定上述信息应当公开的,从其规定。随着情势的变化,原本不公开的信息可能成为可以公开的信息。为了及时公开信息,行政机关应当建立健全政府信息管理动态调整机制,对本行政机关不予公开的政府信息进行定期评估审查，及时调整公开信息的具体范围。

（二）大力推进"五公开"

政务信息公开分为主动公开和依申请公开两种。主动公开是指无须行政相对人提出申请，行政机关主动公布相关政务信息。依申请公开是指行政相对人提出公开申请之后，行政机关依据法律法规进行审查，对符合公开条件的信息予以公开。为推进行政机关主动公开政务信息，《纲要》要求："大力推进决策、执行、管理、服务和结果公开，做到法定主动公开内容全部公开到位。"

重大行政决策涉及重要改革、重大政策实施、重点工程项目等，对人民群众的利益影响较大，因此其决策过程需要公开。除非依法应当保密，在决策前行政机关应当向社会公开决策依据、决策草案，通过召开听证会和座谈会、网上征集意见等多种方式听取公众意见，公布公众意见的采纳情况。作出决策之后，行政机关应当及时公开决策的内容。

执行公开要求行政机关主动公开的信息主要有三类：一是重要工作部署、重点改革任务、重大工程项目等的执行情况，包括执行措施、监督方式、执行效果等。二是执行过程中检查、督查、审计报告和整改落实情况。三是与执行相关的问责情况。

管理公开旨在推进行政管理更加透明、更加规范。推进管理公开，首先要公开权责事项清单，让公众知晓每一个行政机关、每一个行政岗位的职权、责任；其次要公开财政资金的分配使用情况，特别是重点项目、重大工程的资金使用情况；再次要公开重点领域的监管信息，包括卫生防疫、安全生产、食品药品、城市规划、土地使用、住房保障、国有资产等信息。

推进服务公开的要旨在于通过网络扩展政府的政务服务功能，因此需要将政务服务相关信息予以公布。一是政务服务事项信息，包括办事指南和办事流程，便于公众知晓如何申请政务服务。二是与行政审批相关的中介服务事项清单，包括服务内容、服务机构等。

推进结果公开旨在让公众了解政府主要工作取得的效果，以实际成绩取信于民。既要主动公开党中央和国务院重大决策部署的落实情况、上级和本级政府重要工作部署的落实情况、本部门履行法定职责情况,又要主动公开重点项目、重大工程的实施效果。

(三)提高政务公开能力和水平

经过多年努力,政务公开已经取得一定的成绩,但与人民群众的期盼还有距离。基于此,《纲要》指出:"加强公开制度化、标准化、信息化建设,提高政务公开能力和水平。全面提升政府信息公开申请办理工作质量,依法保障人民群众合理信息需求。鼓励开展政府开放日、网络问政等主题活动,增进与公众的互动交流。加快构建具有中国特色的公共企事业单位信息公开制度。"

政务公开的制度化、标准化、信息化建设是提高政务公开能力和水平的重要保障。推进政务公开的制度化,要完善不公开信息定期评估审查制度,及时扩展信息公开的范围;明确主动公开的主体和程序,确保及时公布与人民群众生命健康安全息息相关的信息;明确未主动公开的法律责任,为准确追责提供制度保障。推进政务公开的标准化,要进一步明确国家秘密的范围,确立认定政府信息是国家秘密的依据,设立判断公开政府信息可能危及国家安全、公共安全、经济安全、社会稳定或者对第三方合法权益造成损害的标准,细化不予公开的过程性信息和行政执法案卷信息的范围。推进政务公开信息化建设,要加强互联网政府信息公开平台建设,推进政府信息公开平台与政务服务平台融合,提高政府信息公开在线办理水平。

依申请公开是政务公开的重要方式。收到公民、法人或者其他组织提出的政府信息公开申请后,行政机关应当根据具体情况及时予以答复。所申请公开的信息已经主动公开的,告知申请人获取该政府信息的方式、途径;所申请公开的信息可以公开的,向申请人提供该政府信息,或者告知申请人获取该政府信息的方式、途径和时间;行政机关依据条例的规定决定不予公开的,告知申请人不予公开并说明理由;行政机关经检索没有所申请公开的信息的,告知申请人该政府信息不存在;所申请公开的信息不属于本行政机关负责公开的,告知申请人并说明理由,能够确定负责公开该政府信息的行政机关的,告知申请人该行政机关的名称、联系方式;行政机关已就申请人提出的政府信息公开申请作出答复,申请人重复申请公开相同政府信息的,告知申请人不予重复处理;所申请公开的信息属于工商、不动产登记资料等信息,有关法律、行政法规对信息的获取有特别规定的,告知申请人依照有关法律、行政法规的规定办理。

为提升政务公开的效果,增进政府与公众的互动交流,鼓励行政机关开展政府开放日、网络问政等主题活动。同时,行政机关要加强对教育、卫生健康、供水、供电、供气、供热、环境保护、公共交通等领域的公共企事业单位信息公开的指导,编制公开服务事项清单,推动公共企事业单位与公众的沟通交流,便于公众及时了解相关信息。

五、加快推进政务诚信建设

政务诚信建设是建设法治政府的必然要求,也是社会信用建设的重要基础。政府守信践诺,不仅有助于取信于民,增强政府的公信力,而且有助于发挥政府的表率作用,推动社会信用建设。

(一)健全政府守信践诺机制

《纲要》提出:"健全政府守信践诺机制。建立政务诚信监测治理机制,建立健全政务失信记录制度,将违约毁约、拖欠账款、拒不履行司法裁判等失信信息纳入全国信用信息共享平台并向社会公开。"

各级政府及其部门要严格兑现向社会及行政相对人依法作出的政策承诺,认真履行在招商引资、政府与社会资本合作等活动中与投资主体依法签订的各类合同,不得以政府换届、领导人员更替等理由违约毁约,因违约毁约侵犯合法权益的,要承担法律和经济责任。因国家利益、公共利益或者其他法定事由需要改变政府承诺和合同约定的,要严格依照法定权限和程序进行,并对企业和投资人因此而受到的财产损失依法予以补偿。对因政府违约等导致企业和公民财产权受到损害等情形,进一步完善赔偿、投诉和救济机制,畅通投诉和救济渠道。

将政务履约和守诺服务纳入政府绩效评价体系,探索建设政府诚信服务监测平台,建立政务失信记录档案。及时采集政府失信信息,汇总至全国信用信息共享平台,并依法公示。

(二)建立健全政府失信责任追究制度

《纲要》要求:"建立健全政府失信责任追究制度,加大失信惩戒力度,重点治理债务融资、政府采购、招标投标、招商引资等领域的政府失信行为。"

依规依纪依法追究失信政府机构相关人员责任。对出现违约毁约、拖欠账款、拒不履行司法裁判等失信问题的政府机构,加大调度力度,及时推动整改;需要追究法律责任的,移送有权机关处理。县级以上人民政府要加强失信政府机构的管理和监督,确保失信问题及时整治到位,确保失信责任落实追究到位。建立调度制度,开展专项治理,治理重点领域的政府失信行为。

第 九 章

健全法治政府建设科技保障体系

　　《法治政府建设实施纲要(2021—2025 年)》第九部分以"健全法治政府建设科技保障体系,全面建设数字法治政府"为题,对建设法治政府的科技保障措施作了全面和详细的部署,凸显了我国法治政府建设与时俱进和创新开拓的特色,并且明确提出建设"数字法治政府"的目标和理念。党的十九届五中全会强调,加强数字社会、数字政府建设,提升公共服务、社会治理等数字化智能化水平。正如《纲要》所陈述:"坚持运用互联网、大数据、人工智能等技术手段促进依法行政,着力实现政府治理信息化与法治化深度融合,优化革新政府治理流程和方式,大力提升法治政府建设数字化水平。"

一、全面建设数字法治政府

　　以专章对建设法治政府的科技保障体系作出规定,是《纲要》的"最闪亮"的亮点之一,在电子政务、数字政府建设中耳熟能详的一些表述在与法治建设有关的文件中出现却是耳目一新、意义重大。全面建设数字法治政府,以科技手段和应用作为法治政府建设的保障体系,包括以下三个要点。

　　第一,全面建设数字法治政府是强化科技保障体系的目标。本章的起点和重要内容是加强科技保障,而目的不是为了科技而科技,而是为了全面建设法治政府,按照《纲要》的提法"数字法治政府",将"数字政府"和"法治政府"合二为一,强调科技在建设法治政府中的保障作用,既是对法治政府建设保障措施的进一步明确,也是为科技正名。也就是说,科技是人类社会发展进步的动力和工具,但是科技的使用者仍然是人,人运用科技是有目标的。具体到政府治理体系和治理能力来讲,就是为了实现法治的理念、原则和精神而运用科技。无论是互联网,还是大数据、人工智能和区块链技术,技术手段的应用都是为了促进依法行政,提高治理能力和水平,推进法治政府建设。在这一点上,本章的标题也是与《纲要》对法治政府的定位相呼应的。《纲要》明确提出"全面建设职能科学、权责法定、执法严明、公开公正、智能高效、廉洁诚信、人民满意的法治政府",与2015年《纲要》提出的奋斗目标相比,不仅增加了提高人民群众满意度的要求,也明确增加了"智能高效"的要求,也就是"数字法治政府"。关于"数字法治政府",既包括职能科学、权责法定、执法严明、公开公正、廉洁诚信、人民满意,也包括智能高效。当然,科技主要是在智能高效上发挥作用,但是对执法严明、公开公正、廉洁诚信、人民满意等也是有积极的推动作用。比如执法记录仪的配备和使用,不仅是为了智能高效,也是为了确保执法更加公正、公平和公开,最终的目的是为了让人民满意。其他诸如政务信息共享平台建设、全国执法监督管理系统建设等,也都担负着法治政府的多重目标。

第二,数字法治政府建设的核心内容由本部分与《纲要》多部分内容相互呼应共同构成。关于科技保障与数字法治政府建设,是《纲要》的"重头戏"和闪光点,但是对这一主题的阐释,不仅在《纲要》的第九部分,从开篇到最后的各个部分都有所涉及。相比较而言,本章所介绍的正是对应到第九部分的内容,主要是信息化平台建设、政务数据共享和"互联网+监管"等内容,而"跨省通办"、"一网通办"和全国一体化政务服务平台等数字政府建设的部署则在审批制度改革相关内容中,对科技相关法律制度的立法研究、运用新媒体新技术拓宽公众参与是在立法和决策相关内容中,跨部门执法、行政执法与刑事司法衔接中的信息共享是在执法相关内容中,行政复议等信息化建设在纠纷解决相关内容中分别予以介绍。此外,关于执法装备配备和科技建设方面,在执法相关内容中还强调要合理安排投入,并专门提到强化科技、装备在行政执法中的应用。因此，需要注意的是，"数字法治政府"内涵丰富、内容全面，不是仅在本章中才有，在推进数字法治政府建设中，要将《纲要》的各部分内容予以综合考虑。当然，本章的三大内容是数字法治政府的重中之重，特别是政务信息平台和全国行政执法综合管理监督信息系统等是整个数字法治政府的基础，是其他版块的基石，也是未来五年推进数字政府建设的新方向和法治政府建设的试金石。

第三，数字法治政府建设需要科技保障体系与传统人财物和制度等保障协同发挥作用。对法治政府建设的保障，传统上集中在制度与人财物等保障上，此次《纲要》强调科技保障，并将科技运用的若干重点内容以专章的形式予以规定，是《纲要》的创新。不是说制度与人财物的保障不重要，而是在科学技术快速发展的新的历史背景下，在经济、社会都因科技发展而不断发展变化的现代社会，行政管理也在积极运用科技理念和科技手段更新与发展，法治政府建设也要与科技发展更加贴合，要更加全面、更加深入地推进科技在法治政府建设中的作用，为的是实现政府治理信息化与法治化深度融合，优化革新政府治理流程和方式。因此，2015年《纲要》中所部署的制度与人财物方面的保障、强化考核评价和督促检查等措施还应当继续并予以强化，《纲要》中在各部分所提到的多重保障也应当予以部署，并在此基础上更加重视科技的运用。

二、加快推进信息化平台建设

（一）政务全覆盖、广延伸

1. 网上政务全覆盖

我国电子政务建设经历了二十多年的努力，已经从最初的信息化建设进入移动互联互通的新阶段。从布局来看，基本上实现了各领域、各地区电子政务系统的上线和使用，为履行政府的经济调节、市场监管、社会管理、公共服务、生态环境保护等职能提供了面向社会和公众的平台，也为实现人民满意的政府提供了与时俱进的"窗口"。2019年《国务院关于在线政务服务的若干规定》,对国家加快建设全国一体化在线政务服务平台,推进各地区、各部门政务服务平台规范化、标准化、集约化建设和互联互通作出明确规定。截至2020年12月,我国互联网政务服务用户规模达8.43亿,较2020年3月增长1.50亿,占网民整体的85.3%。我国电子政务发展指数为0.7948,排名从2018年的第65位提升至第45位,取得历史新高,达到全球电子政务发展"非常高"的水平,其中在线服务指数由全球第34位跃升至第9位,迈入全球领先行列。[①] 一体化政务服务能力总体指数,在省级政府中上海、广东、浙江并列第一,在线服务成效度、在线办理成熟度、服务方式完备度、服务事项覆盖度、办事指南准确度等指数在全国名列前茅。[②] 从实践情况来看,全国不同地区和不同领域的信息化水平和数据的共享程度不一,从而造成各地公共服务水平参差不齐,人民群众对法治政府的观感和满意度也不同。如何通过技术手段拉平各地区各领域治理水平,推动法治政府建设,网上政务在国家层面予以统筹布局至关重要。

　　《纲要》要求各省(自治区、直辖市)统筹建成本地区各级互联、协同联动的政务服务平台,实现全覆盖。这也是落实《国务院关于在线政务服务的若干规定》的重要内容。网上政务"全覆盖"意味着:第一,近年来所倡导的"整体政府"的"客户端"覆盖到基层政务各事项,特别是从省(自治区、直辖市)到村(社区)提供网上政务服务事项。公路、电力、生活和饮用水、电话网、有线电视网、互联网等在村和社区也可以享受到同等的服务,被称为"村村通",现在网上政务延伸到村和社区也是"村村通",既是强化服务资源重心下沉,公共服务从城市到农村的均等化实现,也是政府履行职能惠及全体公民的体现。这在传统社会是无法实现的,但在现代科技的支撑下,网上政务的全覆盖将使党和国家的政策能够更加深入到人民群众中去,基层

---

① 参见 CNNIC 发布第 47 次《中国互联网络发展状况统计报告》,中国政府网,2021 年 2 月 3 日。

② 参见《省级政府和重点城市一体化政务服务能力(政务服务"好差评")调查评估报告 (2021)》,中共中央党校(国家行政学院)电子政务中心官网,2021 年 5 月 26 日。

政权更加稳固。2021 年,宁夏的 243 个乡镇(街道)全部设立了民生服务中心,2878 个行政村(社区)中,有 98%以上设立了民生服务代办点,村级代办员 2877 人,五级联动的政务服务体系更加稳固。一大批高频事项实现了"就近查"、"就近办",基本实现了村民办事"不出村"。① 第二,网上政务要实现跨层级、跨地域、跨部门、跨系统、跨业务的高效协同管理和服务。比如广东省全力推动政务服务"跨省通办、省内通办、跨境通办",在全国率先推出泛珠区域"跨省通办"服务专区。目前 16 个地市与泛珠九省区实现 3644 项高频事项线上线下多渠道跨省通办,并且初步建立起粤港澳大湾区身份认证、电子证照等信息资源共享互认机制,推进粤港澳"湾区通办"。第三,网上政务要实现与线下政务的融合。各地积极推进一体化在线政务服务平台建设,就是为了避免线上线下政务服务"两张皮"。截至 2020 年年底,全国一体化政务服务平台实名用户达 8.09 亿,一体化政务服务平台的认知度、体验感持续提升,企业群众办事便利度显著提升,办事渠道更加便捷,服务流程更加优化。未来更要加快信息化平台建设,推进网上政务向村(社区)下沉,推动跨层级、跨地域、跨部门、跨系统、跨业务的协同以及全国一体化政务服务平台的纵深发展。

2. 政务事项"掌上办"

截至 2020 年 12 月,中国网民规模达 9.89 亿,手机网民规模 9.86 亿,"近十亿网民构成了全球最大的数字社会"②。广大人民群众日常活动已经高度依赖手机,电子商务、线上医疗、线上教育等已经成为生活中的重要组成部分。政务服务实现移动化是满足人民对美好生活向往的具体方式之一,也是加快建设数字政府和法治政府的重要目标。政务事务从过去的互联网上办理到移动互联网,不仅仅是科学技术的进步和我国移动网民数量扩大的结果,其背后还蕴藏着法治国家和法治政府的深刻内涵。现代国家和政府与公民的关系是服务者与被服务者的关系,公民通过宪法和一系列

---

① 郝菁、耿德智:《线上办事"村村通"走一走政务服务在乡村的"最后一公里"》,新华社官方账号,2021 年 7 月 8 日。
② CNNIC 发布第 47 次《中国互联网络发展状况统计报告》,中国政府网,2021 年 2 月 3 日。

法律赋予政府代表国家行使公权力,政务服务是政府行使法定职责,通过以适应社会发展需要和公民权利保障要求的方式来提供政务服务,是政府依法正当履责的必然要求,也是国家和政府合法性与正当性的来源。

各地已经出现了"浙里办"、"粤省事"、"闽政通"、"豫事办"等移动服务。[①]"浙里办"提供的政务服务涉及高频事项的九成以上,汇聚 3600 余项服务事项、800 个便民惠企应用,办事动动指尖就完成。[②]"粤省事"截至 2021 年 5 月注册用户已突破 1.2 亿,已上线高频民生服务 1750 项,其中 1256 项服务实现了"零跑动",业务量累计超过 88.9 亿件。广东还推出"粤商通"、"粤政易"移动平台,形成"粤系列"移动政务服务品牌。比如,为每个市场主体打造唯一的"粤商码",企业信息由必须携带各种材料"多证检验",变为拿出手机"亮码可见","粤商通"注册用户超过 800 万,超六成市场主体选择该移动政务服务平台办事[③],这一数字还在继续扩大。《纲要》要求要加快推进政务服务向移动端延伸,实现更多政务服务事项"掌上办"。从法治政府所要求的公正、透明等要求来看,"掌上办"、"指尖办"等政务服务要更多向经济欠发达地区普及,加大对弱势群体、老年人的指导和帮助,向视力听力等障碍人群提供特殊的移动政务服务,还要保证掌上办理不是唯一的办理方式,线下政务服务模式需要对不方便和无法使用掌上服务的人群保留。

(二)新型智慧城市稳推进

1. 分级分类推进新型智慧城市建设,促进城市治理转型升级

2014 年 8 月,经国务院同意,国家发改委、工信部、科技部、公安部、财政部、国土部、住建部和交通部等八部委印发《关于促进智慧城市健康发展的指导意见》。该意见提出,到 2020 年,建成一批特色鲜明的智慧城市。我国已经

---

① 参见王蕊:《政务服务"掌上"办　让群众办事更便捷》,《软件和集成电路》2020 年第 6 期。

② 参见张浩呈:《"浙里办",什么都好办》,《浙江工人日报》2021 年 7 月 13 日。

③ 参见黄庆:《粤商通上线两周年,为超六成广东市场主体提供逾 1200 项惠企服务》,《广州日报》2021 年 8 月 20 日。

有 500 多个城市正在建设智慧城市，占到全球智慧城市建设的一半。① 各地在智慧城市的框架内，智慧交通、智慧城管、智慧环保、智慧社区、智慧工地等利用互联网、5G、大数据和人工智能等提升社会治理水平的具体应用和场景层出不穷。智慧城市在以往的推进中更多集中于信息化基础设施建设，缺乏通用概念、统一标准和统筹规划，使智慧城市建设的面貌千差万别，更多还是对技术的应用，对城市整体治理模式的转型和水平的提升还不够。因此《纲要》提出要分级分类推进新型城市建设，目标是城市治理转型升级。

一方面，智慧城市概念或者理念本身需要完善和升级，要以"新型智慧城市"来引领下一轮的数字政府和数字社会建设。实践中，一些城市已经在信息化基础设施建设上拓展和丰富智慧城市的规划和蓝图，以物联网、大数据、云计算、多媒体和 5G 为基础，运用人工智能、全球定位系统、地理信息系统、遥感、仿真—虚拟等技术为城市来构建"感知"、评估和决策乃至行动的系统，已经超越了单一领域或者仅是在信息互联层面的智能化，而瞄向更为超前的整个城市治理体系和效能的提升，旨在通过数字化、智能化的手段来处理、分析和管理整个城市，促进城市方方面面运行的通畅和协调。比如，2018 年《河北雄安新区规划纲要》中提出"坚持数字城市与现实城市同步规划、同步建设，适度超前布局智能基础设施，推动全域智能化应用服务实时可控，建立健全大数据资产管理体系，打造具有深度学习能力、全球领先的数字城市"，意图实现整个社会各方面数字化，同步实现产业数字化升级改造。② 杭州则从 2016 年开始提出"城市大脑"，2021 年 3 月出台《杭州城市大脑赋能城市治理促进条例》。③ 2018 年 1 月，上海提出要做强"城市

---

① 参见德勤：《超级智能城市 2.0：人工智能引领新风向》，2019 年。

② 参见陈宇：《数字城市的目标　智慧城市的新起点——数字孪生》，《中国建设报》2020 年 4 月 28 日。

③ 杭州城市大脑建设按照"531"部署安排："5"即"五个一"：打通"一张网"，一张确保数据无障碍流动的网；做大"一朵云"，将各类云资源连接在一起；汇聚"一个库"，形成城市级数据仓库；建设"一个中枢"，作为数据、各系统互通互联的核心层；建强"一个大脑"，在全市实施统一架构、一体化实施。"3"即"三个通"：第一个"通"是市、区、部门间互联互通；第二个"通"是中枢、系统、平台、场景互联互通；第三个"通"是政府与市场的互联互通。"1"即"一个新的城市基础设施"。

大脑"和"神经末梢",打造感知敏捷、互联互通、实时共享的"神经元"系统;深化智慧治理,以城市网格化综合管理信息平台为基础,构建城市综合管理信息平台,推进"城市大脑"建设。① 此外,海口、福州、北京、长沙、郑州、合肥、宁波、深圳、呼和浩特等城市也都开展了泛城市大脑建设,到 2021 年 3 月,已经有数百个城市宣布建设"城市大脑"。下一步智慧城市建设要根据不同地区的不同情况进行分级分类,进入精细化阶段,对标提高城市治理能力和法治化水平来开展工作。

另一方面,智慧城市建设要在法律框架中进行,通过法治思维和方法保证公正、公平、公开。智慧城市本身不仅仅是智慧管理,也就是说智慧城市不能仅仅为了政府管理城市而建设,其最终目标是为了给市民提供方便顺畅的城市生活体验,提高整个城市运行的效率和效能。为了保证智慧城市建设的方向不发生偏差,不因理念和目标认识不清而成为面子工程,不因各大互联网公司的介入而成为商业逐利的短期工程,不因领导换届而成为临时工程,智慧城市建设要在法律框架中进行,确保其公共利益的属性。重大规划和建设方案属于重大行政决策,应纳入法定程序,确保公众参与、专家论证、风险评估和集体决策以及法制审核等法定程序,相关建设和经营可以委托给具有资质和能力的不同性质的公司来负责,但要经历招投标程序并经法制审核等。如果说城市大脑是由中枢系统和城市神经元网络、城市云反射弧构成的,神经元网络和反射弧的建设要深入社区、小区等,那么神经元网络内的城市居民、城市管理者、城市服务人员、商业机构、政府机构、智能机器人、无人汽车、智能设备、摄像头、传感器、AI 数据处理系统、AI 安全系统等元素都应接入城市大脑体系,对应到城市每一个问题的反射弧的建设也要考察合法性与合理性等多重问题。② 如何确保公共资源的公平有效投入,也要通过法律程序来实现公众参与,听取各方意见。将智慧城市和城市大脑建设的过程本身作为实现社会主义民主的途径,在运营过程中更要

---

① 参见《贯彻落实〈中共上海市委、上海市人民政府关于加强本市城市管理精细化工作的实施意见〉三年行动计划(2018—2020 年)》。

② 参见刘锋:《城市大脑的起源、发展与趋势》,《学术前沿》2021 年第 9 期。

吸收民众的意见不断进行动态调整和升级,对标法治政府提出的智能高效和人民满意的目标来检验智慧城市和城市大脑的成果。城乡公共服务均等化也应当在智慧城市建设中予以考虑,从智慧城市到智慧城镇、智慧乡村,数字化建设应当从城市向乡村逐步铺开,设计政府监管和服务的路线图。

2. 统筹规划政府信息平台建设

国务院大力推进政务信息系统整合共享,到 2020 年 9 月,已经消除信息孤岛 3000 多个,系统集中度超过 70%,国家共享平台发布数据接口 1100 多个,提供查询核验服务超过 9 亿次,基本实现"网络通、数据通、业务通"。[①] 在建设智慧城市过程中,各个城市积极探索并大力投资基础设施建设,建设标准、技术标准和行业标准不同的建设和运营模式,有成功亦有失败;交通、安全生产、医疗、城管、环保等各个部门之间,无论是基础信息系统,还是软硬件接口规范、网络传输标准、数据交换标准等尚不能统一;而且未来不同城市的系统如何再连接也是难题。在"十四五"规划的起点,如何将分散的、孤立的各平台打通,让数据实现整合、统筹,并在此基础上应用,发掘数据的价值,朝实质性的智慧城市迈进,还需要省级层面乃至国家层面进一步加大统筹力度,因此《纲要》提出:"加强政府信息平台建设的统筹规划,优化整合各类数据、网络平台,防止重复建设。"下一步,要将要求落实为法律规范,从制度层面上予以规范,通过制度化方式确保政府信息平台的规范有序建设,为多平台的连接奠定基础,最终实现跨部门、跨行业、跨地区的互联互通。

(三)规范性文件统一查

规范性文件是行政机关所制定的具有普遍约束力的文件,是在行政法规、部门规章和地方政府规章以外的其他规范性文件,也称为"行政规范性文件"。由于规范性文件针对不特定多数人面向未来发生效力,因此往往比行政处理决定对公民、法人或者其他组织的影响更大,对其予以规范和约

① 参见《全面推进数字政府建设正当其时》,《经济参考报》2020 年 10 月 15 日。

束的必要性和紧迫性也更强。我国法治政府建设长期以来都将对规范性文件的管理作为重点任务之一,特别是 2014 年修订《行政诉讼法》时将规范性文件也正式纳入司法审查的范围,公民、法人或者其他组织对行政行为不服,可以一并要求审查行政行为所依据的规范性文件,从而建立起对规范性文件进行附带性司法审查的救济监督渠道。2018 年国务院办公厅《关于加强行政规范性文件制定和监督管理工作的通知》对规范性文件的制定程序作了详细规定,明确要求行政规范性文件必须严格依照法定程序制发,重要的行政规范性文件要严格执行评估论证、公开征求意见、合法性审核、集体审议决定、向社会公开发布等程序。要加强制发程序管理,健全工作机制,完善工作流程,确保制发工作规范有序。规范性文件经审议通过或批准后,由制定机关统一登记、统一编号、统一印发,并及时通过政府公报、政府网站、政务新媒体、报刊、广播、电视、公示栏等公开向社会发布,不得以内部文件形式印发执行,未经公布的行政规范性文件不得作为行政管理依据。湖南、山东、陕西、北京、上海等地也相继出台了一些针对规范性文件管理的办法,探索出一些有益的经验做法。从国家层面而言,正在将法律、行政法规和地方性法规乃至部门规章和地方政府规章纳入统一的查询系统,下一步就是对规范性文件的统一查询。"阳光是最好的防腐剂",公开是对行政权行使予以规范和监督的最有效方式之一。很多地方已经实现或者正在推进规范性文件"三统一"制度,即统一登记、统一编号、统一公布。《纲要》提出的要建设法规规章行政规范性文件统一公开查询平台是"三统一"的"进阶版",目标是两步走:第一步是中央层面的,要在 2022 年年底前实现现行有效的行政法规、部门规章、国务院及其部门行政规范性文件的统一公开查询;第二步是地方层面的,2023 年年底前各省(自治区、直辖市)实现本地区现行有效地方性法规、规章、行政规范性文件统一公开查询。对地方和各部门而言,首先是要明确规范性文件的范围,将所有针对不特定多数人的、具有普遍约束力的文件都纳入规范性文件管理范围,并通过自查和督查等方式确保应收尽收,没有遗漏;下一步要对规范性文件进行全面梳理和清理,对已经失效和不合时宜需要废止的规范性文件予以清理,对需要结合最新形势和实践发展进行修改的尽快修改，并将规范性文件统一编号，统一通过办公厅（室）予以发布，将地方或者部门规范性文件录入统一公开查询平台并予以公布。在此基础上，各部门和各地方还应当根据实际情况，在规范性文件起草和论证上下功夫，通过科学民主的程序，提高规范性文件本身的质量和水平，推动政府治理水平的持续提高。

三、加快推进政务数据有序共享

（一）政务数据共享待完善

数据是数字社会重要的资源，也是政府监管和治理的重要依据，各地都在大数据体系建设上持续投入多年。2016 年 9 月，国务院印发《关于加快推进"互联网+政务服务"工作的指导意见》，提出，各省（区、市）人民政府、国务院有关部门要依托政府门户网站，整合本地区本部门政务服务资源与数据，加快构建权威、便捷的一体化互联网政务服务平台，提供"一站式"服务，避免重复分散建设；已经单独建设的，应尽快与政府门户网站前端整合。国家政务服务平台 2019 年 5 月 31 日上线，由国务院办公厅主办，国务院办公厅电子政务办公室负责运行维护。截至 2021 年 1 月 31 日，国家政务服务平台总浏览量达 133 亿次，注册总数为 2.02 亿人，支撑市场主体注册用户 484.21 万人，访问用户数超过 10 亿人。平台累计提供证照服务 5.5 亿次。国家政务服务平台作为全国政务服务的总枢纽，重点发挥公共入口、公共通道、公共支撑三大作用，为全国各地区各部门政务服务平台提供统一身份认证、统一证照服务、统一事项服务、统一投诉建议、统一好差评、统一用户服务和统一搜索服务等"七个统一"服务，实现支撑一网通办、汇聚数据信息、实现交换共享、强化动态监管等四大功能，解决跨地区、跨部门、跨层级政务服务中信息难以共享、业务难以协同、基础支撑不足等突出问题。

国家政务服务平台是面向人民群众的服务端口，为其提供支撑和保障的还必须有国家政务大数据体系。国家政务大数据体系的建设工程浩大，还有诸多工作没有完成。一是政务数据的底数还不够清楚,准确性和全面性还有待加强,如何确保高频业务所需的各类数据都尽快从纸面上传到线上还需要财政和人力的投入。二是政务数据库的更新和维护也很重要,目前重建设轻运营的现象还比较普遍。需要扭转思维,将大数据体系运营作为日常工作来开展。三是政务大数据体系的"数据孤岛"问题还比较严重,纵向上不同部门的数据标准不同、数据不能兼容和共享的问题突出。人口基础数据特别是包含着居民居住地址、身份信息等重要内容的数据由公安部门管理,交通数据分属铁路、民航、公路、公交、出租车、网约车的不同企业和交通运输部门内不同机构管理,大健康和医疗数据分属卫健委、医保、疾控等部门管理,餐饮、商业等数据属市场监管、商业等部门管理,各种物资生产的相关数据属发改委、工信等部门管理,等等。政府内部数据共享的范围和程度还远远不够,成为整个政务服务平台效果不尽如人意的主要原因。四是政务大数据的分析和挖掘还不够。大数据体系建设说起来重要、做起来次要的现象在很多地方还存在,政务服务平台和大数据平台建设还停留在数据的收集、汇聚和存储,缺乏大数据意识和专业队伍来对大数据展开有价值的分析和挖掘,没有发挥出大数据治理的"威力"。《纲要》提出:"建立健全政务数据共享协调机制,进一步明确政务数据提供、使用、管理等各相关方的权利和责任,推动数据共享和业务协同,形成高效运行的工作机制,构建全国一体化政务大数据体系,加强政务信息系统优化整合。"在全国层面构建一体化政务大数据体系,可以更好地确定大数据利用的方向和方法,也能够更好地提高国家治理体系和治理能力的现代化水平。

(二)电子证照统一认定使用

电子证照包括身份认证、电子印章、电子证照等具有法律效力和行政效力的专业性、凭证类电子文件,不仅是企业和广大人民群众日常活动和开展经营等活动的重要凭证,也是进一步提升政府电子政务运行效率的基础数据。

《国务院关于加快推进"互联网+政务服务"工作的指导意见》《推进"互联网+政务服务"开展信息惠民试点实施方案重点任务分工的通知》等文件对电子证照统一认定使用有明确要求。2018年11月16日,电子证照的6项国家标准正式发布,并于2019年1月1日起实施。① 广东、河南、湖北和长三角等地已经出台各自的电子证照管理办法,在本区域或者跨区域推进电子证照的统一认定使用,公民的身份证、户口本、驾驶证、行驶证、出入境证件、残疾人证、出生证和居住证等多种类型的证照实现电子化,以移动互联网和人脸识别等为基础,减少了身份验证的时间,大大提升了包括行政许可、行政确认、行政给付等多种行政活动的效率,也对多地营商环境的进一步优化创造了基础性条件。很多地方已经能做到线上申请企业法人的营业执照、经营许可证、备案凭证等;还有一些地方,企业通过电子证照小程序来申领劳务派遣经营许可证、医疗机构执业许可证等。上海市和温州市实行了电子营业执照与食品经营许可证的联展联用;上海等地还在推进公民出生"一件事"②,不断创新公共服务,方便老百姓。但是在更大区域内,特别是全国范围内还没有实现电子证照的普及,一些常用的证照比如出生医学证明、社区预防接种证、公安户口登记、医保参保登记、社保卡申领等也尚未完全实现线上认证。就电子印章而言,早在2005年颁布的《电子签名法》就已明确规定电子签名、电子印章和手写签名、实体盖章具有同等的法律效力。公安部配合国务院办公厅电子政务办公室推进全国一体化在线政务服务平台建设,负责开发和建设"全国电子印章管理与服务平台"。北京、上海等地出台地方电子印章系统建设的规范性文件。但在电子印章的推进中,各地水平不一。经济发达省份或者说城市已经实现各类法人电子

---

① 包括《电子证照　总体技术架构》《电子证照　目录信息规范》《电子证照　元数据规范》《电子证照　标识规范》《电子证照　文件技术要求》《电子证照　共享服务接口规范》。

② 具体事项包括婴儿《出生医学证明》签发、《预防接种证》发放、出生登记、《社会保障卡》申领、城乡居民基本医疗保险参保登记、《门急诊就医记录册》申领和城乡居民基本医疗保险缴费,以及产妇《生育医学证明(生产专用)》出具、享受生育保险待遇计划生育情况审核、生育保险待遇申领等10项。

印章和个人电子签名的统一制作与管理,并且在企事业单位和社会组织办理涉税事项、就业参保、公积金等重点高频服务领域以及数字版权保护、物品防伪、产品溯源、电子发票等行业领域使用电子印章。这为切实转变政府职能、深化简政放权、从事前监管向事中事后监管转变奠定重要的数据基础。因此,《纲要》明确提出,要"加快推进身份认证、电子印章、电子证照等统一认定使用,优化政务服务流程"。

(三)行政活动"智能化"

1. 大数据辅助行政活动

行政活动应当越来越智能化,途径之一就是利用大数据。我国在抗击新冠肺炎疫情中所取得成功经验之一就是充分发挥移动互联网、5G、人工智能和大数据方面的优势,运用数据治理的思路和方法。2020 年新冠肺炎疫情暴发后,各地最初所采取的防控措施还是通过网格化管理向基层投入大量人力物力,将大多数人的活动范围控制在最小限度内,对已经有疫情出现的小区乃至社区采取禁止出入制度。通过最为原始的入门到户、追踪到人、登记在册、上门观察等拉网式全覆盖大排查来摸清人口底数、追踪人员流动轨迹,通过在高速公路收费站设置疫情监测和劝返点来阻断人员流动。此后各地充分运用大数据来辅助行政活动,实现了社会治理的飞跃。全国一体化政务服务平台推出"防疫健康码",累计申领近 9 亿人,使用次数超过 400 亿人次,支撑全国绝大部分地区实现"一码通行",大数据在疫情防控和复工复产中作用凸显。[①] 具体来讲,一是在疫情跟踪方面。通信大数据行程卡依托通信大数据的行程轨迹追踪功能,免费为国内手机用户查询近 14 天内行程轨迹,既可实现重点人员追踪、属地网格化管理、跨境疫情输入监测等功能,也可作为个人行程证明,在复工复产、社区管理等场景应用,

---

① 参见 CNNIC 发布第 47 次《中国互联网络发展状况统计报告》,中国政府网,2021 年 2 月 3 日。

为疫情防控、复工复产、道路通行、出入境等方面提供技术支撑。① 多个新冠肺炎同乘信息查询应用上线,可查询与新型肺炎确诊患者同行的火车、飞机和地铁的信息,并可订阅提醒业务,在日后出现确诊病例后收到提醒信息,实现早隔离、早就医的目的。政府工作人员和公众也主动地、具有创造性地开发出一些应用和小程序的使用场景,比如在列车上给本车厢乘客建微信群,便于日后追踪各自健康状况并预警,为小区居民发放 app 验证码方便进出和登记,通过小程序在微信中打卡实现对学校师生、小区居民日常健康状况的追踪等。二是在疫情监测方面,人工智能技术比如人脸识别、红外温度测试在地铁、铁路和民航等公共场所使用。这些技术的应用既能准确追踪个体行动轨迹,又能减少人员聚集和接触。三是人工智能和大数据技术在病毒群体检测、医疗防护、智能诊断、疫情分析与发布等方面都发挥了积极作用。

运用大数据来辅助行政管理在疫情防控中取得突出成效,在其他行政管理活动中也得到广泛应用。《纲要》要求加强对大数据的分析、挖掘、处理和应用,善于运用大数据辅助行政决策、行政立法、行政执法工作。行政活动智能化,更多地运用大数据算法还需要注意的是:第一,大数据本身是对社会生活的真实反映,哪些大数据纳入汇总和分析过程是需要进行评估和考量的,要避免由于数据失真而导致的分析结论错误。第二,人工智能的算法所考量因素的范围和具体哪些因素,对分析结果也有重大影响,要避免由于算法本身不合理而导致的歧视。第三,之所以强调是大数据辅助行政活动,是因为科技手段归根到底是政府管理中所运用的工具和方法,对于行政决策、行政立法和行政执法而言,不能简单地将核心任务交给自动化设备或者人工智能系统,还是应当由有法律明确授权的行政机关及其工作人员来完成决策、决定的任务,大数据更多是在分析和解决问题过程中作为新的决策依据之一,而非唯一依据。

---

① 参见杨媛、李强治、张春飞:《数字政府建设的多元探索和制度创新》,载中国信息通信研究院政策与经济研究所:《数字时代治理现代化研究报告(2021)》。

2. 为新技术运用于行政管理建章立制

新技术运用为经济社会发展和政府管理插上了新的翅膀，在规范新技术运用方面，我国已经构建起基本的法律框架，包括《网络安全法》、《数据安全法》、《个人信息保护法》、《互联网信息服务管理办法》等法律、行政法规。此外还有关于互联网 app、内容管理等方面的多个规章和规范性文件。2021 年 8 月国家网信办起草的《互联网信息服务算法推荐管理规定（征求意见稿）》向社会公开征求意见，该规定对算法推荐服务的义务作了规定。就行政管理而言，也有诸多关于线上政务、数据共享和开放、电子签章等的多层次的法律规范。这些规定为行政管理活动保驾护航，确立了行政管理运用新技术的法律底线，也从制度层面规划了路线图和时间表。但是，科学技术发展日新月异，具体应用也在不断变化，制度规则要适应现实变化而进行更新调整，因此，《纲要》增加了以往在法治政府建设中没有的内容，即明确提出要建立健全运用互联网、大数据、人工智能等技术手段进行行政管理的制度规则。应当说，这标志着法律规则制度供给的方向从面向经济社会和民众更多向规范行政权转变，这也充分体现了现代行政法的精神和要义，即行政权依法合理行使是现代政府的必然要求，在这一点上数字政府与法治政府建设的目标是一致的。

（四）公共数据的开放共享

政府建立统一的政务服务平台、统一的政务数据平台，对提高政府治理能力，向社会提供高质高效的公共服务至关重要。在大数据时代，更为重要的是，将公共数据向社会开放共享，推动数字经济和数字社会的转型升级，也为各行业的数字化和相关大数据产业的繁荣发展创造基础条件。如果公共数据仅储存在政府系统中，不能向社会开放共享，所谓大数据时代的数据就是片面孤立的。公共数据应当开放共享，一是因为公共数据原本就属于社会所共有，不是政府或履行公共职责的机构所有的，不应当只由收集和保存公共数据的机构所把持。二是大数据时代，数据之所以被称为"石油"，是因为大数据应用是以数据为基础的。地方政府过去招商引资、发展地方经济的方法主要是在土地和税收等上提供优惠，在新的科学技术层出不穷的背景下，地方政府更多应当通过制度设计为企业提供公平公正的营商环境，依法合理地将公共数据开放共享是招商引资、发展地方大数据产业更为有效的方法。近年来，贵州、上海、浙江、天津等多地出台政务数据开放共享的具体办法，有的是与政务数据内部共享一同作出规定，有的是向外部开放单独作出规定，宗旨都是一致的，即通过公共数据开放共享，进一步打造数字政府和法治政府，推动整个社会和国家的数字化转型。

《纲要》对公共数据开放共享作出明确要求。一是公共数据主要是指政府和公共服务机构所持有的数据。何为公共数据有不同学说，没有争议的是政府和公共服务机构所收集、保存的数据是在履行公共职责过程中得到的，其具有公共性。二是开放共享是原则，不开放不共享是例外。公共数据的开放共享应当是常态的、正常的做法，而不开放共享只能是在法律所规定的情况下，具体来讲要在依法保护国家安全、商业秘密、自然人隐私和个人信息的同时，推进政府和公共服务机构数据开放共享。《网络安全法》、《数据安全法》、《保守国家秘密法》、《民法典》和《个人信息保护法》为保护国家安全、商业秘密、自然人隐私和个人信息划定了边界，政府和公共服务机构作为数据的收集者和保存者与社会其他主体一样要对上述权益予以保护。三是开放共享有步骤有重点。《纲要》结合最近几年各地的实践以及政府简政放权和转变政府职能的紧迫性，提出应当优先推动民生保障、公共服务、市场监管等领域政府数据向社会有序开放。这些领域的公共数据的开放共享事关老百姓获得感与幸福感，也对营商环境等有重大影响。

四、深入推进"互联网+"监管执法

（一）"互联网+监管"系统的"国家队"

2018年10月，国务院常务会议决定，依托国家政务服务平台建设"互联网+监管"系统,强化对地方和部门监管工作的监督,实现对监管的"监管",促进政府监管规范化精准化智能化。《关于2019年国民经济和社会发展计划执行情况与2020年国民经济和社会发展计划草案的报告》提出,要加快制定"互联网+监管"事项清单,不断完善全国信用信息共享平台功能和服务,加快构建以信用为基础的新型监管机制。2021年政府工作报告中指出,健全跨部门综合监管制度,大力推行"互联网+监管",提升监管能力,加大失信惩处力度,以公正监管促进优胜劣汰。此前还有一系列文件作为"互联网+监管"的实施意见,对各地区各领域的监管平台建设提出了具体的时间表和路线图。① 《国务院关于加强和规范事中事后监管的指导意见》(国发〔2019〕18号)提出依法监管、公平公正、公开透明、分级分类、科学高效和寓管于服的原则,要求依托国家"互联网+监管"系统,联通汇聚全国信用信息共享平台、国家企业信用信息公示系统等重要监管平台数据,以及各级政府部门、社会投诉举报、第三方平台等数据,加强监管信息归集共享,将政府履职过程中形成的行政检查、行政处罚、行政强制等信息以及司法判决、违法失信、抽查抽检等信息进行关联整合,并归集到相关市场主体名下;充分运用大数据等技术,加强对风险的跟踪预警,探索推行以远程监管、移动监管、预警防控为特征的非现场监管,提升监管精准化、智能化水平。全国一体化政务服务平台已实现360万项政务服务事项的标准化,全国省级行政许可事项网上受理和"最多跑一次"比例达到82%,有力推动了"一网通办"、"跨省通办"深入推进。国家"互联网+监管"系统为强化事中事后监管提供了有力支撑。②

各省(自治区、直辖市)"互联网+监管"系统基本建设内容概括为"11223",即1张清单、1个数据中心、2个系统界面、2个支撑体系、3个应

---

① 主要有:《国务院办公厅关于加快"互联网+监管"系统建设和对接工作的通知》(国办函〔2018〕73号)、《国务院办公厅电子政务办公室关于印发各省(自治区、直辖市)"互联网+监管"系统建设方案要点的通知》(国办电政函〔2019〕56号)等。
② 参见《全面推进数字政府建设正当其时》,《经济参考报》2020年10月15日。

用系统。① 各地目前的监管平台建设就是按照上述"11223"在落实与安排。目前,国家层面和地方层面的两个监管平台都已经初具规模和成效,有些地方进展速度更快。下一步,要在加快建设各地"互联网+监管"系统的同时,做好与国家"互联网+监管"系统的数据对接和流程对接,按照《纲要》的要求,要在2022年年底前实现各方面监管平台数据的联通汇聚。

一是监管清单。根据本地区已梳理完成的监管事项目录清单,按照"应接尽接"原则,从国家监管事项目录清单中认领省级监管部门职责范围内的监管事项,依据法律、行政法规和部门规章梳理出本部门的监管事项清单,具体包括监管部门、监管事项、监管流程、监管结果等10项内容,分为行政检查、行政处罚、行政强制、其他等四个监管子项类别,完成编制省级监管事项目录清单,梳理编制出监管事项中行政检查子项的实施清单,形成各省监管事项目录清单库,为规范化执法监管提供标准和依据。二是数据联通汇聚,即大数据在政府系统内的共享,要将各部门日常监管、"双随机、一公开"监管、信用监管、重点监管等工作都纳入统一的监管平台,对各类监管业务系统和数据整合归集,建立完善的监管数据推送反馈机制和监管工作协同联动机制,推动跨地区、跨部门、跨行业联合监管,实现"一处发现、多方联动、协同监管"。三是实现对行政监管的监督。各地各部门与国家"互联网+监管"系统联通对接和数据共享,也是为了强化对本地区各级部门监管工作的监督,开展监管工作评价和监管风险评估工作,不断提高监管水平。

---

① 编制1张清单:编制一张覆盖本地区省、市(州)、县三级的监管事项目录清单,厘清监管责任、明确监管措施、统一监管标准,同时将清单纳入"互联网+监管"系统动态管理,推动监管工作标准化、规范化、精准化。建立1个监管数据中心:按照国家"互联网+监管"系统相关数据标准,汇聚本地区监管数据,建设监管数据中心,形成各类监管数据库,建立数据动态更新机制,不断提高数据质量,满足数据上报、共享、分析等需要。建设2个系统界面:面向社会公众的服务界面和面向政府部门的工作界面;建设2个支撑体系:包括标准规范体系和安全运维体系;建设3个应用系统:一是建设行政执法监管系统,为本地区开展"双随机、一公开"监管、联合监管、信用监管,以及通过物联网、互联网开展的非现场监管等提供支撑;二是建设风险预警系统,加强风险研判和预测预警,及早发现本地区苗头性风险,为国家"互联网+监管"系统风险预警提供数据和业务模型支持;三是建设分析评价系统,强化对监管工作的综合分析和评价,实现监管过程可追溯、"看得见",发现监管工作中存在的问题,加强对本地区监管工作情况的监督。

（二）智慧执法

1. 信息化技术、装备的配置和应用，行政执法 app 掌上执法

智慧执法在公安、市场监管、城管、环保等多个领域得以推广。信息化技术和装配是实现智慧执法的物质性基础，也是目前智慧执法和电子政务目前在各地发展不均衡的原因之一。随着移动手机、平板电脑在生活中的普及，各地各部门不断提高大数据和互联网应用到行政管理活动的意识，配备专用设备等成为日常执法的标配。而这些信息化装备不仅提高了行政执法的效率，节省了人力等执法资源，也对执法公平公正起到了保障作用。以公安移动执法为例，通过无线网络利用手机、PDA 或笔记本等移动终端，可以实现与公安内网数据的实时连接，有的移动设备可以集成数字对讲机、执法记录仪、公网对讲机、身份证识别（人证合一）、人脸识别等多个功能。在交通现场执法中，可以实现现场车辆查询检索比对报警、罚单打印以及现场实现银行交款；在遇到需要快速出警时，也可以提供路线导航和路面分析，提高出警效率和出警效果；还能调用数据完成对违法者的身份核验等，快速确认常住人员信息、暂住人员信息、重点人口信息、在逃人员信息、车辆信息、驾驶员信息等。从依法行政角度来看，恰恰是移动设备等的应用，使得过去常发生的"人情执法"、"乱执法"得到有效遏制。比如对酒驾等的查处，现场拍照和查验后查处情况上传到执法系统，无法再进行修改或者删除。再如人脸识别技术广泛用于布控排查、边境检查、司法人像鉴定、重点场所门禁以及宾馆、网吧、娱乐场安全管理等，车辆识别以及语音识别等涉及人工智能的相关技术也越来越多地落地到行政管理活动应用中。因此，《纲要》明确要求加强信息化技术、装备的配置和应用，推行行政执法 app 掌上执法。

2. 非现场监管

非现场监管是近年来不断应用新的信息技术的结果，也日益成为行政执法的常态。各地各部门在现场监管上进行了诸多探索。如自然资源和规划方面利用卫星遥感技术和图像比对，对违反土地用途管制的未批先建、破

坏林木等行为予以监测；城市管理方面，在建筑工地等安装噪声监测仪，噪声超标则自动报警；生态监管方面，在工厂、河道等处安装摄像头、检测仪等监督污水和废气排放；安全生产方面，在钢铁、铝加工（深井铸造）、粉尘涉爆等重点领域，为危化品生产、储存、运输等安装监测设备并进行人工智能图像识别。更为常见的是广泛用于道路交通的"电子眼"（即智能交通违章监摄管理系统），通过车辆检测、光电成像、自动控制、网络通信、计算机等多种技术，对机动车闯红灯、逆行、超速、违反限号规定、越线行驶、违例停靠等违章行为，实现全天候监视，捕捉车辆违章图文信息，并根据违章信息进行事后处理。利用科技手段实现线索收集、证据固定，大大提高了执法效率和执法公正。《纲要》提出探索推行以远程监管、移动监管、预警防控为特征的非现场监管，解决人少事多的难题。

下一个五年，在建设数字法治政府的部署中，非现场监管是可以进一步拓展范围、挖掘深度的重要领域，未来结合人工智能技术的应用，将会从证据搜集向自动执法发展，更加注意必须在符合法律原则和规定的前提下运用技术。2012年《公安机关办理行政案件程序规定》中已经对电子证据、电子监控作出规定。2021年1月，《行政处罚法》修订，专门对电子技术监控设备收集、固定违法事实作出规定，确保电子技术监控设备符合标准、设置合理、标志明显，设置地点应当向社会公布；记录违法事实应当真实、清晰、完整、准确。行政机关应当审核记录内容是否符合要求；未经审核或者经审核不符合要求的，不得作为行政处罚的证据。

（三）全国执法监督系统与执法数据库

为了落实习近平总书记提出的"把权力关进制度的笼子里"，智慧执法、"互联网+监管"和全国电子政务统一平台加速推广，治理能力显著提升，对执法的监督也提上日程。根据《关于全面推行行政执法公示制度执法全过程记录制度重大执法决定法制审核制度的指导意见》和全国行政执法综合管理监督信息系统应用工作培训会议精神，从2019年开始在司法部的部署下，全国执法综合管理监督信息系统逐步建设和完备，各地完成地方性法规、部门规章、政府规章、权责清单、监管事项和行政检查、行政许可、行政处罚、行政强制、两法衔接案件等相关信息的录入,录入情况要列入法治政府建设目标考核内容,全面提升全国行政执法与监督的信息化水平,实现对行政执法权的全方位监督。《纲要》要求:一是"加快建设全国行政执法综合管理监督信息系统",关键在于各地的积极落实,各级执法机关要在司法部和各省(市、自治区)司法厅(局)的统一部署安排下,加快数据收集、录入和汇集。二是"将执法基础数据、执法程序流转、执法信息公开等汇聚一体,建立全国行政执法数据库"。全国执法数据库的建立将为大数据治理纵深发展奠定坚实基础,为全面转变政府职能、简政放权、加强事前和事后监管提供更多可能,也将成为"数字法治政府"建设的重要指标之一。

第 十 章

加强党的领导

　　党的领导是中国特色社会主义最本质的特征。在我国,党的领导正是全面依法治国、建设法治政府的根本保证。法治政府建设的方方面面,都离不开党的领导,只有通过加强党的领导,坚持党总揽全局、协调各方,特别是注重发挥各级党委的领导作用,才能把法治政府建设摆到工作全局,摆到更加突出的位置,从而推动法治政府的建设。

　　《法治政府建设实施纲要(2021—2025年)》作为总蓝图、路线图、施工图,其第十部分专题就是"加强党的领导,完善法治政府建设推进机制",指出:"党的领导是全面依法治国、建设法治政府的根本保证,必须坚持党总揽全局、协调各方,发挥各级党委的领导作用,把法治政府建设摆到工作全局更加突出的位置。"相应地,要继续强化党对法治政府建设的领导,特别在完善法治政府建设推进机制、全面加强依法行政能力建设、加强理论研究和舆论宣传等方面,更好发挥党的领导作用。

一、加强党对法治政府建设的领导

　　我国法治政府最为显著的特征是中国共产党的领导,以及我们党所坚定的"人民立场"。习近平总书记一直强调法治建设要始终坚持党的领导,中国共产党始终紧紧依靠人民、不断造福人民、牢牢植根人民,并落实到各项决策部署和实际工作之中。① 党领导下的"法治建设要为了人民、依靠人民、造福人民、保护人民"②。

党的领导作为中国特色社会主义最本质特征,是促进法治政府建设的根本要求与保证。坚持在党的领导下建设法治政府,最为直接的是需要在习近平法治思想指导下推进具体建设工作,相应地,各级党委要带头学深学透习近平法治思想,抓住"关键少数",夯实党委政府的法治建设职责。

(一)各级党委要带头学深学透习近平法治思想

法治政府建设需在习近平法治思想指导下推进,加强党的领导,首先要求各级党委要带头学深学透习近平法治思想。

习近平法治思想源于中华传统法律文化,是对我国传统法律文化的继承与发扬,赋予了中华法治文明新的时代内涵,是对中华优秀传统法律文化的创造性转化,使中华法治文明焕发出新的生命力,让现代法治文明的光芒穿透历史。习近平法治思想是习近平中国特色社会主义思想的重要组成部分,是对马克思主义法治理论的发展,它对为什么全面依法治国、怎样全面依法治国等一系列重大理论与现实问题,都一一予以回答,它引导现实,有助于凝聚力量,推动我国法治建设的新发展,是法治中国建设的行动指南。所以,各级党委要深入学习领会习近平法治思想,只有学深学透,才能把习近平法治思想贯彻落实到党领导法治政府建设全过程和各方面,让它真正成为法治政府建设的行动指南。

推进实现法治政府建设的目标是习近平法治思想的重要内容。习近平总书记指出,法治政府建设是重点任务和主体工程,要率先突破,用法治给行政权力定规矩、划界限,规范行政决策程序,加快转变政府职能。让人民群众在每个行政行为中感受到风清气正与公平正义。

建设法治政府是法治国家建设的重中之重,法治政府建设好了,法治国

---

① 参见《坚持人民至上　不断造福人民　把以人民为中心的发展思想落实到　各项决策部署和实际工作之中》,《人民日报》2020 年 5 月 23 日。

② 《习近平谈治国理政》第三卷,外文出版社 2020 年版,第 284 页。

家建设的任务就完成了大半。行政公权力是极为重要的公权力,推进依法治国,建设社会主义法治国家,关键是在党的领导下推进依法行政。习近平总书记在十八届中央政治局第四次集体学习时就曾明确要求"加快建设法治政府",指出要"加快建设职能科学、权责法定、执法严明、公开公正、廉洁高效、守法诚信的法治政府"①。党的十九大报告进一步明确,从 2020 年到 2035 年,法治国家、法治政府、法治社会基本建成,各方面制度更加完善,国家治理体系和治理能力现代化基本实现。

(二)抓住"关键少数",夯实党委政府的法治建设职责

加强党的领导,要求各级党委切实履行推进法治建设领导职责,注意主动听取有关工作汇报,及时研究解决影响法治政府建设重大问题。相应地,各级政府及其部门主要负责人要切实履行推进本地区本部门法治政府建设第一责任人职责,这就需要抓住"关键少数"。

夯实党委政府的法治建设职责,需要抓住"关键少数",这个"关键少数"就是各级领导干部,尤其是法治建设的第一责任人。2016 年 12 月,中共中央办公厅、国务院办公厅印发《党政主要负责人履行推进法治建设第一责任人职责规定》,以成文形式固化了县级以上地方党委和政府主要负责人在法治工作中的主要职责,将建设法治政府摆在工作全局的重要位置。2018 年中央全面依法治国委员会第一次会议上,习近平总书记旗帜鲜明地指出党政主要负责人履行推进法治建设第一责任人职责。

所有公权力机关都必须依法全面履行职能,公权力机关领导干部必须拥有法治情怀。习近平总书记在 2015 年年初与中央党校县委书记研修班学员座谈时谆谆教导:"我们的权力是党和人民赋予的,是为党和人民做事用的,姓公不姓私,只能用来为党分忧、为国干事、为民谋利。"②习近平总书记在庆祝全国人民代表大会成立 60 周年大会上的讲话中指出:"各级行政

---

① 《中共中央关于全面推进依法治国若干重大问题的决定》,人民出版社 2014 年版,第 15 页。
② 习近平:《做焦裕禄式的县委书记》,中央文献出版社 2015 年版,第 10 页。

机关必须依法履行职责,坚持法定职责必须为、法无授权不可为,决不允许任何组织或者个人有超越法律的特权。"①

首先,各级党委承担领导责任,指导政府部门的法治建设工作,并为政府部门法治建设排忧解难。其次,各级政府部门主要负责人是法治建设的第一责任人,要明确职责,提升责任意识。在党委领导下,把"关键少数"抓好了,有助于从上到下,推进我国法治建设的进程。最后,各级政府要在党委统一领导下,履行法治政府建设主体责任,谋划落实好法治政府建设各项任务,把具体的任务落在实处,落实在具体的各级"关键少数"身上,就会有效地推动法治政府建设的迅猛发展。

实践中,各级政府要主动向党委报告法治政府建设中的重大问题,各级党委要及时了解各级政府法治建设的进展状态,然后,有针对性地再为重要工作定期部署推进、抓实抓好。做好这一点,党委与政府之间的联通至关重要。所以,要建立和发挥各地区党委法治建设议事协调机构及其办事机构的作用,定期召开协调会议,做好法治政府建设的协调督促推动工作。

二、完善法治政府建设推进机制

亘古以来,法治秩序的形成与经济社会发展一般是同步的,是自发、内生、渐进漫长的过程。我国用七十多年的时间创造了两大世所罕见的奇迹:经济快速发展和社会长期稳定。但是,作为法治后发展国家,为让法治得以规范保障引领社会发展,应更加凸显我们党在完善法治政府建设推进机制中的作用。无论是保证法治政府建设的道路方向、实现政府职能与社会发展的适应协调,抑或具化到法治政府建设的督察、示范创建、指标体系、考核力度都需要加强党的领导,把法治政府建设向纵深推进。

---

① 习近平:《在庆祝全国人民代表大会成立 60 周年大会上的讲话》,人民出版社 2014 年版,第 10—11 页。

（一）深入推进法治政府建设督察工作

各级政府是国家治理的具体执行者，其管理、监督、调控的领域几乎囊括每个人生活的方方面面。毫不夸张地说，法治政府建设的效果，直接关系到法治国家的步伐。鉴于此，要做好法治政府建设的督察工作，这是党政主要负责人履行推进法治建设第一责任人约束机制的有力抓手，对党领导法治政府工作意义重大。为此，《纲要》专门明确："深入推进法治政府建设督察工作，2025 年前实现对地方各级政府督察全覆盖。"

党的十八大以来，为加强党对法治政府建设的集中统一领导，施展督察工作对法治政府建设与责任落实的推进效用，党中央、国务院先后出台一系列文件，强调要对推进法治政府建设与责任落实情况进行督促检查，建构守责尽责、失责追责的法治政府与责任落实工作机制。

只有抓好督察工作，坚持问题导向、真督实察、逐层传导、强化问责，才能强化责任意识，激发担当精神，改变法治政府建设中存在的"喊在嘴上、写在纸上"现象。2019 年 5 月，中共中央办公厅、国务院办公厅印发《法治政府建设与责任落实督察工作规定》，界定了督察主体、对象、内容、组织实施方式、责任追究等具体事项。这种以督察落实责任的推进思路，将为法治政府建设中各项任务、责任和效果的落实推进提供持续的促进动力，确保整体布局规划逐步得以实现。

为进一步提升督察主体的权威性、督察对象的明确性与结果的有效性，2019 年 10 月至 12 月，在中央全面依法治国委员会部署下，中央依法治国办着手推进全国的法治政府建设督察工作。中央依法治国办会同中央和国家机关有关单位组成督察组，通过实地督察，加以总结、反馈与整改。在党的有力引导下，被督察省份及时拟定翔实整改方案，明确完成时限，逐项设置解决举措，细化到责任部门与责任人。同时，对整改后的状况施以抽检，对不履行或不正确履行整改责任等情形，分别采取函告、通报、约谈等措施，依法依纪责任追究，做到事事能整改、件件有落实、责任能到人。最终，实现以督促干，把法治政府建设的任务落实、责任压实。

目前,中央全面依法治国委员会办公室和地方各级党委法治建设议事协调机构分别在推动法治政府建设与责任落实督察工作,前者负责的督察对象是各省(自治区、直辖市)和国务院各部门,后者则是督察本地区的法治政府建设与责任落实督察工作。未来,在党的领导下,将继续深入推进法治政府建设督察工作,在 2025 年前实现对地方各级政府督察全覆盖。

各地区各部门要对表对标,狠抓落实,确保贯彻落实党中央对法治政府建设的制度设计。压紧压实各地方各部门法治政府建设责任,形成从党政主要负责人到全体党政机关工作人员的责任闭环体系,以应对建设法治政府的艰巨繁重任务,就需要充分发挥督察考核的"指挥棒"、"风向标"作用。相应地,要持续强化督察工作,牢牢把握"责任督察"这一主线,精准把握督察主体、督察对象、督察内容、督察程序、督察结果,统一督察标准与要求。

(二)做好法治政府建设示范创建活动

为进一步加快新时代法治政府建设进程,需要大力培育法治政府建设先进典型,扎实做好法治政府建设示范创建活动。《纲要》指出:"扎实做好法治政府建设示范创建活动,以创建促提升、以示范带发展,不断激发法治政府建设的内生动力。"

2019 年 5 月,中央全面依法治国委员会办公室发布《关于开展法治政府建设示范创建活动的意见》,奏响了法治政府建设示范创建之序篇,强调评选典型应始终秉持客观公正、公开透明、杜绝形式主义、务求实效的原则,并明确了程序设计。2020 年 6 月,第一批全国法治政府建设示范地区和项目命名名单予以正式宣布。这样,以创建促提升、以示范带发展,可营造法治政府建设创优争先的浓厚氛围,开创法治政府建设新局面。

法治政府建设示范创建的灵魂从来都不局限于选出优秀者,而在于先进措施的交流推广。考虑到我国各地法治政府建设发展不平衡之现状,以及地区综合发展的复杂性,法治进程无法全国同步。故此,要落脚辐射带动效应。"示范"是提供行为样本与激励手段,以"辐射"周边协同发展。鉴于此,为贯彻落实《纲要》,应建立健全重点任务协调推进机制,有效实现部门协同推进,并推动解决各地区法治政府建设不平衡问题,更好发挥法治政府建设示范地区的辐射带动作用。

中央依法治国办和各省级党委、政府应强化统筹协调,健全法治政府示范创建交流合作机制,提供信息共享平台,汇集推广示范地区的好举措;引入法学研究机构等第三方主体参与到评估工作和撰写总结报告中,提升内容的客观性、准确性与全面性。省级地方政府要定期研判法治政府建设示范创建成绩与痛难点,提供相应指导;定期召开示范总结推广会,积极与其他省份相互学习、互相借鉴、取长补短。通过相互学习,发挥示范带动作用,以点带面、辐射全国,就会有力地推进法治政府建设进程。

(三)建立健全法治政府建设指标体系

法治政府建设指标体系被誉为"可量化的正义"。法治政府、依法行政牵涉广泛,要将相关目标、内容予以量化诚然难度极高,但政府行为关系到所有百姓的实在生活、关系到法治国家建设的进展脉络,现实情况迫切需要用最为直观的指标评价政府的法治化进展。

法治政府指标体系是对政府法治化状况加以评价,并在此基础上规范法治政府的指标所形成的体系。法治政府指标体系是建设法治政府的"导航图"、"晴雨表"与"警示器",具有重要功能:一是指引功能。指标体系凭借具体的参数设置,将抽象虚无的法治理念、原则尽可能地转为具体、可执行的行为范式,直观精确地说明法治政府应达到的各项指标要求,指明了法治政府建设的发力方向。二是评价功能。建构客观、科学且可操作的测评系统,以此来对政府一定时期内的行政行为进行评定和考核。尤其侧重对当前不符合法治化要求的内容和方面进行评估,从而推动政府相应整改措施的出台与实施,越发靠近法治政府的理性状态。三是提示功能。凭借指标体系最终提供的评估数据,再经过系统与历史对比的整理、分析,即可发现政府法治化建设进程中各项指标的演变状况,尤其是一些重点指标的变化情况,查找出问题症结以及下一步的应对举措。

虽然,对法治政府指标体系的重要性认知显著提升,实践也取得瞩目成绩,但完善我国建设法治指标体系仍是持续探索之题域。指标体系内容冗杂、评价者主观意志、静态评价体系与动态现实间的差异等问题普遍存在,所以要优化指标体系。法治政府指标体系的制定绝不是想当然的,必须在以现实为依据的基础上,在党的领导下,严格执行相应的设计原则。指标应客观科学、全面准确、现实可操作、切实有效。故此,《纲要》明确,应始终坚持在党的领导下,建立健全法治政府建设指标体系,强化指标引领。

目前,2021 年 8 月修订形成《市县法治政府建设示范指标体系》,作为开展示范创建活动的评估标准,作为建设法治政府的具体指引,为评价各地区法治政府建设效果提供统一依据,使法治政府建设更加可量化。

具体说来,我国法治政府指标体系的整体内容架构,是在"政府职能依法全面履行"、"依法行政制度体系完善"、"重大行政决策科学民主合法"、"行政执法严格规范公正文明"、"行政权力制约监督科学有效"、"社会矛盾纠纷依法有效化解"、"重大突发事件依法预防处置"、"政府工作人员法治思维和依法行政能力全面提高"、"法治政府建设组织领导落实到位"、"附加项"等十个一级指标层级之下,分解出更为具体的二、三级指标层级来,指标逐项分解细化,明确牵头单位、责任单位,推动创建工作与部门业务工作有机结合,形成由宏观到微观,由概况到具体的具有现实可操作性的整体考评体系。在实践中,要始终坚持在党的领导下,根据客观法治建设情况,不断优化指标体系。

(四)加大法治政府建设考核力度

政府作为法律的实施主体,其对法律的态度和尊奉程度,不但标志着法治国家、法治政府建设的水平,对法治社会建设也有着重要的引导和风向标作用。党的十八届三中全会《决定》要求"建立科学的法治建设指标体系和考核标准"[1],十八届四中全会《决定》进一步要求"把法治建设成效作为衡量各级领导班子和领导干部工作实绩重要内容,纳入政绩考核

---

[1]　《中共中央关于全面深化改革若干重大问题的决定》,人民出版社 2013 年版,第 32 页。

指标体系"①。

党政主要负责人不仅自身要带头遵守宪法法律，带头依法办事，还要抓好领导班子和干部队伍法治素养与能力的培养提高。要把是否依法行政、依法办事，是否善于运用法律手段做好工作，作为评判行政机关工作人员特别是领导干部工作水平高低、工作实绩大小的关键标准，使法治政府建设真正成为一项硬要求和硬约束。

进入新时代，我国已迈入"法治保障"的阶段，这不仅是发展方式的飞跃，也是政府绩效管理举措的进步。政绩考核作为考评领导干部行为之制度，对行政行为和施政方式具有极其重要的指引作用。将依法行政纳入政府绩效管理是法治建设的必然选择。2020 年 11 月，习近平总书记在中央全面依法治国工作会议上强调："要把法治素养和依法履职情况纳入考核评价干部的重要内容，让尊法学法守法用法成为领导干部自觉行为和必备素质。"②

彰明较著，应加大考核力度，提升考核权重，将依法行政情况作为对地方政府、政府部门及其领导干部综合绩效考核的重要内容。继而，推动政府深化改革，使制度更加成熟、定型，促进政府实现职能科学、权责法定、执法严明、公开公正、廉洁高效、守法诚信之目标。

三、全面加强依法行政能力建设

推进依法行政和法治政府建设是满足人民对美好生活向往的时代呼应。我们党所具备的政治、组织、思想理论、群众基础等方面的优势，注定了只有在党的领导下厉行法治，才能更加有力有序有效地把党的领导贯彻落实到法治政府建设的方方面面，才能保证政令上下贯通、执行有力，才能促

---

① 《中共中央关于全面推进依法治国若干重大问题的决定》，人民出版社 2014 年版，第 36 页。

② 习近平：《坚定不移走中国特色社会主义法治道路 为全面建设社会主义现代化国家提供有力法治保障》，《求是》2021 年第 5 期。

进协同配合,形成工作合力,才能优化政策效应,提高行政效能,以更好地发挥政府的作用。

(一)健全领导干部学法用法机制

习近平总书记曾指出,"领导干部具体行使党的执政权和国家立法权、行政权、监察权、司法权,是全面依法治国的关键。领导干部必须带头尊崇法治、敬畏法律,了解法律、掌握法律,遵纪守法、捍卫法治,厉行法治、依法办事"①。

学法用法,领导干部要做在前面。"领导机关和领导干部做出样子,下面就会跟着来、照着做。"②领导干部必须身先士卒、以身作则,将尊崇宪法法律作为最基本的政治素质和法治素养,只有始终对宪法法律怀有敬畏之心,才能有效维护人民的根本利益。

为推动国家工作人员学法用法工作的规范化,切实提高领导干部的法治素养,2012 年中组部、中宣部、司法部、全国普法办印发《关于进一步加强领导干部学法用法工作的意见》。2016 年 3 月,四部联合印发了《关于完善国家工作人员学法用法制度的意见》。2020 年 11 月,中央全面依法治国工作会议上,习近平总书记明确要求,各级领导干部要"带头尊崇法治","不断提高运用法治思维和法治方式深化改革、推动发展、化解矛盾、维护稳定、应对风险的能力"③。为新发展阶段领导干部法治思维能力的提升提供了丰厚的思想基础。

各级领导干部要对法律怀有敬畏之心,带头依法办事,带头遵守法律。2018 年 3 月,习近平总书记在参加第十三届全国人大重庆代表团会议时强调,各级党政干部不管在哪个岗位,都必须具备基本的知识体系,法律就是

---

① 习近平:《加强党对全面依法治国的领导》,《求是》2019 年第 4 期。
② 中共中央文献研究室编:《十八大以来重要文献选编》(上),中央文献出版社 2014 年版,第 351 页。
③ 习近平:《坚定不移走中国特色社会主义法治道路　为全面建设社会主义现代化国家提供有力法治保障》,《求是》2021 年第 5 期。

其中重要的方面。我们的干部是复合型干部，有些知识是基础性的，都得掌握，不可偏废，然后再术业有专攻。然而，现实生活中，一些领导干部法治意识不强，心中无法、无所畏惧，仍存在不学法、不懂法、不用法的情况，法治思维、法治信仰和法治方式不足，成为建成法治政府的阻碍。

领导干部的法治思维培养非常重要。2012年12月，习近平总书记在首都各界纪念现行宪法公布施行30周年大会上的讲话中强调，"各级领导干部要提高运用法治思维和法治方式深化改革、推动发展、化解矛盾、维护稳定能力"①。2014年1月，习近平总书记在中央政法工作会议上指出，要"善于运用法治思维和法治方式领导政法工作，在推进国家治理体系和治理能力现代化中发挥重要作用"②。2015年2月，在省部级主要领导干部学习贯彻十八届四中全会精神全面推进依法治国专题研讨班的开班式上，习近平总书记特别强调，领导干部"谋划工作要运用法治思维，处理问题要运用法治方式，说话做事要先考虑一下是不是合法。领导干部要把对法治的尊崇、对法律的敬畏转化成思维方式和行为方式，做到在法治之下、而不是法治之外，更不是法治之上想问题、作决策、办事情"③。2020年，习近平总书记在《求是》杂志撰文指出："各级领导干部必须强化法治意识，带头尊法学法守法用法，做制度执行的表率。"④2020年11月，在中央全面依法治国工作会议上，习近平总书记也专门强调，各级领导干部要带头尊崇法治、敬畏法律，了解法律、掌握法律，不断提高运用法治思维和法治方式深化改革、推动发展、化解矛盾、维护稳定、应对风险的能力，做尊法学法守法用法的模范。

法治思维不是天赋的思维，而是需要后天的学习、教育、实践积累才能

---

① 习近平：《在首都各界纪念现行宪法公布施行30周年大会上的讲话》，人民出版社2012年版，第12页。
② 《习近平谈治国理政》，外文出版社2014年版，第148页。
③ 《习近平在省部级主要领导干部学习贯彻十八届四中全会精神全面推进依法治国专题研讨班开班式上发表重要讲话》，《党建》2015年第3期。
④ 习近平：《推进全面依法治国，发挥法治在国家治理体系和治理能力现代化中的积极作用》，《求是》2020年第22期。

逐渐形成。为此,应持续推动行政机关负责人带头遵守执行宪法法律,建立行政机关工作人员应知应会法律法规清单。坚持把民法典作为行政决策、行政管理、行政监督的重要标尺,不得违背法律法规随意作出减损公民、法人和其他组织合法权益或增加其义务的决定。要推动各级党委班子带头学法用法,带动人大、政府、政协等各级班子成员主动学法用法,为全社会作出示范和表率,提高领导干部的法治意识、法律素养。通过学法用法机制的建设,积极营造公正、透明、可预期的法治环境。

同时,应建立健全法治学习教育长效机制。仅仅依靠突击式、会议式的短暂学习是很难达到针对性和实效性,只有重视法治学习教育的长效化,才能逐渐提升领导干部的法治思维。

《纲要》明确要求,把法治教育纳入各级政府工作人员初任培训、任职培训的必训内容。实践中,国务院各部门要根据职能开展本部门本系统法治专题培训,县级以上地方各级政府负责本地区领导干部法治专题培训,地方各级政府领导班子每年应当举办两期以上法治专题讲座。市县政府承担行政执法职能的部门负责人任期内至少接受一次法治专题脱产培训。同时,要加强各部门和市县政府法治机构建设,优化基层司法所职能定位,保障人员力量、经费等与其职责任务相适应。对在法治政府建设中作出突出贡献的单位和个人,要制定制度,给予表彰奖励。

此外,还要创新法治学习教育模式。一方面,加强数字化、移动化学习教育资源的运用,满足领导干部多样化需求,提升领导干部法治思维的前瞻性;另一方面,创新参与型的教学模式,大力开展实践教学、情景模式等教学方式,提高法治学习教育的思辨性、互动性。

（二）加强政府法治队伍建设

建设法治政府,需要加强政府的法治队伍建设,尤其在立法、执法、行政复议等领域,更需打造好优良的法治队伍,这是建设法治政府的基础。

首先,有计划组织开展专题培训,做好政府立法人才培养和储备,加强政府立法能力建设。

政府立法有着坚实的法治依据。在 2020 年 11 月召开的中央全面依法治国工作会议上，习近平总书记强调，要研究丰富立法形式，增强立法的针对性、适用性、可操作性。[①] 我国《宪法》第三条第四款规定："中央和地方的国家机构职权的划分，遵循在中央的统一领导下，充分发挥地方的主动性、积极性的原则。"《宪法》、《立法法》、《国务院组织法》、《地方各级人民代表大会和地方各级人民政府组织法》等，已明确规定我国立法体制在全国人大及其常委会行使国家立法权的同时，规定了分层次、多类型的立法权。

政府立法需要专门的立法队伍。政府立法主要为了执行和落实法律、行政法规等相关上位法的内容，所以，需要配备专业的立法团队。政府立法不应只是"上传下达"，更应在"不抵触"、"可执行"等原则基础上，审慎发挥主动性与灵活性，合理指导本治域内的行政管理工作，形成适合地方特色的治理方式。现实中，政府处理的事物纷繁复杂，更应通过法律载体，及时准确地回应人民关切，主动有效作为，维护公信力和法治权威。这就需要做好政府立法人才的培养和储备工作，注意有组织地开展专题培训等活动。

同时，在飞速变化的社会情境中、日新月异的社会现象中，制度体系发挥整合统一之功效愈发关键，所以，要发挥立法人才作用，努力打造地方政府的行政立法与上位法、与地方人大立法相互协调一致的法治体系。

其次，加强行政执法队伍专业化职业化建设。执法是生命，队伍是根本。《纲要》要求，在完成政治理论教育和党性教育学时的基础上，确保每人每年接受不少于 60 学时的业务知识和法律法规培训。

"将欲治人，必先治己。"素质过硬的行政执法队伍是全面推进依法行政和法治政府建设工作的重要保障。各级行政执法人员是推进依法行政和法治政府建设的践行者，行政执法人员素质的高低直接影响着依法行政水准。推进依法行政和法治政府建设需要德才兼备的高素质法治工作队伍，

---

① 参见习近平：《坚定不移走中国特色社会主义法治道路　为全面建设社会主义现代化国家提供有力法治保障》，《求是》2021 年第 5 期。

忠于党、忠于国家、忠于人民、忠于法律。

在中央全面依法治国工作会议上,习近平总书记指出:"行政执法工作面广量大,一头连着政府,一头连着群众,直接关系群众对党和政府的信任、对法治的信心。"①为不断保持与社会经济发展相契合的行政执法水平,打造专业行政执法队伍,以保障好法律的制定与执行,维护好法律的公平与威严,应多举办讲座、培训等活动,提高在岗公务员的法治意识与行政素养,根据工作岗位的不同情况,分门别类地强化依法行政知识的积累,加深行政执法人员对依法行政的认识和理解。通过行政执法考试,规范行政执法人员持证上岗和资格管理工作,有效检验执法人员的业务能力和综合素质,增强行政执法人员运用法治思维和法治方式解决问题的意识,为法治政府奠定队伍保障。

习近平总书记敏锐地洞察到,执法不仅仅是执法机构的事务,它需要一个良好的环境。忠于法律的执法活动虽符合党和国家的根本利益,但在具体的案件中,难免与一些其他利益发生冲突而受到抵制。因此,他很早就提出了党要"保证执法"②的思想,并进一步阐述:"对执法机关严格执法,只要符合法律和程序的,各级党委和政府都要给予支持和保护,不要认为执法机关给自己找了麻烦,也不要担心会给自己的形象和政绩带来什么不利影响。"③要做好这方面的工作,行政执法队伍专业化职业化建设至关重要。

再次,加强行政复议工作队伍专业化职业化建设,完善管理办法。加强行政复议能力建设,制定行政复议执业规范。

相较于其他纠纷解决机制,行政复议的显著特征是在行政系统内部进行层级监督、纠错校正,实现依法行政。所有的行政执法相对人都是潜在"监督员",行政复议能促使执法机关在法律规定的框架内严格规范公正文

① 习近平:《坚定不移走中国特色社会主义法治道路　为全面建设社会主义现代化国家提供有力法治保障》,《求是》2021 年第 5 期。
② 习近平:《在首都各界纪念现行宪法公布施行 30 周年大会上的讲话》,人民出版社 2012 年版,第 11 页。
③ 《习近平关于全面依法治国论述摘编》,中央文献出版社 2015 年版,第 59 页。

明执法。

实践中，行政复议在运行中暴露出一些问题，尤其在基层行政复议机关中，复议机构独立性程度欠缺，人员专职化、专业化程度有限，部分人员无法律专业背景，人手不足甚至存在复议听证的"借人"现象，对复议工作造成极坏影响。所以，完善复议制度建设，提升复议机关队伍水平和人员素质迫在眉睫。

根据国家法律职业资格要求，配备专业、专职的复议人员，并应使集中培训、挂职交流等形式常态化，加强复议工作人员的技能水平。同时，要加快复议制度改革。根据2020年中央全面依法治国委员会第三次会议通过的《行政复议体制改革方案》，地方要充分整合行政复议职责，转变全国复议机关多而杂的乱局，由本级政府统一行使复议权，集中由行政复议委员会集中收案、集中人力处理，提升行政复议机关办案效率。对于专业性强、重大复杂疑难的复议案件，邀请社会专家参与案件办理、合议，以提供专业办理意见。要优化复议流程，实行分类化管理，努力打造对党忠诚、分工明确、办案高效、业务过硬、作风优良的行政复议队伍。

（三）完善法律顾问制度，规范政府行为

习近平总书记指出，国务院和地方各级人民政府作为国家权力机关的执行机关，作为国家行政机关，负有严格贯彻实施宪法和法律的重要职责。要提升依法行政能力，就需要规范政府行为，切实做到严格规范公正文明执法。法律顾问和公职律师在政府立法、行政决策、纠纷化解等事项上担当了参谋、助手的关键角色，对于推动行政行为的法治化功不可没。

步入新时代，由于社会的飞跃式发展，新问题新现象层出不穷，社会公众法治意识日益提升，经济领域的紧密型增强，社会关系日益新型化复杂化，这些变化都对政府的各项行为提出更高要求。由此，依法行政能力的提升绝不只是某一个机构、某一支队伍的任务，而是需要政治可靠、业务熟练、作风清正的人员队伍共同配合，将法治政府建设过程中的每个子任务依法依规协作完成。

　　实践证明,应切实加强法律顾问和公职律师队伍建设,提升法律顾问和公职律师参与重大决策的能力水平,不断提高工作人员的思想政治素质和业务工作能力,将其打造成为忠诚于党的法治事业、德才兼备的法治政府建设的"排头兵"。

　　党的十八届三中全会《决定》确立"普遍建立法律顾问制度"①。党的十八届四中全会《决定》重申:"积极推行政府法律顾问制度,建立政府法制机构人员为主体、吸收专家和律师参加的法律顾问队伍,保证法律顾问在制定重大行政决策、推进依法行政中发挥积极作用。"②同时,提出健全公职律师公司律师制度的安排,"各级党政机关和人民团体普遍设立公职律师,企业可设立公司律师,参与决策论证,提供法律意见,促进依法办事,防范法律风险"③。2017 年中共中央办公厅宣布正式建立法律顾问和公职律师制度。由上观之,我们党十分重视对法律顾问和公职律师的队伍建设,期待他们发挥专业性、中立性,做好"防火墙"角色,提升政府的行政能力。

　　事实上,法律顾问和公职律师对法治政府建设渗透最深的领域就是"重大行政决策"这一环节。而行政决策往往通过配置公共资源,影响不特定多数人的权益,因此这也是各级政府履职的关键方式,自然也是法治政府建设的核心题域。行政决策内容多样且难以预测,故而侧重程序规制,以实现决策的法治化、科学化、民主化。习近平总书记明确提出:"要以建设法治政府为目标,建立行政机关内部重大决策合法性审查机制,积极推行政府法律顾问制度,推进机构、职能、权限、程序、责任法定化,推进各级政府事权规范化、法律化。"④相应地,要建立各种管理制度,并予以细化。比如,具体到法律顾问和公职律师队伍管理方面,要做到:第一,应优化遴选培训与日常管理机制。政府法律顾问以外部第三方身份,受聘参与政府法律事项,

---

① 《中共中央关于全面深化改革若干重大问题的决定》,人民出版社 2013 年版,第 32 页。
② 《中共中央关于全面推进依法治国若干重大问题的决定》,人民出版社 2014 年版,第16 页。
③ 《中共中央关于全面推进依法治国若干重大问题的决定》,人民出版社 2014 年版,第32 页。
④ 习近平:《加快建设社会主义法治国家》,《求是》2015 年第 1 期。

由政府法制机构承担临时性管理职能。应明确选择专家的条件与标准，不断完善专家库，多纳入杰出先进、经验丰富的学者、律师等法律职业群体。第二，应健全绩效考评与激励机制。可根据参与政府法律事务的职业品德、专业程度、数量、效果、态度等情况加以综合考评，尽量形成可量化的统一评价指标。并根据评估结果，对优异者授予表彰或提高薪金报酬标准，还可构建相应的职称体系，以实现法律顾问、公职律师队伍的健康发展。

实践中，提升依法行政能力，实现法治政府建设的现实目标，就需要在党的领导下建立一系列机制，而机制的建设离不开对法律顾问制度的设计。比如，建立行政机关内部重大决策合法性审查机制。党的十八届四中全会《决定》强调在保障行政决策科学性方面，要把公众参与、专家论证、风险评估、合法性审查、集体讨论决定作为重大决策的一项必经的重要程序设计。2019年2月，中央全面依法治国委员会第二次会议通过了《重大行政决策程序暂行条例(草案)》。一方面，强调党的领导作为决策前提。习近平总书记指出，要把党的领导贯穿重大行政决策全过程和各方面，以确保重大行政决策的正确政治方向，要求决策事项目录和标准须经同级党委同意再公布，重大行政决策出台前应向同级党委请示报告。另一方面，严格履行决策法定程序。《重大行政决策程序暂行条例》细化了"公众参与、专家论证、风险评估、合法性审查、集体讨论决定"五大程序，并对重大行政决策的启动、公布加以具体化。在这个程序中，法律顾问制度发挥着重要作用。

再比如，针对行政裁决，由于其兼具司法性与行政性，亦称为"行政司法"，对比于司法诉讼，行政裁决效率高、成本低，是普通民事诉讼的"分流阀"，实践中应用广泛。该制度的应用，就需要通过配强工作队伍、发挥法律顾问和公职律师作用、建立专家库等方式。只有加强行政裁决工作队伍建设，才能推动行政裁决人员的居中性与专业性，保障公民、法人和其他组织合法权益，推动法治政府建设。

总之，要注意完善法律顾问制度，规范政府行为，才会有效地提升依法行政能力建设的质量和水平。

四、加强理论研究和舆论宣传

新时代助生新思想,新思想指引新实践。法治政府建设离不开持续的理论创新回应时代之问、指引纵深发展。所以,应深入研究法治政府建设中的战略性、统筹性重大理论命题,同时,扩大舆论宣传力度,坚持守正创新,实现思想入心与行动自觉,由政府法治化带动法治中国梦。

(一)加强中国特色社会主义法治政府理论研究

回溯往昔,我国的法治政府建设有独一无二的历史土壤。我国的治理架构、文明类型、制度体系、精神传统等均异于西方。古代中国作为农业文明国家,而非海洋文明国家,形成诸如人本主义、礼法结合等历史传统,这会影响到行政立法、行政决策、行政程序、行政监督等行政行为,进而影响法治政府理论的发展。

立足当下,中国共产党的领导是法治建设最显著的制度优势与根本保障。法治政府建设必须在党的领导下才能得以实现,这是历史的选择,也是人民的选择。一方面,我们党在长期执政过程中,扎根中国土壤、坚持马克思主义中国化,已形成一套较为成熟、系统的法治思想理论体系并付诸实践;另一方面,我们党是最广大人民利益的忠实代表,党的意志、人民的利益、法律的规定三者高度统一、不可分割。时刻铭记依法行政和法治政府建设的主要目的,就是要不断增强人民群众的获得感、幸福感和安全感。党的十九届四中全会《决定》指出,"坚持以人民为中心的发展思想,不断保障和改善民生、增进人民福祉"[①]。只有坚持党的领导才能让政府的权力一直为民所用,彰显中国特色法治政府的优越性。只有中国共产党才有能力将人民的力量汇聚起来,带领人民共同推进法治政府建设。

[①] 《中共中央关于坚持和完善中国特色社会主义制度　推进国家治理体系和治理能力现代化若干重大问题的决定》,人民出版社 2019 年版,第 4 页。

事实上，我国已在法制与法治、法学理论、法治体系、法学教育和法律人才方面均有长足进展，这是法治政府建设的坚实基础。党的十八大以来，更是跨入法治发展的"黄金期"，踏上法治政府建设的"加速期"。尤其是习近平法治思想的提出，标志着新时代法治政府的理论深度，指导着法治政府建设的实践步伐。

在我们党的大力推动与学术界的持续努力下，一些研究机构和高等学校也形成了一批有影响力的法治评估机构和法治评估成果。中国社会科学院法学研究所的《中国法治发展报告》、中国政法大学法治政府研究院的《中国法治政府评估报告》、中国人民大学的《中国法律发展报告》等一系列法治研究资源，闪耀着法律各界人员的辛勤汗水与智慧光芒。

但是，纵观中国特色哲学社会学的整体理论研究水平，不只限于法治政府领域，仍有许多可完善之处。习近平总书记理智客观地指出，面对新形势新要求，"哲学社会科学发展战略还不十分明确，学科体系、学术体系、话语体系建设水平总体不高，学术原创能力还不强"，"有数量缺质量、有专家缺大师的状况，作用没有充分发挥出来"。① 一定要"以我国实际为研究起点，提出具有主体性、原创性的理论观点"，"形成自己的特色和优势"。②

为此，要持续加强中国特色社会主义法治政府理论研究，鼓励、推动高等法学院校成立法治政府建设的高端智库和研究教育基地，让法学发出中国声音、提出中国方案、探索中国模式。要建立法治政府建设评估专家库，提升评估专业化水平。要全面发挥法治理论研究平台的联合效应，统筹政法机关、高校和社科系统法治研究资源，以法治政府建设为核心题域，进行调查研究与课题探讨。要全面发挥社科委、法学专业学会的关键地位，汇集全国高校法学能量，系统地深度研讨法治政府建设中的"真问题"。

---

① 习近平：《在哲学社会科学工作座谈会上的讲话》，人民出版社 2016 年版，第 7 页。
② 习近平：《在哲学社会科学工作座谈会上的讲话》，人民出版社 2016 年版，第 19 页。

（二）加强法治政府建设成就经验的宣传传播

党的十九大报告明确要"不断增强意识形态领域主导权和话语权"①。随着全球化进程加速,如何在多层次、多元化的国际交往中树立良好的国家形象、提升国际影响力,受到各国政府的极大关注。2021年5月,中共中央政治局第三十次集体学习,专门提出要完善国际传播工作,展示真实立体全面的中国。主动向国际社会传递中国法治成果是法治宣传的亮点与重点。

法治政府建设的好做法、好经验需要宣传。法治政府成就的宣传可有力回击域外对我国所谓"碎片法治"和"工具主义"的荒谬抨击。并且,广泛宣传中国智慧法治方案,方符合我国大国风范,有助于在国际社会中施展积极影响,为推动世界法治发展与人类命运共同体作出更大贡献。

自古以来,中华文明作为令世界叹服的奇迹,向来保持坚韧生命力。中国特色社会主义法治理论是优秀传统法律文化基因的表达载体。我国从未像现在这样如此重视法治地位,也从未如今天这样更需要厉行法治。法治建设已深度影响内政外交国防等各个领域,成为治国理政的思维方式与行动逻辑。我们亟须总结升华中国法治实践经验,加大法治政府建设成就经验宣传力度,传播中国政府法治建设的时代强音。

法治政府建设历程与传播进程都应始终遵循中国特色,要对我国法治政府建设的价值与道路进行贴合民族特征与时代理路的解读。这就是,坚持中国共产党的领导,坚持人民主体地位,坚持中国特色社会主义法治道路等法治原则,践行具有共识性的社会主义核心价值观。我们应帮助世界认识到在中国共产领导下的法治政府是在"真正为中国人民谋幸福而奋斗"。

实践中,法治政府宣传应至少做到以下几点:

第一,借网络化信息化之"东风",强化法治政府建设公开性。我们要多用善用新媒体手段,包括报纸、杂志、广播、电视、出版物、互联网等载体,

---

① 习近平:《决胜全面建成小康社会　夺取新时代中国特色社会主义伟大胜利——在中国共产党第十九次全国代表大会上的报告》,人民出版社2017年版,第23页。

开展法治建设成果展览,创作法治文艺作品,讲好法治政府故事。特别应严格执行法治政府建设年度报告制度,按时向社会公开。

第二,注意典型宣传与考核引领,增强法治政府建设的示范性。要宣传依法行政之思维,介绍政府法治化举措,宣传法治政府理念。要重视社会宣传,及时、准确、全面地公开相关信息,落实好"谁执法谁普法",用自身的守法执法行为,树立有威信讲诚信的法治政府形象,取得民众的认可与信赖,引领整个社会尊法、用法、信法。

第三,开展多样化交流活动,精准表达我国法治理念和实践。要将我们的制度优势、组织优势、人力优势融贯于传播优势。发挥高层次专家作用,发声于国际会议论坛、外国主流媒体等平台。不应局限于翻译文字表面,更应结合海外读者知识背景,结合海外受众获取信息的习惯,将我国的法治理念和法治实践恰当、准确地阐述说明。

第四,培育新时代传播需要的宣传队伍,形成自觉维护党和国家形象的良好氛围。各级党委(党组)要把加强国际传播能力建设纳入党委(党组)意识形态工作责任制,加强组织领导,加大财政投入。领导干部要主动做传播工作,主要负责同志既要亲自抓,也要亲自做。对此,要注意加强对领导干部的国际传播知识培训,了解熟悉相关知识。对此,各级党校(行政学院)要把国际传播能力培养作为重要内容,提升理论研究水平。建立新时代传播需要的人才队伍,形成自觉维护党和国家尊严形象的良好氛围,这是新时代的明确要求。

总之,要根据《纲要》关于党的建设的要求,切实贯彻习近平法治思想,始终铭记在中国共产党的领导下,保障法治政府建设的高质完成,充分发挥法治政府建设在法治国家、法治社会中的示范带动效应,协同描绘法治中国宏伟画卷。

附录1　法治政府建设实施纲要（2021—2025年）

近日,中共中央、国务院印发了《法治政府建设实施纲要(2021—2025年)》,并发出通知,要求各地区各部门结合实际认真贯彻落实。

《法治政府建设实施纲要(2021—2025年)》全文如下。

法治政府建设是全面依法治国的重点任务和主体工程,是推进国家治理体系和治理能力现代化的重要支撑。为在新发展阶段持续深入推进依法行政,全面建设法治政府,根据当前法治政府建设实际,制定本纲要。

一、深入学习贯彻习近平法治思想,努力实现法治政府建设全面突破

党的十八大以来,特别是《法治政府建设实施纲要(2015—2020年)》贯彻落实5年来,各地区各部门多措并举、改革创新,法治政府建设取得重大进展。党对法治政府建设的领导不断加强,责任督察和示范创建活动深入实施,法治政府建设推进机制基本形成;"放管服"改革纵深推进,营商环境大幅优化;依法行政制度体系日益健全,重大行政决策程序制度初步建立,行政决策公信力持续提升;行政执法体制机制改革大力推进,严格规范公正文明执法水平普遍提高;行政权力制约和监督全面加强,违法行政行为

能够被及时纠正查处；社会矛盾纠纷依法及时有效化解，行政争议预防化解机制更加完善；各级公务员法治意识显著增强，依法行政能力明显提高。当前，我国已经开启全面建设社会主义现代化国家、向第二个百年奋斗目标进军的新征程，统筹中华民族伟大复兴战略全局和世界百年未有之大变局，推进国家治理体系和治理能力现代化，适应人民日益增长的美好生活需要，都对法治政府建设提出了新的更高要求，必须立足全局、着眼长远、补齐短板、开拓进取，推动新时代法治政府建设再上新台阶。

（一）指导思想。高举中国特色社会主义伟大旗帜，坚持以马克思列宁主义、毛泽东思想、邓小平理论、"三个代表"重要思想、科学发展观、习近平新时代中国特色社会主义思想为指导，全面贯彻党的十九大和十九届二中、三中、四中、五中全会精神，全面贯彻习近平法治思想，增强"四个意识"、坚定"四个自信"、做到"两个维护"，把法治政府建设放在党和国家事业发展全局中统筹谋划，加快构建职责明确、依法行政的政府治理体系，全面建设职能科学、权责法定、执法严明、公开公正、智能高效、廉洁诚信、人民满意的法治政府，为全面建设社会主义现代化国家、实现中华民族伟大复兴的中国梦提供有力法治保障。

（二）主要原则。坚持党的全面领导，确保法治政府建设正确方向；坚持以人民为中心，一切行政机关必须为人民服务、对人民负责、受人民监督；坚持问题导向，用法治给行政权力定规矩、划界限，切实解决制约法治政府建设的突出问题；坚持改革创新，积极探索具有中国特色的法治政府建设模式和路径；坚持统筹推进，强化法治政府建设的整体推动、协同发展。

（三）总体目标。到2025年，政府行为全面纳入法治轨道，职责明确、依法行政的政府治理体系日益健全，行政执法体制机制基本完善，行政执法质量和效能大幅提升，突发事件应对能力显著增强，各地区各层级法治政府建设协调并进，更多地区实现率先突破，为到2035年基本建成法治国家、法治政府、法治社会奠定坚实基础。

二、健全政府机构职能体系，推动更好发挥政府作用

坚持法定职责必须为、法无授权不可为，着力实现政府职能深刻转变，把该管的事务管好、管到位，基本形成边界清晰、分工合理、权责一致、运行高效、法治保障的政府机构职能体系。

（四）推进政府机构职能优化协同高效。坚持优化政府组织结构与促进政府职能转变、理顺部门职责关系统筹结合，使机构设置更加科学、职能更加优化、权责更加协同。完善经济调节、市场监管、社会管理、公共服务、生态环境保护等职能，厘清政府和市场、政府和社会关系，推动有效市场和有为政府更好结合。强化制定实施发展战略、规划、政策、标准等职能，更加注重运用法律和制度遏制不当干预微观经济活动的行为。构建简约高效的基层管理体制，实行扁平化和网格化管理。推进编制资源向基层倾斜，鼓励、支持从上往下跨层级调剂使用行政和事业编制。

全面实行政府权责清单制度，推动各级政府高效履职尽责。2022年上半年编制完成国务院部门权责清单，建立公开、动态调整、考核评估、衔接规范等配套机制和办法。调整完善地方各级政府部门权责清单，加强标准化建设，实现同一事项的规范统一。严格执行市场准入负面清单，普遍落实"非禁即入"。

（五）深入推进"放管服"改革。分级分类推进行政审批制度改革。依托全国一体化政务服务平台等渠道，全面推行审批服务"马上办、网上办、就近办、一次办、自助办"。坚决防止以备案、登记、行政确认、征求意见等方式变相设置行政许可事项。推行行政审批告知承诺制。大力归并减少各类资质资格许可事项，降低准入门槛。有序推进"证照分离"改革全覆盖，将更多涉企经营许可事项纳入改革。积极推进"一业一证"改革，探索实现"一证准营"、跨地互认通用。深化投资审批制度改革，推进投资领域行政执法监督，全面改善投资环境。全面落实证明事项告知承诺制，新设证明事项必须有法律法规或者国务院决定依据。

推动政府管理依法进行，把更多行政资源从事前审批转到事中事后监管上来。健全以"双随机、一公开"监管和"互联网+监管"为基本手段、以重点监管为补充、以信用监管为基础的新型监管机制，推进线上线下一体化监管，完善与创新创造相适应的包容审慎监管方式。根据不同领域特点和风险程度确定监管内容、方式和频次，提高监管精准化水平。分领域制定全国统一、简明易行的监管规则和标准，做到标准公开、规则公平、预期合理、各负其责。

加快建设服务型政府，提高政务服务效能。全面提升政务服务水平，完善首问负责、一次告知、一窗受理、自助办理等制度。加快推进政务服务"跨省通办"，到2021年年底前基本实现高频事项"跨省通办"。大力推行"一件事一次办"，提供更多套餐式、主题式集成服务。推进线上线下深度融合，增强全国一体化政务服务平台服务能力，优化整合提升各级政务大厅"一站式"功能，全面实现政务服务事项全城通办、就近能办、异地可办。坚持传统服务与智能创新相结合，充分保障老年人基本服务需要。

（六）持续优化法治化营商环境。紧紧围绕贯彻新发展理念、构建新发展格局，打造稳定公平透明、可预期的法治化营商环境。深入实施《优化营商环境条例》。及时总结各地优化营商环境可复制可推广的经验做法，适时上升为法律法规制度。依法平等保护各种所有制企业产权和自主经营权，切实防止滥用行政权力排除、限制竞争行为。健全外商投资准入前国民待遇加负面清单管理制度，推动规则、规制、管理、标准等制度型开放。加强政企沟通，在制定修改行政法规、规章、行政规范性文件过程中充分听取企业和行业协会商会意见。加强和改进反垄断与反不正当竞争执法。强化公平竞争审查制度刚性约束，及时清理废除妨碍统一市场和公平竞争的各种规定和做法，推动形成统一开放、竞争有序、制度完备、治理完善的高标准市场体系。

三、健全依法行政制度体系，加快推进
政府治理规范化程序化法治化

坚持科学立法、民主立法、依法立法，着力实现政府立法质量和效率并

重并进,增强针对性、及时性、系统性、可操作性,努力使政府治理各方面制度更加健全、更加完善。

（七）加强重要领域立法。积极推进国家安全、科技创新、公共卫生、文化教育、民族宗教、生物安全、生态文明、防范风险、反垄断、涉外法治等重要领域立法,健全国家治理急需的法律制度、满足人民日益增长的美好生活需要必备的法律制度。制定修改传染病防治法、突发公共卫生事件应对法、国境卫生检疫法等法律制度。及时跟进研究数字经济、互联网金融、人工智能、大数据、云计算等相关法律制度,抓紧补齐短板,以良法善治保障新业态新模式健康发展。

加强规范共同行政行为立法,推进机构、职能、权限、程序、责任法定化。修改国务院组织法、地方各级人民代表大会和地方各级人民政府组织法。修改行政复议法、行政许可法,完善行政程序法律制度。研究制定行政备案条例、行政执法监督条例。

（八）完善立法工作机制。增强政府立法与人大立法的协同性,统筹安排相关联相配套的法律法规规章的立改废释工作。聚焦实践问题和立法需求,提高立法精细化精准化水平。完善立法论证评估制度,加大立法前评估力度,认真论证评估立法项目必要性、可行性。建立健全立法风险防范机制,将风险评估贯穿立法全过程。丰富立法形式,注重解决实际问题。积极运用新媒体新技术拓宽立法公众参与渠道,完善立法听证、民意调查机制。修改法规规章备案条例,推进政府规章层级监督,强化省级政府备案审查职责。推进区域协同立法,强化计划安排衔接、信息资源共享、联合调研论证、同步制定修改。

（九）加强行政规范性文件制定监督管理。依法制定行政规范性文件,严禁越权发文、严控发文数量、严格制发程序。建立健全行政规范性文件制定协调机制,防止政出多门、政策效应相互抵消。健全行政规范性文件动态清理工作机制。加强对行政规范性文件制定和管理工作的指导监督,推动管理制度化规范化。全面落实行政规范性文件合法性审核机制,明确审核范围,统一审核标准。严格落实行政规范性文件备案审查制度。

四、健全行政决策制度体系，不断提升
行政决策公信力和执行力

坚持科学决策、民主决策、依法决策，着力实现行政决策程序规定严格落实、决策质量和效率显著提高，切实避免因决策失误产生矛盾纠纷、引发社会风险、造成重大损失。

（十）强化依法决策意识。各级行政机关负责人要牢固树立依法决策意识，严格遵循法定权限和程序作出决策，确保决策内容符合法律法规规定。行政机关主要负责人作出重大决策前，应当听取合法性审查机构的意见，注重听取法律顾问、公职律师或者有关专家的意见。把是否遵守决策程序制度、做到依法决策作为对政府部门党组（党委）开展巡视巡察和对行政机关主要负责人开展考核督察、经济责任审计的重要内容，防止个人专断、搞"一言堂"。

（十一）严格落实重大行政决策程序。严格执行《重大行政决策程序暂行条例》，增强公众参与实效，提高专家论证质量，充分发挥风险评估功能，确保所有重大行政决策都严格履行合法性审查和集体讨论决定程序。推行重大行政决策事项年度目录公开制度。涉及社会公众切身利益的重要规划、重大公共政策和措施、重大公共建设项目等，应当通过举办听证会等形式加大公众参与力度，深入开展风险评估，认真听取和反映利益相关群体的意见建议。建立健全决策过程记录和材料归档制度。

（十二）加强行政决策执行和评估。完善行政决策执行机制，决策机关应当在决策中明确执行主体、执行时限、执行反馈等内容。建立健全重大行政决策跟踪反馈制度。依法推进决策后评估工作，将决策后评估结果作为调整重大行政决策的重要依据。重大行政决策一经作出，未经法定程序不得随意变更或者停止执行。严格落实重大行政决策终身责任追究制度和责任倒查机制。

五、健全行政执法工作体系,全面推进严格规范公正文明执法

着眼提高人民群众满意度,着力实现行政执法水平普遍提升,努力让人民群众在每一个执法行为中都能看到风清气正、从每一项执法决定中都能感受到公平正义。

(十三)深化行政执法体制改革。完善权责清晰、运转顺畅、保障有力、廉洁高效的行政执法体制机制,大力提高执法执行力和公信力。继续深化综合行政执法体制改革,坚持省(自治区)原则上不设行政执法队伍,设区市与市辖区原则上只设一个行政执法层级,县(市、区、旗)一般实行"局队合一"体制,乡镇(街道)逐步实现"一支队伍管执法"的改革原则和要求。加强综合执法、联合执法、协作执法的组织指挥和统筹协调。在行政许可权、行政处罚权改革中,健全审批、监管、处罚衔接机制,防止相互脱节。稳步将基层管理迫切需要且能有效承接的行政执法事项下放给基层,坚持依法下放、试点先行,坚持权随事转、编随事转、钱随事转,确保放得下、接得住、管得好、有监督。建立健全乡镇(街道)与上一级相关部门行政执法案件移送及协调协作机制。大力推进跨领域跨部门联合执法,实现违法线索互联、执法标准互通、处理结果互认。完善行政执法与刑事司法衔接机制,加强"两法衔接"信息平台建设,推进信息共享机制化、案件移送标准和程序规范化。加快制定不同层级行政执法装备配备标准。

(十四)加大重点领域执法力度。加大食品药品、公共卫生、自然资源、生态环境、安全生产、劳动保障、城市管理、交通运输、金融服务、教育培训等关系群众切身利益的重点领域执法力度。分领域梳理群众反映强烈的突出问题,开展集中专项整治。对潜在风险大、可能造成严重不良后果的,加强日常监管和执法巡查,从源头上预防和化解违法风险。建立完善严重违法惩罚性赔偿和巨额罚款制度、终身禁入机制,让严重违法者付出应有代价。

畅通违法行为投诉举报渠道，对举报严重违法违规行为和重大风险隐患的有功人员依法予以奖励和严格保护。

（十五）完善行政执法程序。全面严格落实行政执法公示、执法全过程记录、重大执法决定法制审核制度。统一行政执法人员资格管理，除中央垂直管理部门外由省级政府统筹本地区行政执法人员资格考试、证件制发、在岗轮训等工作，国务院有关业务主管部门加强对本系统执法人员的专业培训，完善相关规范标准。统一行政执法案卷、文书基本标准，提高执法案卷、文书规范化水平。完善行政执法文书送达制度。全面落实行政裁量权基准制度，细化量化本地区各行政执法行为的裁量范围、种类、幅度等并对外公布。全面梳理、规范和精简执法事项，凡没有法律法规规章依据的一律取消。规范涉企行政检查，着力解决涉企现场检查事项多、频次高、随意检查等问题。按照行政执法类型，制定完善行政执法程序规范。全面严格落实告知制度，依法保障行政相对人陈述、申辩、提出听证申请等权利。除有法定依据外，严禁地方政府采取要求特定区域或者行业、领域的市场主体普遍停产停业的措施。行政机关内部会议纪要不得作为行政执法依据。

（十六）创新行政执法方式。广泛运用说服教育、劝导示范、警示告诫、指导约谈等方式，努力做到宽严相济、法理相融，让执法既有力度又有温度。全面推行轻微违法行为依法免予处罚清单。建立行政执法案例指导制度，国务院有关部门和省级政府要定期发布指导案例。全面落实"谁执法谁普法"普法责任制，加强以案释法。

六、健全突发事件应对体系，依法
预防处置重大突发事件

坚持运用法治思维和法治方式应对突发事件，着力实现越是工作重要、事情紧急越要坚持依法行政，严格依法实施应急举措，在处置重大突发事件中推进法治政府建设。

(十七)完善突发事件应对制度。修改突发事件应对法,系统梳理和修改应急管理相关法律法规,提高突发事件应对法治化规范化水平。健全国家应急预案体系,完善国家突发公共事件总体和专项应急预案,以及与之相衔接配套的各级各类突发事件应急预案。加强突发事件监测预警、信息报告、应急响应、恢复重建、调查评估等机制建设。健全突发事件应对征收、征用、救助、补偿制度,规范相关审批、实施程序和救济途径。完善特大城市风险治理机制,增强风险管控能力。健全规范应急处置收集、使用个人信息机制制度,切实保护公民个人信息。加快推进突发事件行政手段应用的制度化规范化,规范行政权力边界。

(十八)提高突发事件依法处置能力。增强风险防范意识,强化各地区各部门防范化解本地区本领域重大风险责任。推进应急管理综合行政执法改革,强化执法能力建设。强化突发事件依法分级分类施策,增强应急处置的针对性实效性。按照平战结合原则,完善各类突发事件应急响应处置程序和协调联动机制。定期开展应急演练,注重提升依法预防突发事件、先期处置和快速反应能力。加强突发事件信息公开和危机沟通,完善公共舆情应对机制。依法严厉打击利用突发事件哄抬物价、囤积居奇、造谣滋事、制假售假等扰乱社会秩序行为。加强突发事件应急处置法律法规教育培训,增强应急处置法治意识。

(十九)引导、规范基层组织和社会力量参与突发事件应对。完善乡镇(街道)、村(社区)应急处置组织体系,推动村(社区)依法参与预防、应对突发事件。明确社会组织、慈善组织、社会工作者、志愿者等参与突发事件应对的法律地位及其权利义务,完善激励保障措施。健全社会应急力量备案登记、调用补偿、保险保障等方面制度。

七、健全社会矛盾纠纷行政预防调处化解体系,不断促进社会公平正义

坚持将矛盾纠纷化解在萌芽状态、化解在基层,着力实现人民群众权益

受到公平对待、尊严获得应有尊重，推动完善信访、调解、仲裁、行政裁决、行政复议、诉讼等社会矛盾纠纷多元预防调处化解综合机制。

（二十）加强行政调解工作。依法加强消费者权益保护、交通损害赔偿、治安管理、环境污染、社会保障、房屋土地征收、知识产权等方面的行政调解，及时妥善推进矛盾纠纷化解。各职能部门要规范行政调解范围和程序，组织做好教育培训，提升行政调解工作水平。坚持"三调"联动，推进行政调解与人民调解、司法调解有效衔接。

（二十一）有序推进行政裁决工作。发挥行政裁决化解民事纠纷的"分流阀"作用，建立体系健全、渠道畅通、公正便捷、裁诉衔接的裁决机制。推行行政裁决权利告知制度，规范行政裁决程序，推动有关行政机关切实履行行政裁决职责。全面梳理行政裁决事项，明确行政裁决适用范围，稳妥推进行政裁决改革试点。强化案例指导和业务培训，提升行政裁决能力。研究推进行政裁决法律制度建设。

（二十二）发挥行政复议化解行政争议主渠道作用。全面深化行政复议体制改革，整合地方行政复议职责，按照事编匹配、优化节约、按需调剂的原则，合理调配编制资源，2022 年年底前基本形成公正权威、统一高效的行政复议体制。全面推进行政复议规范化、专业化、信息化建设，不断提高办案质量和效率。健全优化行政复议审理机制。县级以上各级政府建立行政复议委员会，为重大、疑难、复杂的案件提供咨询意见。建立行政复议决定书以及行政复议意见书、建议书执行监督机制，实现个案监督纠错与倒逼依法行政的有机结合。全面落实行政复议决定书网上公开制度。

（二十三）加强和规范行政应诉工作。认真执行行政机关负责人出庭应诉制度。健全行政争议实质性化解机制，推动诉源治理。支持法院依法受理和审理行政案件，切实履行生效裁判。支持检察院开展行政诉讼监督工作和行政公益诉讼，积极主动履行职责或者纠正违法行为。认真做好司法建议、检察建议落实和反馈工作。

八、健全行政权力制约和监督体系，促进行政权力规范透明运行

坚持有权必有责、有责要担当、失责必追究，着力实现行政决策、执行、组织、监督既相互制约又相互协调，确保对行政权力制约和监督全覆盖、无缝隙，使党和人民赋予的权力始终用来为人民谋幸福。

（二十四）形成监督合力。坚持将行政权力制约和监督体系纳入党和国家监督体系全局统筹谋划，突出党内监督主导地位。推动党内监督与人大监督、民主监督、行政监督、司法监督、群众监督、舆论监督等各类监督有机贯通、相互协调。积极发挥审计监督、财会监督、统计监督、执法监督、行政复议等监督作用。自觉接受纪检监察机关监督，对行政机关公职人员违法行为严格追究法律责任，依规依法给予处分。

坚持严管和厚爱结合、激励和约束并重，做到依规依纪依法严肃问责、规范问责、精准问责、慎重问责，既要防止问责不力，也要防止问责泛化、简单化。落实"三个区分开来"要求，建立健全担当作为的激励和保护机制，切实调动各级特别是基层政府工作人员的积极性，充分支持从实际出发担当作为、干事创业。

（二十五）加强和规范政府督查工作。县级以上政府依法组织开展政府督查工作，重点对党中央、国务院重大决策部署落实情况、上级和本级政府重要工作部署落实情况、督查对象法定职责履行情况、本级政府所属部门和下级政府的行政效能开展监督检查，保障政令畅通，督促提高行政效能、推进廉政建设、健全行政监督制度。积极发挥政府督查的激励鞭策作用，坚持奖惩并举，对成效明显的按规定加大表扬和政策激励力度，对不作为乱作为的依规依法严肃问责。进一步明确政府督查的职责、机构、程序和责任，增强政府督查工作的科学性、针对性、实效性。

（二十六）加强对行政执法制约和监督。加强行政执法监督机制和能力建设，充分发挥行政执法监督统筹协调、规范保障、督促指导作用，2024

年年底前基本建成省市县乡全覆盖的比较完善的行政执法协调监督工作体系。全面落实行政执法责任，严格按照权责事项清单分解执法职权、确定执法责任。加强和完善行政执法案卷管理和评查、行政执法机关处理投诉举报、行政执法考核评议等制度建设。大力整治重点领域行政执法不作为乱作为、执法不严格不规范不文明不透明等突出问题，围绕中心工作部署开展行政执法监督专项行动。严禁下达或者变相下达罚没指标，严禁将罚没收入同作出行政处罚的行政机关及其工作人员的考核、考评直接或者变相挂钩。建立并实施行政执法监督员制度。

（二十七）全面主动落实政务公开。坚持以公开为常态、不公开为例外，用政府更加公开透明赢得人民群众更多理解、信任和支持。大力推进决策、执行、管理、服务和结果公开，做到法定主动公开内容全部公开到位。加强公开制度化、标准化、信息化建设，提高政务公开能力和水平。全面提升政府信息公开申请办理工作质量，依法保障人民群众合理信息需求。鼓励开展政府开放日、网络问政等主题活动，增进与公众的互动交流。加快构建具有中国特色的公共企事业单位信息公开制度。

（二十八）加快推进政务诚信建设。健全政府守信践诺机制。建立政务诚信监测治理机制，建立健全政务失信记录制度，将违约毁约、拖欠账款、拒不履行司法裁判等失信信息纳入全国信用信息共享平台并向社会公开。建立健全政府失信责任追究制度，加大失信惩戒力度，重点治理债务融资、政府采购、招标投标、招商引资等领域的政府失信行为。

九、健全法治政府建设科技保障体系，
全面建设数字法治政府

坚持运用互联网、大数据、人工智能等技术手段促进依法行政，着力实现政府治理信息化与法治化深度融合，优化革新政府治理流程和方式，大力提升法治政府建设数字化水平。

（二十九）加快推进信息化平台建设。各省（自治区、直辖市）统筹建成

本地区各级互联、协同联动的政务服务平台,实现从省(自治区、直辖市)到村(社区)网上政务全覆盖。加快推进政务服务向移动端延伸,实现更多政务服务事项"掌上办"。分级分类推进新型智慧城市建设,促进城市治理转型升级。加强政府信息平台建设的统筹规划,优化整合各类数据、网络平台,防止重复建设。

建设法规规章行政规范性文件统一公开查询平台,2022年年底前实现现行有效的行政法规、部门规章、国务院及其部门行政规范性文件的统一公开查询;2023年年底前各省(自治区、直辖市)实现本地区现行有效地方性法规、规章、行政规范性文件统一公开查询。

(三十)加快推进政务数据有序共享。建立健全政务数据共享协调机制,进一步明确政务数据提供、使用、管理等各相关方的权利和责任,推动数据共享和业务协同,形成高效运行的工作机制,构建全国一体化政务大数据体系,加强政务信息系统优化整合。加快推进身份认证、电子印章、电子证照等统一认定使用,优化政务服务流程。加强对大数据的分析、挖掘、处理和应用,善于运用大数据辅助行政决策、行政立法、行政执法工作。建立健全运用互联网、大数据、人工智能等技术手段进行行政管理的制度规则。在依法保护国家安全、商业秘密、自然人隐私和个人信息的同时,推进政府和公共服务机构数据开放共享,优先推动民生保障、公共服务、市场监管等领域政府数据向社会有序开放。

(三十一)深入推进"互联网+"监管执法。加强国家"互联网+监管"系统建设,2022年年底前实现各方面监管平台数据的联通汇聚。积极推进智慧执法,加强信息化技术、装备的配置和应用。推行行政执法APP掌上执法。探索推行以远程监管、移动监管、预警防控为特征的非现场监管,解决人少事多的难题。加快建设全国行政执法综合管理监督信息系统,将执法基础数据、执法程序流转、执法信息公开等汇聚一体,建立全国行政执法数据库。

十、加强党的领导，完善法治政府建设推进机制

党的领导是全面依法治国、建设法治政府的根本保证，必须坚持党总揽全局、协调各方，发挥各级党委的领导作用，把法治政府建设摆到工作全局更加突出的位置。

（三十二）加强党对法治政府建设的领导。各级党委和政府要深入学习领会习近平法治思想，把习近平法治思想贯彻落实到法治政府建设全过程和各方面。各级党委要切实履行推进法治建设领导职责，安排听取有关工作汇报，及时研究解决影响法治政府建设重大问题。各级政府要在党委统一领导下，履行法治政府建设主体责任，谋划落实好法治政府建设各项任务，主动向党委报告法治政府建设中的重大问题。各级政府及其部门主要负责人要切实履行推进本地区本部门法治政府建设第一责任人职责，作为重要工作定期部署推进、抓实抓好。各地区党委法治建设议事协调机构及其办事机构要加强法治政府建设的协调督促推动。

（三十三）完善法治政府建设推进机制。深入推进法治政府建设督察工作，2025年前实现对地方各级政府督察全覆盖。扎实做好法治政府建设示范创建活动，以创建促提升、以示范带发展，不断激发法治政府建设的内生动力。严格执行法治政府建设年度报告制度，按时向社会公开。建立健全法治政府建设指标体系，强化指标引领。加大考核力度，提升考核权重，将依法行政情况作为对地方政府、政府部门及其领导干部综合绩效考核的重要内容。

（三十四）全面加强依法行政能力建设。推动行政机关负责人带头遵守执行宪法法律，建立行政机关工作人员应知应会法律法规清单。坚持把民法典作为行政决策、行政管理、行政监督的重要标尺，不得违背法律法规随意作出减损公民、法人和其他组织合法权益或增加其义务的决定。健全领导干部学法用法机制，国务院各部门根据职能开展本部门本系统法治专题培训，县级以上地方各级政府负责本地区领导干部法治专题培训，地方各

级政府领导班子每年应当举办两期以上法治专题讲座。市县政府承担行政执法职能的部门负责人任期内至少接受一次法治专题脱产培训。加强各部门和市县政府法治机构建设,优化基层司法所职能定位,保障人员力量、经费等与其职责任务相适应。把法治教育纳入各级政府工作人员初任培训、任职培训的必训内容。对在法治政府建设中作出突出贡献的单位和个人,按规定给予表彰奖励。

加强政府立法能力建设,有计划组织开展专题培训,做好政府立法人才培养和储备。加强行政执法队伍专业化职业化建设,在完成政治理论教育和党性教育学时的基础上,确保每人每年接受不少于 60 学时的业务知识和法律法规培训。加强行政复议工作队伍专业化职业化建设,完善管理办法。加强行政复议能力建设,制定行政复议执业规范。加强法律顾问和公职律师队伍建设,提升法律顾问和公职律师参与重大决策的能力水平。加强行政裁决工作队伍建设。

(三十五)加强理论研究和舆论宣传。加强中国特色社会主义法治政府理论研究。鼓励、推动高等法学院校成立法治政府建设高端智库和研究教育基地。建立法治政府建设评估专家库,提升评估专业化水平。加大法治政府建设成就经验宣传力度,传播中国政府法治建设的时代强音。

各地区各部门要全面准确贯彻本纲要精神和要求,压实责任、狠抓落实,力戒形式主义、官僚主义。中央依法治国办要抓好督促落实,确保纲要各项任务措施落到实处。

附录2 把法治政府建设向纵深推进

——中央依法治国办负责同志就《法治政府建设实施纲要(2021—2025年)》答记者问

近日,中共中央、国务院印发了《法治政府建设实施纲要(2021—2025年)》(以下简称《纲要》)。中央依法治国办负责同志就《纲要》有关问题回答了记者提问。

1.《纲要》出台有什么背景和意义?

答:党的十八大以来,以习近平同志为核心的党中央高度重视法治政府建设,作为全面依法治国的重点任务和主体工程部署推进。2015年12月,中共中央、国务院印发《法治政府建设实施纲要(2015—2020年)》(以下简称2015年《纲要》),确立了到2020年建设法治政府的宏伟蓝图和行动纲领。五年多来,在党中央、国务院领导下,各地区各部门深入贯彻落实2015年《纲要》要求,推动法治政府建设各项工作取得重大进展。

为了不断把法治政府建设向纵深推进,梯次构建法治政府建设顶层设计,2020年,中央依法治国办、司法部在深入调研论证的基础上,形成了《纲要》征求意见稿,先后送各地区各部门、有关专家学者、中央依法治国委委员征求意见,并根据党的十九届五中全会精神、习近平总书记在中央全面依法治国工作会议上的重要讲话精神,作了进一步修改完善,形成《纲要》送审稿。《纲要》送审稿报经国务院同意后,先后报经中央全面依法治国委员会第四次会议、中央政治局常委会会议审议通过,于2021年8月2日印发实施。

《纲要》是继 2015 年《纲要》后,中共中央、国务院出台的新的法治政府建设纲领性文件,是全面贯彻习近平法治思想的重大举措,是深入总结"十三五"时期法治政府建设成就经验的重要成果,是"十四五"时期全面推进法治政府建设的路线图和施工图,对在新发展阶段不断推进法治政府建设,更好发挥法治政府建设在保障高质量发展、推动全面深化改革、维护社会大局稳定等方面的重要作用,更好发挥法治政府建设在法治国家、法治社会建设中的示范带动作用,具有重大意义。

2.《纲要》制定遵循了什么样的总体思路?

答:在《纲要》制定过程中,我们重点把握了以下五点:

一是贯彻新精神。全面贯彻党的十九大和十九届二中、三中、四中、五中全会精神,全面贯彻习近平法治思想,全面贯彻中央全面依法治国工作会议精神,切实将党中央、国务院近年来关于法治政府建设的一系列重大决策部署体现到《纲要》中。

二是立足新起点。系统梳理 2015 年《纲要》实施五年来取得的成就经验、面临的困难问题,着眼立足新发展阶段、贯彻新发展理念、构建新发展格局,在承继发展的基础上改革创新,努力实现一张蓝图绘到底。

三是明确新方位。着力构建更加完善更加与时俱进的法治中国建设顶层设计,实现与《法治中国建设规划(2020—2025 年)》《法治社会建设实施纲要(2020—2025 年)》的衔接协调,确保"十四五"时期"一规划两纲要"的有机统一。

四是树立新目标。紧扣"加快形成职责明确、依法行政的政府治理体系",坚持问题导向、目标导向,确立到 2025 年法治政府建设的总体目标和各领域分目标,为推进政府治理体系和治理能力现代化提供有力支撑。

五是提出新举措。坚持以人民为中心,着力解决制约法治政府建设推进的突出问题,深入总结近年来各地区各部门可复制、可推广的改革举措,同时根据新情况新问题提出新举措,积极推动法治政府建设压茬推进、创新发展。

3.《纲要》的总体框架内容是什么?

答:《纲要》共由十部分组成:

一是深入学习贯彻习近平法治思想，努力实现法治政府建设全面突破。主要明确新发展阶段法治政府建设的指导思想、主要原则和总体目标。

二是健全政府机构职能体系，推动更好发挥政府作用。主要围绕推进政府机构职能优化协同高效、深入推进"放管服"改革、持续优化法治化营商环境等方面，提出改革发展举措。

三是健全依法行政制度体系，加快推进政府治理规范化程序化法治化。主要围绕加强重要领域立法、完善立法工作机制、加强行政规范性文件制定监督管理等方面，提出改革发展举措。

四是健全行政决策制度体系，不断提升行政决策公信力和执行力。主要围绕强化依法决策意识、严格落实重大行政决策程序、加强行政决策执行和评估等方面，提出改革发展举措。

五是健全行政执法工作体系，全面推进严格规范公正文明执法。主要围绕深化行政执法体制改革、加大重点领域执法力度、完善行政执法程序、创新行政执法方式等方面，提出改革发展举措。

六是健全突发事件应对体系，依法预防处置重大突发事件。主要围绕完善突发事件应对制度，提高突发事件依法处置能力，引导、规范基层组织和社会力量参与突发事件应对等方面，提出改革发展举措。

七是健全社会矛盾纠纷行政预防调处化解体系，不断促进社会公平正义。主要围绕加强行政调解工作、有序推进行政裁决工作、发挥行政复议化解行政争议主渠道作用、加强和规范行政应诉工作等方面，提出改革发展举措。

八是健全行政权力制约和监督体系，促进行政权力规范透明运行。主要围绕形成监督合力、加强和规范政府督查工作、加强对行政执法制约和监督、全面主动落实政务公开、加快推进政务诚信建设等方面，提出改革发展举措。

九是健全法治政府建设科技保障体系，全面建设数字法治政府。主要围绕加快推进信息化平台建设、加快推进政务数据有序共享、深入推进"互联网+"监管执法等方面，提出改革发展举措。

十是加强党的领导,完善法治政府建设推进机制。主要围绕加强党对法治政府建设的领导、完善法治政府建设推进机制、全面加强依法行政能力建设、加强理论研究和舆论宣传等方面,提出改革发展举措。

4.《纲要》在总体目标确定上主要有哪些考虑?

答:《纲要》确立了到2025年全面推进法治政府建设的总体目标,主要有以下三方面考虑:

一是深入贯彻落实习近平总书记关于"法治政府建设是重点任务和主体工程,要率先突破"的重要指示精神,着眼法治国家、法治政府、法治社会一体建设,力争以"重点突破"带动"整体提升",为到2035年基本建成法治国家、法治政府、法治社会奠定坚实基础。

二是做好与《法治中国建设规划(2020—2025年)》的衔接协调,在《纲要》总体目标中体现《法治中国建设规划(2020—2025年)》提出的法治政府建设相关目标要求,特别是强调到2025年政府行为全面纳入法治轨道,职责明确、依法行政的政府治理体系日益健全。

三是根据党的十八大以来各地区各部门推进法治政府建设实践,在全面总结成就经验的同时,深入研判当前面临的新形势新任务新挑战,并广泛征求各方面的意见建议,确立到2025年法治政府建设的总体目标,切实增强《纲要》目标的统领性、指导性。

5.《纲要》与2015年《纲要》相比主要有哪些新亮点?

答:与2015年《纲要》相比,《纲要》主要有以下四个方面的新亮点:

一是在结构主线上,紧紧围绕推进国家治理体系和治理能力现代化,明确提出深入推进依法行政,全面建设法治政府,加快构建职责明确、依法行政的政府治理体系,并将其作为贯穿全篇的一条主线。

二是在目标设定上,明确提出"全面建设职能科学、权责法定、执法严明、公开公正、智能高效、廉洁诚信、人民满意的法治政府",与2015年《纲要》提出的奋斗目标相比,进一步突出对建设数字法治政府和提高人民群众满意度的要求。

三是在框架体系上,从健全八个方面体系、强化八个方面能力谋篇布局,提出改革发展举措,特别是紧扣当前实际,针对依法应对突发事件、强化法治政府建设科技保障等作出系统部署。

四是在任务举措上,对 2015 年《纲要》已经完成的不再部署,需要持续推进的进一步强化,试点成效突出的全面推广,并提出新任务新举措,不断推动建设更高水平、更高质量的法治政府。

6. 如何抓好《纲要》贯彻落实?

答:一是强化学习宣传。通过媒体宣介、举办培训、普法宣传等各种形式,推动各地区各部门将深入学习宣传贯彻习近平法治思想与深入学习宣传贯彻《纲要》结合起来,进一步强化法治思维、法治意识,营造法治政府建设良好氛围。

二是强化重点突破。聚焦法治政府建设关键环节和《纲要》任务举措,把握好时间节点和原则标准,确保重要目标如期实现。同时,着力解决人民群众关心的重点问题,不断增强人民群众对法治政府建设的获得感、满意度。

三是强化统筹协调。建立健全重点任务协调推进机制,有效实现部门协同推进,并推动解决各地区法治政府建设不平衡问题,更好发挥法治政府建设示范地区的辐射带动作用。

四是强化督办督察。制定重要任务举措分工方案,明确责任单位,推动各地区各部门与《纲要》对标对表,确保《纲要》各项任务举措落到实处。

（《人民日报》2021 年 8 月 12 日　　记者 魏哲哲）

后　记

参加本书撰稿的人员及撰稿分工如下：

绪论：胡建淼，中共中央党校（国家行政学院）专家工作室领衔专家，教授、博士生导师。兼任中国法学会常务理事兼学术委员会委员，中国法学会行政法学研究会顾问。

第一章：杨伟东，中国政法大学法治政府研究院教授、博士生导师。剑桥大学、伦敦大学访问学者。兼任北京市人民政府立法专家委员会委员，国家检察官学院兼职教授，中国法学会行政法学研究会常务理事。

第二章：骆梅英，中共浙江省委党校（浙江行政学院）教育长，教授、博士生导师。兼任中国法学会行政法学研究会理事，浙江省法学会副会长。

第三章：戴建华，中共中央党校（国家行政学院）政治和法律教研部副教授，法学博士、经济学博士后。

第四章：韩春晖，中共中央党校（国家行政学院）政治和法律教研部教授、博士生导师。美国加州大学、康奈尔大学访问学者。挂职贵州省司法厅副厅长，党委委员。兼任司法部法规规章备案审查委员会专家，北京市法学会行政法学研究会副会长。

第五章：张效羽，中共中央党校（国家行政学院）政治和法律教研部政治建设教研室副主任，教授，法学博士。北京市法学会"百名法学英才"。兼任中国法学会行政法学研究会理事，中国法学会网络与信息法学研究会理事，北京市法学会行政法学研究会副秘书长。

第六章：刘锐，中共中央党校（国家行政学院）政治和法律教研部教授、博士生导师。兼任中国土地学会理事,中国应急管理学会常务理事。

第七章:曹鎏,中国政法大学法治政府研究院教授,中国政法大学法学博士、中国人民大学法学院博士后。北京市"百名法学英才"。兼任中国政法大学国家监察与反腐败研究中心执行主任、习近平法治思想研究院特聘研究员,"法制日报社依法治国智库"首批专家。

第八章:周婧,中共中央党校(国家行政学院)政治和法律教研部副教授,法学博士、社会学博士后。兼任中国行为法学会理事,中国社会科学院国家法治指数研究中心研究员。

第九章:王静,中共中央党校(国家行政学院)政治和法律教研部行政法教研室副主任,副教授,法学博士。兼任中国法学会行政法学研究会理事、副秘书长,中国法学会网络与信息法学研究会理事。

第十章:王勇,中共中央党校(国家行政学院)政治和法律教研部宪法教研室主任,教授、博士生导师。兼任中国法学会行政法研究会常务理事,中国法学会宪法学研究会常务理事,北京党内法规研究会会长。

全书由胡建淼统稿。

本书编写组
2021 年 9 月 12 日

责任编辑:张　立
封面设计:林芝玉
版式设计:周方亚
责任校对:史伟伟

图书在版编目(CIP)数据

法治政府建设:全面依法治国的重点任务和主体工程/胡建淼 主编. —北京：
人民出版社,2021.11
ISBN 978－7－01－023934－7

Ⅰ.①法…　Ⅱ.①胡…　Ⅲ.①社会主义法治-建设-研究-中国
　Ⅳ.①D920.0

中国版本图书馆 CIP 数据核字(2021)第 220323 号

法治政府建设:全面依法治国的重点任务和主体工程
FAZHI ZHENGFU JIANSHE QUANMIAN YIFAZHIGUO DE ZHONGDIAN
RENWU HE ZHUTI GONGCHENG

胡建淼　主编

人民出版社 出版发行
(100706　北京市东城区隆福寺街 99 号)

北京新华印刷有限公司印刷　新华书店经销

2021 年 11 月第 1 版　2021 年 11 月北京第 1 次印刷
开本:710 毫米×1000 毫米 1/16　印张:15.75
字数:235 千字　印数:0,001-5,000 册

ISBN 978－7－01－023934－7　定价:59.80 元

邮购地址 100706　北京市东城区隆福寺街 99 号
人民东方图书销售中心　电话 (010)65250042　65289539